民主主義とホロコースト

ワイマール／ナチ時代のホワイトカラー

根本正一

現代書館

民主主義とホロコースト＊目次

はじめに

二〇世紀に入り、先進諸国で民主主義体制が進んだ。第一次世界大戦でイギリス、フランス、アメリカといった相対的に民主制の進んだ連合国が、ドイツ、オーストリア、トルコといった君主制国家を打ち破り、現代社会の基本路線が敷かれた。第二次世界大戦では、当時勢いを増してきたファシズム国家が駆逐された。米ソ冷戦では自由主義と社会主義が民主主義というイデオロギーでも覇権を争い、その帰趨は一九八九年の「ベルリンの壁」崩壊に続く社会主義諸国の相次ぐ解体によって自由主義諸国の勝利に終わった。この流れは二一世紀に引き継がれ、アメリカの一極支配のもと、世界全体が紆余曲折を経ながらも、自由民主主義へと収斂する姿が夢見られた。それは、アメリカの日系三世の政治学者、フランシス・フクヤマが著書に『歴史の終わり』と命名したように、イデオロギーとしての人類の究極の目標は完成されたとの自信に明確に現れている。

権力の源泉が人民にあり、権力を行使するのも人民であるという民主主義の理念。これは、西洋社会が近世以降に長い年月をかけて育んできたイデオロギーである。しかし、民主主義がいかに脆いものか、歴史が我々に教えてくれてもいる。

本書で論じるドイツがそうだった。ちょうど百年前の一九一九年、第一次大戦で敗北したドイツは当時最も民主的な憲法を持つワイマール共和国を樹立した。それからわずか一四年後の三三年、ドイツではヒトラーが政権を獲得し、それから間もなく三九年には第二次大戦を引き起こした。その過程でナチ・

ドイツは、人類未曾有の犯罪としてのホロコースト＝ユダヤ人虐殺をひき起こした。ナチス政権が樹立する前には政治的混乱は続いたものの、ワイマール共和国はドイツ人が史上初めて自由を謳歌した時代であり、新時代を築く文化をも多く生み出した。その文明化されたドイツ人が、いかにヒトラーに主導されたとしても、なぜ国家を挙げて蛮行に走ったのか。

日本が辿った運命も似ていた。欽定憲法を奉じた明治時代の強権体制のもとではあったが、二〇世紀に入ると市民としての意識が向上し、大正デモクラシーと呼ばれる自由の雰囲気に満ち、文化の咲き乱れた時代を演出した。しかしその行き着く先は、昭和初期の軍部の台頭を一因とした太平洋戦争への突入であった。

民主主義は、ホロコーストのような蛮行に退化するのか？　これが本書の主題である。ドイツでも日本でも、百年前の人間が単に暴力的だったわけではない。どのような国家を志向するのか、そのなかで自らはどう生きるか、常に時代と対峙していた。しかし、その精神が時代の指導者層によって骨抜きにされ、それに唯々諾々と従うに至った経緯がある。そうした近代人の人間心理がどこから来るのか。民主主義は人類の叡智を結集したものであろう。しかし、近代民主主義そのもののなかにその理念を破壊する構造的な欠陥が潜んでいないだろうか。

その当時には二つの時代的特性があったと考えられるだろう。一つには、当時の時代精神として国家意識の偏重が挙げられる。国民が国家を想う感情を持つことは自明とされているが、いつの時代にもあったものではなく、実は極めて現代的なものだ。近代国家の構成員である国民は、まず「国益」といった国家単位で物事を考える。そこから、ナショナリズムも含めてだが、国家を神聖視するイデオロギーが数々現れ、国民全体の意識を醸成していく。一九世紀後半から二〇世紀前半にかけては、日本を含め世界中で、国民を一つに束ねる近代国家としての体制づくりが模索された時代であった。

もう一つには、近代が高度に組織されたヒエラルキー社会ということがある。現代社会ではほとんどの人間が企業など組織社会に組み込まれており、それが最初に顕在化したのが二〇世紀初頭だった。今や大半を占めるホワイトカラー層の勃興の時代であった。巨大な組織のもと、そのなかでうごめく上下の人間関係は不思議な意思決定過程を辿る。

二〇世紀初頭の教養市民層であるドイツのホワイトカラー層は、急激な近代のうねりのなかで百家争鳴のイデオロギーに振り回されていた。ワイマール共和国の崩壊からナチが政権を掌握し、無謀な戦争に突入するまで、そうしたホワイトカラー層の心理過程を辿ることで現代人の心の脆弱さを証明することができないだろうか。ヒトラーの世界観のもと、ドイツのホワイトカラー層は、被害者総数六百万人とも言われるホロコーストに陰に陽に加担した。著名な歴史学者のＥ・Ｈ・カーが第一次大戦終了時から第二次大戦勃発までの戦間期を著書の名前としても名付けた『危機の二十年　１９１９−１９３９年』として捉えた時代状況に、現実世界と理念的世界が相克し、その矛盾を昇華させようとした同時代の人々の苦悩をみて取ることができる。

翻って二一世紀を迎えた現代を考えてみるに、フランシス・フクヤマの予言とは裏腹に世界は百年前に逆戻りした感を抱かせる。二〇世紀後半は米ソのイデオロギー対立のもと、良かれ悪しかれ一定の秩序を保っていたが、旧社会主義諸国の民主化は逆に世界を混乱に陥れる引き金ともなった。第一次大戦前後と同様に、民族の独立の名のもと国家は分裂を繰り返し、闘争が絶えない。歴史から消え去ったはずのファシズムの亡霊も蘇る。ヒトラーもどきの独裁者が跋扈し、「イスラム国」に代表されるテロ国家も多く現れている。中東やアフリカの紛争と貧困、難民の姿をみると、一九世紀後半から二〇世紀前半の帝国主義時代を彷彿とさせる。

技術も時代を規定する。その点でも二一世紀の現代は百年前と重なる。二〇世紀初頭には日本を含め先進社会ではラジオと映画が普及し、大衆社会の出現をみた。それまでの政治的な長い闘いが根底にあって、圧政から解放された大衆はそうしたニューメディアから社会全般に対する情報を仕入れ、個々人の世界観を育み国家の行く末を論じた。

そして百年後、インターネットという新たな技術革新がまた別の大衆社会の局面を現出させている。いったんは民主化に舵を切った二〇一〇年末以降の「アラブの春」も、ネット社会の賜物であった。昨今問題となっているフェイク（偽）ニュースも含めて、インターネットは一瞬のうちに大衆を組織することができる。その行き着く先は、まだ見えない。

ただ、これだけは言える。個々人が「国民国家」というイデオロギーにこだわる限り、また組織論理を優先させる考えに固執する限り、再びホロコーストのような民族虐殺の嵐を呼び起こす蓋然性は高い。本書はワイマール期からナチ時代を生きた当時のドイツ人がどのように生き、どのように考えたかを検証するものである。そこには、ホロコーストの当事者としての凶悪犯としてよりも、時代と組織に翻弄されたホワイトカラー層を中心とした苦悩の素顔がのぞく。

本書は単にドイツの近代史をなぞったものではない。ナチズム研究も、それに先立つワイマール共和国研究も、日本を含めて屋上屋を架すほどに多数存在する。本書でのそうした歴史の叙述や解釈は、これまでの歴史学者の研究の成果に負うところが大きい。さらに、政治学や経済学、社会学、心理学の観点からも従来の研究成果を取り入れている。本書はこれに人間に本源的な哲学的な観点からの考察を加え、現代社会における社会と個人との葛藤を捉えんとしたものである。

そこで本書では実証史学における成果を踏まえながら、一般のドイツ国民がホロコーストにどのように関わったか、またユダヤ人に対する意識を含めて当時の社会状況をどう捉えていたか、その心理的要因を改めて探り、そこからナチズム論を再構築する手法を採りたい。歴史の事実を社会的構造の面と個人の心理的側面から分析することで、人間社会において大半の人間が望んでいない方向へと舵を切る危険性を指し示すものになるだろう。

序章では、まずワイマール共和国を含めてナチズム研究を概観、基本的な論点を整理しておく。第1章では、「ゴールドハーゲン論争」で話題を呼んだ、第二次大戦時にドイツの一般国民がポーランドで犯したユダヤ人虐殺についての実証的研究の成果から、イデオロギーと組織論理の観点から本書の論点を明らかにする。その後半では、ドイツの当時のホワイトカラー層の実態を分析することにより、現代人が最終的にホロコーストのような暴力に加担する心理的過程を一般論として導き出す。

第2章では、近代ヨーロッパの進展のなかで育まれたイデオロギーを中心に論ずる。ここでは「国民国家」の成立・発展を実際の歴史と思想の展開から論じ、それがどのように「ナショナリズム」「歴史主義」「人種主義」など現代に特有のイデオロギーを生み出したかを示す。その過程で、ワイマール共和国の崩壊からナチの破壊的な戦争に至るまでの当代人の苦悩も浮き彫りになるはずだ。

第3章では、ナチによる具体的なホロコーストの過程を辿り、現代の巨大ヒエラルキーのもとで組織の意思決定とその伝達過程において必要以上のユダヤ人虐殺をひき起こしたことを組織論との関連のもとで描き出す。そこでは、ヒエラルキーの各階層の役割とともに、ホワイトカラー層が競争社会のなかで人間性を失っていく姿がみえてくるはずだ。これを、ナチ党の中核を成す親衛隊（SS）の主要成員の性格や行動の分析からも導き出す。

そして最終章の第4章では、ナチズムと現代世界との接点を論じる。ヨーロッパも含め冷戦構造の崩れ去った二一世紀前半の世界の混乱を整理したうえで、ホロコーストが極めて現代的な犯罪の側面を持つことを示す。百年前と比べ、殺戮の技術も格段に進歩している。現代では、人びとの倫理観・道徳観は世界のあり方に決定的な影響力を持ち得るようになっている。人類はその悲劇を回避することができるのか、そのために国家や市民はそのパラダイムをどう変えていかなければならないのか、を展望したい。

二〇世紀前半のドイツで中間層が台頭したように、二一世紀の今日は、発展途上国を含む多くの国で中間層が力を増している。それは世界全体がさらなる民主化へと向かう動きでもあるが、「アラブの春」以降の中東・アフリカ地域で起きている殺戮の嵐は当分収まりそうもない。そのなかでイデオロギーに敏感な中間層が組織のなかでもがき苦しみ、一つの決断をするに至る姿は、文明が進展するに従ってますます強まる傾向を秘めている。それをいかに食い止めるか、その処方箋が求められているのである。

殺戮の歴史は太古からある。ホロコーストが「哲学と音楽の国」と言われるドイツという文明国家において引き起こされたことに、第二次大戦後の人間は驚きを禁じ得なかった。理性にも情感にも長けた国民が紆余曲折の末に行き着いた姿がホロコーストであった。文明と狂気は紙一重なのではないか、という疑問が湧いてくる。

ホロコーストが、二一世紀を迎えた現代世界に語りかけるものは何なのか？　人間の持つ野蛮性は消えることがないのか？　人類は歴史の積み重ねのなかで理性を発展させても、根源的な野蛮性を抑えることはできないのか？　その分析は、現代日本の行く末を占う意味でも参考となろう。

序章
ホロコーストとは何か？

1 ホロコースト論議は百家争鳴

「戦争の世紀」と呼ばれた二〇世紀は、人類未曾有の犯罪としてのドイツ・ナチによるホロコースト＝ユダヤ人虐殺を生み出した。ホロコーストの犠牲となったユダヤ人はおよそ六百万人に上ると見積もられている。[1] 第二次世界大戦後、その事実に驚愕した世界の知識人たちがホロコーストの真実に迫ろうと調査・研究を重ねてきた。

歴史学者は事実をきめ細かく掘り起こすことでヒトラーたちの野望の実態を明らかにしようとし、政治学者は当時の国際情勢や政治構造からドイツの破滅への道を辿ろうとした。経済学的にも大恐慌を経た近代資本主義の行き詰まりから、また社会学的には一般庶民の生活や感情から、ナチズムを生み出した基本的な土壌を解明しようとした。一方、心理学者はヒトラーをはじめその個人的資質に関心を抱き、また人間が狂気に至る心理過程を解きほぐそうとした。哲学者や文学者も人間の歴史の本質に迫る言葉を数々発した。T・アドルノの「アウシュヴィッツ以後、詩を書くことは野蛮である」[2] という言葉は人びとの心を揺さぶった。そこには「そんな残酷なことを人間がなぜできたのか？」という共通の疑念が根底にあったろう。ホロコーストの過去の研究動向をまとめたD・ストーンの『ホロコースト・スタディーズ――最新研究への手引き』（白水社）によると、二〇〇〇年時点でナチズムに関する研究はすでに三万七千冊に及び、ホロコーストに関する書物もそれに匹敵するという。

その関心は、二一世紀を迎え、戦後七〇年を経た今も衰えることがない。科学技術の進展で人間社会は豊かになったものの、戦争と殺戮の激しくなる一方だった二〇世紀を総括しなければ人類の未来を展望できない、との思いが誰にもあるのだろう。一九八九年の「ベルリンの壁」崩壊以降のソビエト連邦を含めた社会主義国の相次ぐ解体によって、東欧諸国に埋もれていたナチに関連する記録文書が大量に公表され、ホロコーストに関する新たな事実が出てくることへの期待も今後の研究へのモチベーションとなっている。

ただ、従来の研究を振り返っても、人間をホロコーストへと導く決め手となる理論はみえてこない。ホロコーストに至る過程は各国の歴史学者の膨大な努力によって、かなりの部分が解明されてきた。他の諸科学からのアプローチも含めて、それぞれの成果は人間の社会を知るうえで貴重なものである。しかし、専門分化している社会理論の諸科学は時代の全体像を捉え切れておらず、哲学からのアプローチは小論といった断片的なものにとどまり、体系性を備えていないと思われる。

ホロコーストは例えばヒトラーの野望といった単一の要因から生み出されたものではなく、当時の国際政治・経済情勢から来る複雑な要因が絡み合って編み出されたものであるという見解は研究者の間ではほぼ一致をみている。ホロコーストに至る遠因として一般に言われるのは、①第一次世界大戦の敗戦に伴うヴェルサイユ条約の過大な賠償金がドイツ国民を復讐へと駆り立てた　②第一次大戦後の超インフレとその後の大恐慌による中間層の没落と、資本主義社会の矛盾の噴出　③ロシア革命後の対抗文化としての社会主義革命の広がりを恐れる自由主義世界の動揺――といったところである。しかし、①の復讐心は連合諸国に対する第二次大戦を惹起する要因にはなり得ても、関係のないユダヤ人虐殺には繋がらないし、②と③の当時の国際政治・経済情勢は他の西欧諸国とて同じ条件のもとにあり、そこでドイツが突出して野蛮に走った理由にはなり得ない。従って、ヒトラーやその側近たちの個人的資質も見逃すことはできない。ヒトラーの真意はどこにあったのかその世界観を探るとともに、側近を含めた性格研究も一方で進んだ。そこには、世の中には一部に狂信的な人間がいて、そうした人間が権力を掌握した場合の危険性を認識させようとの定見が存在する。他方、ナチの指導者層に対するその後の心理学的分析などでは「彼らはどこにでもいる普通の人間に過ぎない」といった研究報告も数々提出された。

ナチズム研究の流れとして、当初は政治・経済的なナチ体制の構造を探るとともに、ヒトラーをはじめとするナチ党員の思想分析という、あくまで社会上層の研究が中心をなしていた。その後一九七〇年代からはD・ポイカートなどにより、ドイツの一般国民がどのような生活を営み、どのように考えていたかという、社会の下層部分に研究の焦点が移っていった。そこには、ナチの凶行が単にヒトラーをはじめとする一部の狂信的な人間の暴走によるものではなく、国民全体を巻き込んだ大掛かりなシステムが機能していたという考えが主流になってきたという側面がある。

本書では、実証主義として成果を挙げてきた社会諸科学を踏まえながら、それを哲学的な枠組みへと昇華させることが、ナチズムの本質究明につながると考える。ナチズムに関連してそうした社会哲学的な視点から論じるに当たって、その前提としての諸条件を示しておかなければならない。その前提条件からして諸々の議論があって一定しない部分も多いのだが、先行する研究を概観するなかで筆者の拠って立つスタンスを示しておきたい。

2　ファシズムのなかのナチズムの思想的特異性

ファシズム運動は、ドイツだけでなく二〇世紀前半にヨーロッパ全体に広範にみられた現象であった。ファシズムを広義に捉えると、二〇世紀前半にはルーマニアの「鉄衛団」やハンガリーの「矢十字党」

などの組織、スペインのフランシスコ・フランコやノルウェーのヴィドクン・クヴィスリングなどの指導者に代表されるように、ドイツなどの後ろ盾によって政権を掌握した例もある。「イギリス・ファシスト同盟」やフランスの「アクション・フランセーズ」など自由主義諸国にもファシズム運動は広がっていた。それらの運動が結果的に政権を握れなかったとしても、それなりに大衆的な広がりを持っていたという点で、ナチズムと同様に現代の独裁として普遍性を有していたと言える。

だが、ファシズムと言えば、一般に政権を掌握したドイツ、イタリア、日本を比較してその特色が語られることが多い。

ベニト・ムッソリーニ率いる「ファシスト党」がファシズム命名の原型となったイタリアは、帝国主義戦争に乗り遅れた危機感から近代化のための国民統合を推し進めようというナショナリズム的色彩が強いとされる。その保守反動的勢力に軍部が呼応してクーデターを起こした(一九二二年の「ローマ進軍」)直接行動によって政権を掌握した経緯を持つ。

それに比べてドイツの場合には、ナチがあくまで議会主義路線のもとに政権を掌握したことからも、大衆的基盤をイタリア以上に有していた。ただ一党独裁の色彩はイタリア以上に強く、ナチの指導のもとに人種主義思想を強めていく点に特色がある。

日本の場合には、アジア諸民族の解放という大東亜共栄圏思想一つとっても、ヨーロッパ諸国のファシズムとは一線を画している。天皇を頂点とした家族主義的思考も東洋的だが、軍部が官僚や財閥などと共闘しながら支配体制を漸次固めていった点で、ドイツやイタリアと対比して「上からのファシズム」と呼ばれる所以である。概して二〇世紀のファシズム運動は、第一次大戦後の各国の社会的混迷のなかで、国内や海外の各種の対抗勢力に対する防衛のために組織された例が多い。とりわけ大戦時に起きたロシア革命の波及を恐れて、反革命的なファシズム運動につながった側面もある。

ドイツを含めたヨーロッパ政治史に実績を残す山口定はその著『ファシズム』[3]において、ファシズムを測る指標として従来の研究を総合して次の四つに整理している。①一党独裁とそれを可能にするための「強制的同質化」(Gleichschaltung)と呼ばれる画一的で全面的な組織化の強行　②自由主義的諸権利の全面的抑圧と政治警察を中核とするテロの全面的制度化　③「新しい秩序」と「新しい人間」の形成に向けての大衆の「動員」(mobilization)　④軍、官僚機構、財界、教会などの既成の支配層の反動化した部分(いわゆる「権威主義的反動」)と、広義の中間的諸階層を基盤とした急進的大衆運動の指導者層やそれに代替する「革新将校」や「革新官僚」(いわゆる「疑似革命」)との政治的同盟——である。

現実の政治・経済・社会体制はすべて相対的なものであり、定義からは少しずつずれているのが普通であるが、この観点からみて最もファシズムを体現しているのはナチ・ドイツである。この定義に加えて、ドイツ・ファシズム=ナチズムの特質は、近代世界の抱える矛盾を乗り越えようとの思想的側面が強いところにある。「ファシズムにおいてはそもそも心情と行動とが先行して、思想としての展開は中途半端にならざるをえないような特質がある[4]」としてもである。

ドイツが他国と同様に第一次大戦後の政治・経済的混乱というファシズム興隆の社会的条件を備えていたとしても、それにもましてナショナリズムとともに、共同体思想とその裏面としての反ユダヤ主義、「指導者原理」と社会ダーウィン主義といった思想が他国より急進的に発展した点は興味深いところだ。それは具体的には反社会主義、反自由主義、反国際主義として戦闘的な行動として現れた。

また単なる保守反動とは違い伝統的な権威をも否定し、資本主義を発展させたフランス革命以来の近代合理主義をも敵に回すという、既存の思想を全面的に否定する徹底したものだ。それが神話のような里帰りの復古思想と、「千年王国」といった未来のユートピア思想を直截に結びつける奇妙な論理に終結した。近代社会の形成に乗り遅れた国は多いが、ドイツ人はそれを西欧思想の連綿たる系譜から咀嚼し、その矛盾を克服しようと試みてきた。本書では、時代の推移とともに思想が独り歩きして、歴史にとんでもない禍根を残す危険性を示すものである。

3　ファシズムと共産主義はどこまで似ているか

現代の他の独裁体制と比べた場合、ナチズムに特異性はあるのか。スターリズムなどとともに全体主義として括れるか、あるいは他のファシズムとの差異はどこにあるのか。

ファシズム論に全体主義理論というのがある。第二次大戦後の冷戦確立の時期にドイツ出身の政治学者・思想家であるS・ノイマンやH・アレントなどが打ち出した理論で、ファシズムと共産主義を同一視するものだ。確かに、旧ソ連時代のスターリニズムなどを考えるとナチ・ドイツと相通ずる暴力性（一九三〇年代後半の「大粛清」や第二次大戦期における少数民族の強制移住）がみてとれるし、ロシア革命を主導したボルシェビキ（ウラジーミル・レーニンが率いたロシア社会民主労働党左派）の支配構造にファシズムに近いものがあるのは否めない。

しかし、スターリンの「大粛清」は政治弾圧の面が強いし、日本人を含めた多くの外国人抑留者が死亡した強制収容所も工業化進展のための労働奴隷の確保に重点があったと言える。結果としてナチの犯罪と同等の死者を出したと思われるが、どちらかと言えば権力闘争と支配強化の一環としての側面が強い。

ノイマンやアレントは全体主義の源泉を「大衆」に置いている。『全体主義の起原』を著したアレントにとって、現代の大衆とは「共同の世界が完全に瓦解して相互にばらばらになった個人から成る」[5]存在である。そのうえでノイマンは『大衆国家と独裁——恒久の革命』において、現代の独裁＝全体主義の特徴として「安定の約束、行動第一主義、疑似民主的基礎、戦闘精神、そして指導者原理」[6]の五つを挙げ、ロシアとイタリア、ドイツを同列に論じている。

そうした論調に対して前述の山口は、大衆的基盤が中間層にあるファシズム運動と、労働者階級を基盤にした共産主義運動を同列に論じることはできないとする。ただそれにもまして、資本主義の未熟な段階でのロシア革命は労働者の反政府運動が功を奏したとしても、基本的にはマルクス主義という体系的な思想をもとにした急進的知識階級の革命である。一方のイタリアやドイツは第一次大戦後に経済的な窮乏に陥った自由業や中小企業者、ホワイトカラー層がファシズム運動を下支えした点で、ロシアとは異なる。

全体主義理論は米ソ冷戦のなかでの政治的主張が強まった点は否めないものの、その後はそれを否定する論調が主流になるなど結論をみていない。思想的な面からは、マルクス主義が資本主義という近代の矛盾を超克するものとして唱えられたものであり、一方のナチズムはその共産主義の欺瞞をも暴き出してやはり近代を超克しようとの思いがある。さらに、マルクス主義が平等な社会をモットーとした原始共産制にユートピアを見出しており、一方のナチズムが民族固有の共同体文化をアイデンティティーとした点で、その歴史への回帰性に共通点もみられる。その理論に科学的な装いを凝らしている点も同様で（科学的論拠としてはマルクス主義に軍配が上がるが）、思想に縛られている点で双方とも同じ穴のムジナと言える。

マルクス主義は、万人が自由を勝ち得た市民社会においても、資本主義の進展とともにブルジョアジーと労働者階級の経済格差が広がっていく現状を目の当たりにして、ルソー的な平等社会を求めているところに本質がある。一方のナチズムはその後の高度資本主義社会のなかで、ブルジョアジーでもなく労働者階級でもない中産階級＝ホワイトカラー層の経済的・社会的窮乏に訴えた面が強く、そうした教養に支えられた中産階級は自らのアイデンティティーを選民思想としてのナチズムに求めた。ただ、ナチズムの掲げる諸々の思想はナチ独自のものではなく、二〇世紀に至るまでの一つの思想の流れに沿ったものである。

また、マルクス主義がフランス革命以来の平等思想を極限まで推し進めようとした普遍性を有するのに対して、ナチズムは他民族には適用されない自民族中心主義という排他性を有している。普通に考えれば、ナチズムは他民族との絶えざる闘争が前提となり、平和の訪れるのは全世界を制覇した時点でしかない。マルクス主義は当初は階級闘争による暴力があるとしても、そこから導かれるべき社会は平和的なものであるはずだと考えられていった。それが現実問題となると、マルクス主義もスターリニズムのような蛮行を生み出し、結果としてナチの蛮行とさして変わらない所業となったところに、一つの思想がその後どう進展していくか、歴史の不可解さを感じる。

4 「中間層テーゼ」はどこまで有効か

ファシズムの大衆的基盤をなすものとして多くのファシズム研究者が支持してきた「中間層テーゼ」についても、その妥当性を巡って議論が尽きない。「中間層テーゼ」はドイツの社会学者、T・ガイガー

表1 ファシスト党員の社会構成（イタリアとドイツの比較）

	国家ファシスト党 (1921)	ナチ党 (1930)
[旧中間層]	[21.2%]	[34.7%]
農　民	12.0%	14.0%
手工業者・商人	9.2%	20.7%
[新中間層]	[35.3%]	[33.9%]
ホワイトカラー	9.8%	25.6%
官　吏	4.8%	8.3%
教　師	1.1%	
自由職業	6.6%	
学　生	13.0%	
[労働者]	[40.8%]	[28.1%]
工業労働者	15.4%	
農業労働者	24.3%	
海　員	1.1%	
[資本家]	[2.8%]	—

（出典: 山口定, 2007,『ファシズム』: 108）

などが唱えて以来、支配的な見解となり、W・ライヒやE・フロムなどの社会心理学者も中間層の「権威主義的性格」が強者への恭順、弱者の排撃というファシズム的性格を代表していると説いた。戦争やインフレ、恐慌によって経済的没落と社会的威信の低下を如実に経験した層であり、それに伴って市民階級としての価値観の転換をも迫られ、失ったアイデンティティーを取り戻そうとナチズムに走ったとするものである。

「中間層テーゼ」は一つの定説となっていたが、その後、同説に対する反論が次々と出され、完全否定する声も出ている。「中間層テーゼ」への反論として、J・ファルターやT・チルダースによるきめ細かなワイマール期の選挙結果分析によって「ナチズムは中間層ばかりでなく、あらゆる階層に広がった国民的な運動であった」とする説が主流となっている。歴史社会学者のM・マンはこれらの研究成果を次のように要約する。一九二八年までナチの最大の支持者の多くは手工業者と小商店主、そして官吏であり、この旧来からの下層中間層がナチの当初の基盤を形づくっていた。その後、農業従事者に加え、建設業やサービス業の従事者がこれに続いた。工場労働者のナチへの投票率は低かったが、それでも一九三〇年には三〇%にまで拡大した。しかし、残りの五〇%の投票は社会民主党や共産党を支持し続け、大恐慌後に増大した失業者も同様だった(7)。

あくまで選挙・議会活動を通して政権を獲得したナチ党が、最終的に国民の各層から支持を集めたのは当然のことであるが、やはりナチへの支持に先鞭をつけたのは中間層であると言えそうだ(8)。そうした投票における数字上の問題にもまして、中間層がこの時代に背負った精神構造が、ナチズムの隆盛を生み出すのに呼応した点が重要であると考える。

ところで、中間層は手工業者や商店主などの「旧中間層」と、ホワイトカラーや官吏からなる「新中間層」とに分けて論じられる。「旧中間層」は近代市民社会において自由な個人を代表する立場にあったが、資本主義の発展に伴いその自由競争の理念によって大資本に侵食された。一方、「新中間層」は二〇世紀初頭の四半世紀に急増したサラリーマン層に支えられており、財産や出自をその社会的基盤としていないため、第一次大戦後のインフレや大恐慌の影響を最も被った階層とされる。

山口定はドイツとイタリアのファシスト党員の社会的構成の分析をまとめ(表1)、結論としてドイツは「旧中間層型」、イタリアは「新中間層型」としている。しかし、きめ細かなイタリアの統計と比べてドイツのそれは概略的であり、新中間層はイタリアで比率の高い「学生」などは統計の対象となっていない。ドイツの場合、旧中間層の比率が高いのは確かだが、それにも増してホワイトカラーと官吏の比率が高い。

山口は「当時のドイツのホワイトカラーやとくに官吏のなかでは旧中間層の子弟のウェイトが極めて高く、実質的には旧中間層的意識が強かった[9]」とするが、彼らが新しい階層であることを考えれば「旧中間層的」と言い切ることはできない。むしろ、経済的に窮乏した旧中間層に生まれ育った子弟に家業を継がせられずに、教育を授けて当時勃興してきた新中間層へ仲間入りさせたものの、インフレや恐慌によって没落の憂き目を味わわなければならなかった姿がみてとれる。その過程で教養を基にした新中間層に組み入れられた人びとは、当時の思想状況を一身に引き受けなければならなかった。旧中間層と新中間層を分別する指標はその思想的背景にあり、ナチズムは市民階級としての旧中間層的性格を引きずりながらも十分に新中間層型と判断することができる。

市民社会の形成過程においてその市民階級を代表した立場の旧中間層が自らの権益保護の観点からより上級者（貴族やブルジョアジー）と結びついて保守主義的な性格を強めていったことと、同じ俸給生活を送る労働者階級とは同列に論じられたくない、という相対的な身分意識が基盤にある新中間層が組織内の上位者の代弁的な存在になるのとでは、似ているようでその性格構造は大きく違うのでは、と感じさせられる。本書では、ナチズムの勃興に関してサラリーマン層を中心とした「新中間層」の果たす役割が大きかったとして、このホワイトカラー層の心理と行動の分析に照準を合わせる。

5　ワイマール期とナチズムとの連続性

ナチ政権に先行するワイマール共和国が当時最も民主的な憲法を擁しながらわずか一四年の命脈しか保ち得ず、史上最大の暴力国家に取って代わられたという歴史的事実には驚愕するほかはない。その逆転がどのようにして起こったのか、ナチズムと並んでワイマール共和国への関心も高まり、研究が進められてきた。

ドイツ近・現代史家、E・コルプの『ワイマル共和国史――研究の現状』によると、ワイマール共和国史の研究は一九五〇年代にようやく始まり、当初の関心は共和国崩壊の過程を辿る共和国末期に関心が集中していた。六〇年代に入ると、共和国は創設時点から決定的な欠陥を有していたのではないかとの考えから研究の主軸は共和国の初期段階に移行し、七〇年代には波乱に乏しい共和国の中間期にもメスが入り、政党・議会や外交、経済・社会問題へと関心が広がっていったと分析している[10]。

一般にナチズムはワイマール精神の否定として捉えられる。自由主義の否定として、あるいは強い国家の復権として。しかしワイマール精神のなかに、すでにナチズムの萌芽があるのではないか。それが本書を通して言いたいところである。ナチズムの本質に迫るためにはワイマール共和国の時代分析が重要であり、ひいては一八世紀後半以降のドイツの抱えた思想的なジレンマが底流をなしている。本書ではその歴史的過程を辿る。その過程で、ドイツ精神が振り子のごとく左右に行き来しながら、蟻地獄のように深みにはまっていく姿を描き出すものである。

6　ホロコーストの特異性について

古今東西を通じて「ジェノサイド」（集団殺戮）は連綿として存在する。ユダヤ人虐殺としての「ホロコースト」はその延長線上にあるのか、またはジェノサイドとは峻別される近代に特異なものなのか、これも議論の分かれるところである。

民間人など非武装集団を組織的に大量殺害するジェノサイドは、ナチのユダヤ人虐殺の経験からポーランド人のラファエル・レムキンが造り出した言葉だ。一方、ホロコーストは古代ユダヤ教の祭事である「丸焼きの供物」というギリシャ語を語源とし、アメリカの同名のテレビドラマの影響もあり、一般のジェノサイドと区別して使われるようになったいきさつがある。結果としてそうなっただけであり、当のユダヤ人の中にもその峻別に反対する人もいることから、ホロコーストも他のジェノサイドの延長とする考え方が多い。

ジェノサイドの歴史は勝者によってもみ消されるのが常で、史実として書き残された最初のジェノサイドは古代ローマ帝国によるカルタゴ殲滅という。近代では第一次大戦時のオスマン帝国によるアルメニア人虐殺（一九一五年）が有名だが、ホロコーストを経て「集団殺害罪の防止及び処罰に関する条約」（ジェノサイド条約）が発効した一九四八年以降もカンボジアやルワンダ、ボスニア・ヘルツェゴビナ、スーダンなどジェノサイドが絶えることはない（実際には各国の利害が複雑に絡み、条約締結後のジェノサイドの国際的認定は数少ない）。広義に捉えれば、アメリカにおける植民開拓の歴史や黒人奴隷貿易、広島／長崎への原爆投下もジェノサイドと呼ぶこともできよう。

そうした現実を鑑みて、暴力は人類に普遍的なものであり、人間が他の動物と同様に先天的に有する攻撃性から、それは避けられない現象と捉え、すべての民族大虐殺を同列視する考えは根強い。ナチの戦争責任については、戦後ドイツの保守論客であるE・ノルテがカンボジアのポル・ポト政権と比較して、その残虐性については変わりないとしてナチの犯罪を相対化しようとした。ドイツ国民は敗戦から四〇年を経ても、過去の亡霊に怯えて民族の誇りを失っている、とみなし、その状況を「過ぎ去ろうとしない過去」と表現したのに対し、ドイツ人の犯した未曾有の犯罪を忘れ去るべきでない、とするJ・

ハーバーマスとの間に「歴史家論争」を引き起こした。

例えば、ノルテの言うようにホロコーストとカンボジアの大虐殺を比べた場合、ポル・ポト派に「民族浄化」の発想があったにせよ、ナチほどには徹底した計画性等はない。シアヌーク殿下退陣後の軍事政権に対する徹底的な弾圧からすると、その前のベトナム戦争のあおりを食った国内の混乱に起因する面の方が強いと考えられる。若者からなるクメール・ルージュが首都プノンペンから住民を追い出して殺戮したのは、無差別殺戮に近い。

ジェノサイドは、その時代・地域での政治・経済・社会状況が複雑に絡み合っているためその様態は千差万別だが、カンボジアの大虐殺のように、戦争の後遺症としてのジェノサイドが起きた事例は多く挙げられる。古代ではローマ帝国のカルタゴ殲滅があったが、旧ソ連崩壊に伴う民族対立が原因となったユーゴスラビア紛争は、セルビア人によるイスラム教徒に対する大虐殺に繋がった（一九九五年、スレブレニツァの大虐殺）。

他には、ある大国家に属する少数民族の政府に対する反乱を抑え込もうという動きがあり、これにはアルメニア人虐殺とともに、アフリカ系住民がアラブ系政権に対して起こした二〇〇三年のダルフール紛争（スーダン）などが挙げられる。逆に、近隣の民族同士の闘争のなかで過去に受けた支配や暴虐に対する報復として、ルワンダのような例もある。過去には少数派のツチ族が多数派のフツ族を支配していたが、ベルギーの植民地支配を脱してそれが逆転したときに、フツ族がツチ族に対する大量虐殺を敢行（一九九四年）。そしてツチ族が政権を奪還すると、フツ族難民が流出し、コンゴ民主共和国などの内乱も引き起こすこととなった。そもそもツチ族が遊牧民族、フツ族が農耕民族という以外に身体的特徴を含めて両者の違いはわずかと言われ、紛争が泥沼化したのには、あえてその違いを強調するなど宗主国ベルギーの対立を助長する占領政策があったことは注目に値する。

そうした事例を列挙してみると、少なくとも近代社会においては後進地域にジェノサイドが特徴的に現れている。あるいは、大国の利害関係に踊らされた例も少なくない。それに比べてナチの犯罪は、啓蒙の進んだ近代西洋社会の内部で起きたところに第一の違いがある。ナチズムの最大の特徴は、「民族浄化」につながる明確で、体系的な理論があった——それがいかに表層的で、矛盾だらけだったとしても——ところにある。

もう一つは、ジェノサイド一般に虐殺する側とされる側にある程度の対立軸がある——反政府運動の弾圧にしても、過去に受けた仕打ちに対する報復であったとしても——のに対して、ナチのユダヤ人などに対する虐殺にはそれが見当たらないことである。確かに、多くのジェノサイドにみられるように、ホロコーストにもキリスト教とユダヤ教という宗教上の対立が潜んでいるが、当時のユダヤ人はドイツ社会にかなり同化しており、すでにドイツ国民としての意識も強かった。また、ユダヤ人がドイツ社会に対して何らかの行動を起こしたわけでもなく、自らが襲われる理由すら見出せず、「自分たちが殺されるわけはない」と思い込んでしまった者も多く、むしろ早めに国外退去したユダヤ人は少数である。

確かに、ユダヤ人の経済的な成功がドイツ人の窮乏につながったという面はあるが、それだけでは「抹殺」の理由にはならない。そこに至るまで一世紀にわたるユダヤ人解放の歴史があったわけだが、まるで中世の十字軍遠征時に行われたユダヤ人虐殺が突如、現代に蘇ったかのように出現したのは不思議な現象と言わざるを得ない。

本書では、ナチズムの思想に潜む近代西洋思想の鬼子とも言える部分に焦点を当てるものであり、世界的に近代化が進むなかでホロコースト型のジェノサイドが繰り返される危険性を示すものである。

第1章

近代ホワイトカラー層の苦悩

第一節　ホロコーストの加害者心理とは

1　普通のドイツ人が関わった壮絶なユダヤ人虐殺

ここに二人の歴史・政治学者がまとめた記述がある。ナチ・ドイツがポーランドに侵攻した際に、ドイツの一般市民から成るある警察予備大隊が関わったユダヤ人虐殺についての論述である。その概要は次の通りである。

ナチ・ドイツの警察組織は、政治犯を対象とする秘密国家警察（ゲシュタポ）と重大な刑法犯罪を扱う刑事警察（クリポ）を統合する保安警察、それに市町村警察を基本とする通常警察とに分かれ、戦争の拡大とともに次第に国防軍に組み込まれて戦地へ赴くようになった。通常警察から成る警察大隊は占領地における治安維持を受け持つために組織され、前線の後背に取り残された敵の残兵を捕縛したり、武器を回収したりする任務についていた。その中心地域が第二次世界大戦の幕明けとなる、一九三九年に侵攻したポーランドであった。ポーランドは降伏後、第三帝国への「併合地区」と総督に従属する「総督管区」に分けて統治された。

一つの警察大隊は約五百人で編成され、部隊数は百を超える。うち年齢層の高い召集予備兵を中心に組織された大隊を警察予備大隊と呼ぶ。隊員は軍務期間ごとにドイツ国内から交代要員があてがわれた。その部隊は戦争の泥沼化に従って臨時に召集されたもので、その上層部にナチ党員の姿はあったものの、大半は他の仕事を持っている普通のドイツ人であった。

第一〇一警察予備大隊はハンブルクとその周辺から召集された警官五五〇人で構成され、大半は軍隊や警察の経験を一切持たない、徴集された予備役隊員である。生年月日の明らかな隊員（五一九人）の平均年齢は三六・五歳と決して若くはなく、三〇歳以下はわずか四二人という。彼らの大半は一九〇〇―〇九年の生まれというから、当時において最大の民主主義を体現したワイマール共和国時代（一九一九―三三年）に青春を過ごした世代であった。サンプル数は少ないようだが、彼らの多くは家長として妻や子供のある身であったようだ。

一九四二年七月、同大隊はポーランドのルブリン南部の町、ビルゴライに到着、ユダヤ人殺戮命令を受けてユゼフフまで三〇キロの道のりをトラックで移動した。彼らはゲットーからユダヤ人を駆り出して中央広場に集め、そこで労働可能な男性と、その任に堪えない女性や子供、老人、病人とに選別した。前者は列車で労働収容所へと移送され、後者は殺害のためにユゼフフ郊外の森へと運ばれた。すでにゲットーから駆り立てる時点で、家から出られない者や歩行の困難な者はその場で即座に射殺していた。森の入り口に到着した射殺分隊は連行したユダヤ人を少人数に分けて森の奥へと連れて行き、うつ伏せにさせたうえで彼らの後頭部に銃を当てて、至近距離から引き金を引いた。自らの運命を悟ったユダヤ人たちは命乞いをし、泣き叫ぶ。至近距離からの射殺は処刑者のドイツ人も、犠牲者の返り血や砕け散った肉片を全身に浴びせた。ユゼフフの大虐殺におけるユダヤ人犠牲者は一五〇〇人ほどと言われる。

翌八月のロマージ（ウォマジー）においては、大隊のなかの第二中隊が単独で関わった。第二中隊が

ロマージ（ウォマジー）の郊外で隊員の命令により自らの巨大な墓を掘らされるユダヤ人(D.J. Goldhagen*“Hitler's Willing Executioners”*)

到着した際にはすでに一七〇〇人のユダヤ人が狩り集められており、同中隊は純然たる射殺業務に従事した。森のなかにユダヤ人自身が入る巨大な墓穴を掘らせ、服を脱がせたうえでユダヤ人をその中へと追い込んで射殺、墓穴は死体でうずたかく積まれることとなった。ただ、同大隊の隊員たちはユゼフフにおいて自らユダヤ人虐殺に手を下したトラウマから、ロマージ（ウォマジー）においてはウクライナ人など東欧出身者から成る「対独協力者隊」に実際の殺害の実行のかなりの部分を任せた。

その後、同大隊が関わった「収穫感謝祭作戦」などでは射殺の実行部隊はナチ親衛隊（SS）などに移り、同大隊は警備などの後方業務が主流となったし、あとは絶滅収容所へのユダヤ人の移送に関わっていたため、彼らが虐殺に自らの手を汚すことは次第に少なくなっていったようだ。

同大隊の活動開始は一九四〇年五月からで、

表1-a 第101警察予備大隊が関与した主なユダヤ人虐殺作戦

年　月	場　所	内　容	犠牲者数（概数）
1942年7月	ユゼフフ	射殺	1500人
8月	ロマージ（ウォマジー）	射殺	1700人
8月	パルチェフ／ミェンジジェツ	絶滅収容所への移送	1万6000人
9月	セロコムラ／タレツェン／コック	射殺	400人
10月	ラジン／ルークフ	絶滅収容所への移送	9000人
10月	パルチェフ等管区全体	掃討⇒射殺（ユダヤ人狩り）	100人
1943年5月	ミェンジジェツ	絶滅収容所への移送	3000人
11月	マイダネク／ポニャトヴァ	大量虐殺の後方業務（収穫感謝祭作戦）	3万500人

（出典:D. ゴールドハーゲン, 2007,『普通のドイツ人とホロコースト』: 289 などをもとに作成）

最終的には敗戦が濃厚になった四四年以降の段階で戦闘そのものに関わるようになり、隊員が戦死したり、ドイツ国内へ敗走したりで、大隊は雨散霧消した。同大隊が最初に経験したユゼフフのユダヤ人大虐殺（四二年七月）からドイツ軍の行った最大のユダヤ人殺戮と言われる収穫感謝祭作戦（四三年一一月）まで、同大隊が直接に射殺したか、絶滅収容所へ強制移送したユダヤ人は八万人以上に上るという。主なものを列記すると、表1－aのようになる。

以上の記述は、アメリカの政治学者、D・ゴールドハーゲンの『普通のドイツ人とホロコースト――ヒトラーの自発的死刑執行人たち』と、同じくアメリカの歴史学者、C・ブラウニングの『普通の人びと――ホロコーストと第101警察予備大隊』からまとめたものだ。ユダヤ人虐殺に関わった東方戦線の一部隊が戦後に告発された調書を詳細に分析した二つの研究成果だ。ウクライナに近いワルシャワ東南のルブリン管区内のユゼフフとロマージ（ウォマジー）という二つの村における第一〇一警察予備大隊の行ったユダヤ人虐殺についての事例で、前述の点は両者の記述で完全に重なっている。

第二次大戦後、警察大隊の犯罪が訴追された例は稀で、第一〇一警察予備大隊が例外的に告発されたことはドイツ司法当局の大きな成功であった。裁判が始まったのは一九六二年からで、結審したのは十年後の七二年で、二一〇人の元大隊員が尋問を受け、起訴されたのは一四人だった。ブラウニングもゴールドハーゲンもハンブルクの連邦検察庁によるこの二一〇人の尋問調書から逐語的に多くを引用しているが、その手法は大きく食い違う。

尋問された加害者たちは当然、免罪されたい気持ちから忘却を装い、あるいは嘘の証言をしていることは両者とも前提にしている。証言は全体としてユダヤ人虐殺の事実という客観的描写には優れているが、自らがそれにどう関わったかという供述に乏しい。

それでも、ブラウニングは「ユダヤ人を殺害する意思は自分にはなかった」という証言を小まめに取り上げ、虐殺の命令からは逃れられない加害者の苦悶に照準を当てている。

他方、ゴールドハーゲンは、それより前に上梓されたブラウニングの主張を反証する形で論理を展開。加害者が無罪を主張する「確証されない真実の供述はほとんどないこと、またこうした偏った評価は無視してよいこと」として全く取り上げず、ドイツの歴史に連綿と受け継がれた反ユダヤ主義の伝統にホロコーストの根源を求めた。つまり、その反ユダヤ主義の感情から一般のドイツ国民は自発的に、喜々としてユダヤ人の虐殺に加わったとして、反ユダヤ主義につながられる供述だけを利用している。

そのゴールドハーゲンの著書『普通のドイツ人とホロコースト』は、一九九六年にドイツ人全体の戦争責任を問うものとしてセンセーションを巻き起こした。これを「第二次歴史家論争」と言う。その引き金となったゴールドハーゲンの論調にドイツの一般市民は賛辞を送ったが、E・イェッケルやH・モムゼンなど従来からの高名な歴史学者は、ドイツにおける反ユダヤ主義の伝統は認めるとしても、それがユダヤ人抹殺に直結するという論理は短絡的すぎる、と反発した。

何がホロコーストを生んだのか、第二次大戦後に歴史学者を中心に多くの識者がそれぞれの見解を述べ、論争を繰り返してきた。ここに挙げたイェッケルとモムゼンは、ホロコーストを生み出した要因についてそもそも見解を異にする。これは、ユダヤ人絶滅政策においてヒトラー自身の果たした役割がどこまで決定的であったかという、一九八〇年代の「意図派 vs. 機能派」論争につながる。意図派がヒトラーとその側近たちの狂信的な人種主義思想が確信犯的にドイツ国民を洗脳し、引きずり回したとするのに対して、機能派はヒトラーの意図を見誤ったドイツの指導者層がなし崩し的にナチの暴走を許したとする構造的・システム的要因に還元している。

意図派の代表であるイェッケルは「党や綱領を含めた彼（引用者注：ヒトラー）のあらゆる領域のもとで、国家は単に目的のための手段であり、とりわけ――それはまさしく決定的なもので――極めて断固とした目的、すなわち領土政策と反ユダヤ主義という双方の観念の実現に向けた目的であった(1)」と論じている。一方、機能派の雄であるモムゼンは「ホロコーストは長い期間をかけて育まれたプログラムに起因するものではなかった。前もっての計画段階からそのたびごとに生まれ、それをエスカレートさせた完全な即興である点が重要である。ひとたび事が起これば、ブレーキの効かない破壊がダイナミズムを発展させた(2)」という立場を採っていた。

彼らドイツの歴史学者たちは見解の違いこそあれ、ホロコーストについてヒトラーを頂点とする当時のドイツ指導者層の犯罪とする点では変わりない。その観点に立つ限りにおいては、当時のドイツの一般国民はホロコーストの事実さえ知らなかった、という免責事項にもなりかねない。両者の論争の少しあとの八六年の「第一次歴史家論争」では、やはり意図派の先鋒であるE・ノルテがナチの亡霊を「過ぎ去ろうとしない過去」として、早く民族の誇りを取り戻すべきだと主張したのに対して、哲学者の立

表 1-b 第 101 警察大隊隊員の社会構成

階級／職業	ドイツ（%）	第 101 警察大隊(人数、%)	
[下　層]			
1.　未熟練労働者	37.3%	64 人	22.0%
2.　熟練労働者	17.3%	38 人	13.1%
（小　計）	54.6%	102 人	35.1%
[下層中間層]			
3.　手工業者(自営)	9 .6%	22 人	7.6%
4.　非大学出の専門職	1.8%	9 人	3.1%
5.　中下級職員	12.4%	66 人	22.7%
6.　中下級官吏	5.2%	59 人	20.3%
7.　商人(自営)	6.0%	22 人	7.6%
8.　農民(自営)	7.7%	2 人	0.7%
（小　計）	42.6%	180 人	61.9%
[エリート]			
9.　経営者	0.5%	1 人	0.3%
10、高級官吏	0.5%	1 人	0.3%
11、大学出の専門職	1.0%	1 人	0.3%
12、学生(大学と中等学校)	0.5%	0 人	0 %
13、企業家	0.3%	6 人	2.1%
（小　計）	2.8%	9 人	3.1%
総　計	100.0%	291人	100.0%

(出典: D.　ゴールドハーゲン, 2007,　『普通のドイツ人とホロコースト』:265)

場からJ・ハーバーマスが現在から振り返ることでみえてくる歴史の反省がある、と異を唱えたことで国民的な戦争責任論争へと発展した経緯がある。ゴールドハーゲン論争は、「ベルリンの壁」崩壊からドイツ再統一を経た十年後に沸き起こったものだった。（「ドイツ歴史家論争」については章末のミニコラム参照）

そのゴールドハーゲンにしても、それに先立つブラウニングにしても、一般のドイツ人にもホロコーストの責任が十分に存在するという点で一歩前進している。ゴールドハーゲンは第一〇一警察予備大隊の出自の明らかな二九一人の隊員の職業構成を分析（表1-b）。それによると、中下級職員（二一・七％）、中下級官吏（二〇・三％）を含めた「中間層の下層」が六一・九％を占めていた。いわゆる、企業や役所において事務や付随する作業に取り組んでいる人びとである（中間管理職も含む）。「エリート」階級はごくわずか（三・一％）で、労働者の「下層」階級もドイツの人口比からすると少なめ（三五・一％）なうえ、「中間層の下層」のうちでも自営の手工業者、商人、農民の比率は少ない。すなわち、ユダヤ人の大量殺戮に関わった同大隊隊員の多くが、サラリーマンと官吏を中心としたホワイトカラー層だった。

しかし、ゴールドハーゲンとブラウニングはいずれも第一〇一警察予備大隊という、一切の軍隊や警察の経験を持たない、徴集された予備役隊員たちの同様の行動を分析しながら、全く正反対の結論を導き出した。実証史学の観点からはハンブルクの連邦検察庁によるこの二一〇人の尋問調書から丹念に拾っていった事実そのものには大差はないが、そのユダヤ人虐殺の行為者たちの心理分析という解釈となると両者は対照的である。ゴールドハーゲンがドイツ人のユダヤ人憎悪は根が深く、確信犯的にその虐殺に踏み切ったとするのに対して、ブラウニングは相互の人間関係のもとでやむなく虐殺に関わったとする。ここには「意図派vs.機能派」論争以来、連綿と受け継がれている人間社会を考えるうえでの本質的な問題が存在する。

ナチ党がいかにユダヤ人虐殺を理念として揚げていたとしても、戦線に駆り出された大半のドイツ人が実行部隊とならなければ六百万人もの人間を殺戮することなどできるはずがない。第二次大戦の東方戦線を中心にユダヤ人たちはナチに追い立てられたり、銃口を突きつけられたりして死んでいった。その矢面に立たされたユダヤ人たちの末期に当たっての恐怖は想像するに余りあるが、加害者の立場にあったドイツ人たちはどのような思いだったのか。狂気の果てに何とも思わず引き金を引いたのか、あるいは少しでも逡巡の色があったのか——。

次に、二人の政治学者の言説を分析することにより、そうした普通のドイツ人がどのような思いを持ってユダヤ人虐殺に関わったかを検証してみよう。

2 ユダヤ人虐殺に関する考察はここまで違う

第一〇一警察予備大隊は大隊長のヴィルヘルム・トラップ少佐（当時五三歳）のもとに三つの中隊があり、それぞれの中隊長はユリウス・ヴォーラウフ大尉、ヴォルフガング・ホフマン大尉、ハルトヴィッヒ・グナーデ少尉である。組織には当然、構成員相互の思いや考え方に温度差があり、ブラウニングとゴールドハーゲンは大隊の主要人物にスポットを当てている。

大隊の最高指揮官であるトラップ少佐の行動は複雑で、両者ともこれに注目する。ルブリン管区全体を指揮するのはナチ親衛隊中将のオディロ・グロボクニクで、ユゼフフでのユダヤ人殺戮命令を受けたトラップ少佐の動揺は激しく、任務の重さに耐えかねて子どものように泣きじゃくる姿をブラウニングは伝える。また、ユダヤ人虐殺という任務に耐えられないと思う者は申告して、任務からはずすよう計らったという事実もある。彼の人間らしさを示すエピソードとも言えるが、ゴールドハーゲンはポーランド人とユダヤ人の殺害に対する彼の態度には明らかな違いがあったとしている。

三人の中隊長については、ゴールドハーゲンがいずれもそのサディスティックな性格を詳しく描写している。ホフマン大尉は、トラップ少佐の提案に従って任務の免除を願い出た部下を「銃殺しろ」とわめき立てた。ヴォーラウフ大尉は新婚の妻を現地へ呼び、ユダヤ人の虐待を夫婦で楽しんだ姿が伝えられる。グナーデ少尉に至っては彼の率いる第二中隊がロマージ（ウォマジー）での虐殺の際に、立派なあご鬚を生やした典型的とも言えるユダヤ人の老人を選び出し、裸にして腹ばいで墓穴まで進ませ、射殺する前に部下にこん棒で雨あられと殴打することを命じている。(3)

他の隊員はどのような行動をとったのか？　前述のように戦後の長い裁判のなかで証言に立った被告人たちは、自らユダヤ人を射殺したと認めるケースは少なく、客観的な目撃情報として語ることが多かった。そうした虚実入り乱れた証言をどこまで信用するか、ゴールドハーゲンが無罪を主張する者の証言を全く退けているのに対して、ブラウニングはそうした証言をも丁寧に拾っている節がある。

両者が共に驚いたのは、先に挙げた大隊長であるトラップ少佐が隊員の射殺任務からの離脱を許した際に、手を挙げたのは一〇人から一二人という少なさに対してである。しかし、その解釈は正反対だ。

ブラウニングは「一歩前に出ることによって集団から自分が切り離されたくないという強い衝動」(4)という「順応への圧力」に要因を帰している。ユダヤ人虐殺の命令を受けた隊員たちが戸惑いを隠せないままに、次第に虐殺という行為に慣らされていった経緯を追い、そこに複合的な要因をみながらも、軍

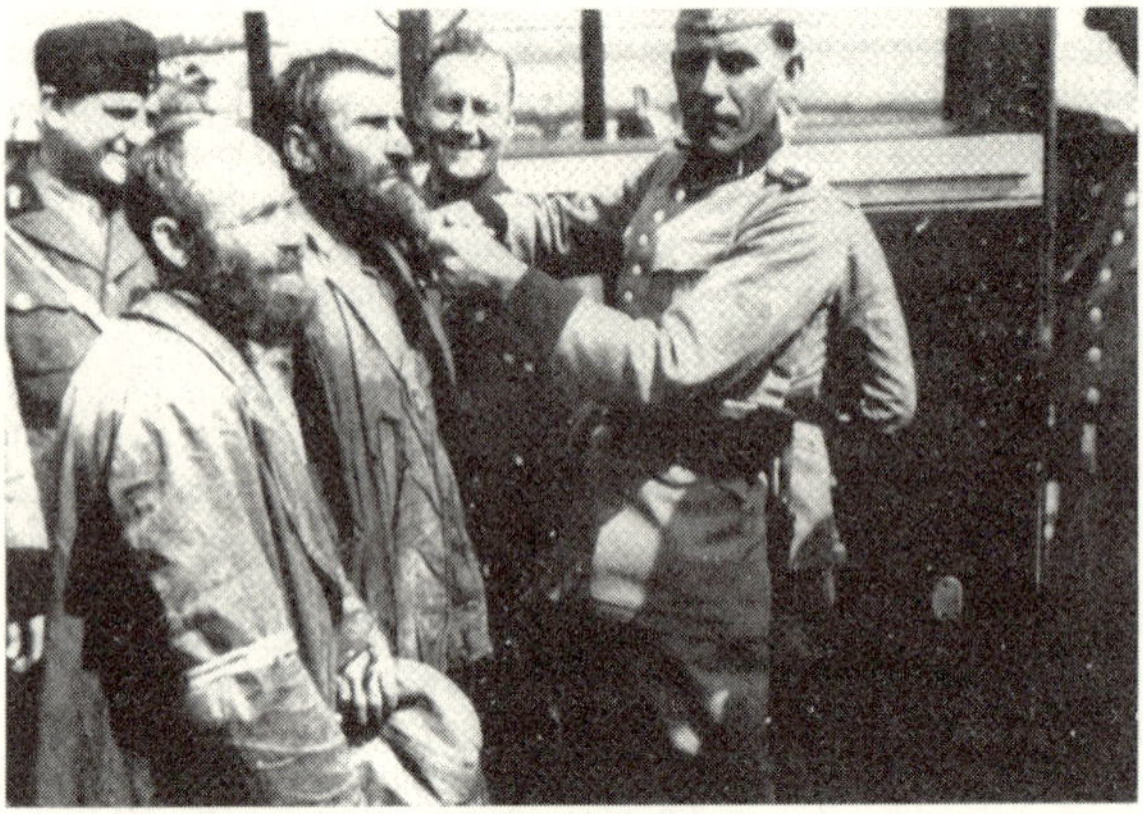

ユダヤ人を慰み者にして楽しむドイツ人
(D.J.Goldhagen“*Hitler's willing Executioners*”)

隊における上官と下士官の間の権威主義的な関係を最も重視していることがうかがえる。これに対してゴールドハーゲンは「殺戮を望まない隊員にそれを強制すべきではないという共通理解[5]」が大隊にはあったとして、ユダヤ人虐殺は隊員たちが自らの意志で選択した行為だとしている。

ブラウニングの書では、実際の射殺の場面になってその恐ろしさに耐えられなくなって、あるいは最初のユゼフフでのユダヤ人虐殺の経験に恐れをなして、除任を嘆願した者、射殺の現場に向かっている間にこっそり持ち場を外れて市場などでうろうろしていた者、また射殺の瞬間になって意図的に外して撃った者など、隊員たちの回避行動をさまざまに取り上げている。

一方のゴールドハーゲンはそうした事実も一時的なもので、「彼らはその後しばらくして大量虐殺を再開し、しかもその仕事に熱心に取り組んだ……深刻な情緒障害に陥った者は一人もいなかった[6]」と一刀両断のもとに切り捨てている。その証左として、ユダヤ人を射殺するだけでは隊員たちは物足らず、必要のない際にも侮蔑と虐待をいかに繰り返したかを延々と描写する。ユダヤ人の象徴である鬚を刈り取っているポーズを写真に撮らせたり、老ユダヤ人たちにダンスを踊らせ、疲れ果てて倒れたところで彼らのあご鬚に火をつけたり、命乞いをするユダヤ人に対し股間を開いて放尿したりといった事例を挙げる。任務を回避した隊員のなかにはハインツ・ブッフマン少尉（両書ともに仮名で登場）のような将校もいて、逆に虐殺任務に参加した隊員たちの自発的な意志を強調する。

ユダヤ人虐殺に関わった普通のドイツ人の行動分析について両者の見解はこれほど違うが、その行動を支える深層心理はそれぞれどこにあるのか。ゴールドハーゲンの唱える反ユダヤ主義と、ブラウニングが権威主義的性格を中心に論ずる複合的なさまざまな要因について、さらに詳述する。

3　ドイツ人はどこまで反ユダヤ主義か

ブラウニングの著書から出発したゴールドハーゲンの『普通のドイツ人とホロコースト』は、第一〇一警察予備大隊以外の警察大隊とともに、収容所でのユダヤ人の待遇や、敗戦が濃厚になった段階でユダヤ人を連行してさまよう「死の行進」も扱うことで拡がりを見せているが、基本は第一〇一警察予備大隊の分析にある。ただ、ドイツにおける反ユダヤ主義の系譜を古代から説き起こし、多くの章を当てる点で、その主張に特徴がある。

ゴールドハーゲンはその著の序論において、「ユダヤ人へのドイツ人の反ユダヤ的な信念が、ホロコーストの中心的な発動因となった」として、「反ユダヤ主義が何千人もの『普通の』ドイツ人（そして彼らがおかれた場所いかんでは、さらに何百万人にものぼっただろう）が、ユダヤ人の殺戮へと衝き動かされた」と結論づけている。(7) そのうえで第一～四章の長大なページ数において、「キリストを殺したユダヤ人」というキリスト教徒の憎悪に始まって、一九世紀からナチに至る近代のドイツにおいて反ユダヤ主義の信条が増幅していった証左として同時代の手紙や手記から繰り返し引用している。

アメリカでは独立戦争の際に、フランスではフランス革命によって、すでに一八世紀中にユダヤ人に市民権が付与されている。ユダヤ人がドイツにおいて中世のくびきから解放された最初は、皮肉にもナポレオン戦争で占領されたウェストファーレン王国だった（一八〇八年）が、旧秩序に歴史を巻き戻したウィーン会議の後にはすぐに反動の嵐が吹き荒れた。その後もドイツの市民革命として特記される三月革命（一八四八年）を機にユダヤ人解放の運動は再び広がっていった。近代国家の礎としての経済発展を遂げたビスマルク時代にはユダヤ人の有する経済力で次第にドイツ国家における地位を確立し、そのもとで全ドイツのユダヤ人に市民権が付与されたが、一方で反ユダヤ主義思想が一気に広がったのもこの時代であった。

ユダヤ人解放運動を推進した自由主義者たちは、啓蒙主義の理想をもってユダヤ人たちがキリスト教に改宗さえすれば十分にドイツ国民としての資質を備えるとして、実際にこの間にドイツ人に同化しようとキリスト教に改宗したユダヤ人は多かった。しかし、一九世紀後半になって科学精神をもとに勃興してきた社会ダーウィニズムが人種理論を発展させるにつれて、人種による決定論から「たとえ改宗してもユダヤ人はユダヤ人」との発想が広がっていき、それが劣等人種とされたユダヤ人の抹殺につながったというのが一般的な解釈であり、ゴールドハーゲン自身もその立場を明確にしている。

ワイマール期以降は、「『ユダヤ人問題』の存在を自明のこととして考えることは、多かれ少なかれ、その『問題』の唯一の『解決』策として、ドイツからユダヤ的特性を『抹殺』する必要があると考えさせることにつながっていった[8]」という。ワイマール期にあらゆる組織に反ユダヤ主義が浸透し、公会堂ではユダヤ人問題について公然と口論され、街頭でのデモが恒常化していった。ナチ政権のもとでは反

表1-c 反ユダヤ主義の濃淡

①	証拠見られず	33.3
②	穏やかな言葉の上での反映、あるいは集まりでの決まり文句	14.3
③	1918年のカルチャー・ショックからくるユダヤ人への突然の怒り	19.1
	経済上の、個人的な危機からくるユダヤ人への突然の怒り	8.6
④	ユダヤ人に対して申し立てられたエピソードを語る	9.8
	性的な観点を持ったエピソードを語る	2.0
⑤	「ユダヤ人の陰謀」という意識に心を奪われている（敵への怖れを含む）	12.9

（出典: P. H.Merkl, 1975, *Political Violence under the Swastika*, 499の表より作成、数字は%）

ユダヤ主義が国策となり、国内のユダヤ人への広範囲な法的規制とともに、政府や党の画策も手伝ってユダヤ人に対する身体的暴力や言葉の攻撃が顕著になった。

しかし、ゴールドハーゲンは反ユダヤ主義の事例を数多く示しはすれども、近代においてそれが発展したのはなぜか、ということになると明確に答えてはいない。確かに一九世紀後半のハプスブルク帝国において、キリスト教の立場から民族主義を唱え、ウィーン市長にもなったカール・ルエガーや、そこに人種主義理論を吹き込んで民族至上主義運動を発展させたゲオルク・フォン・シェーネラーなど、オーストリアで青年時代を過ごしたヒトラーを含めドイツ人の心に急速に反ユダヤ主義感情が広がっていったのは事実である。

ただ、その後のワイマール／ナチ期に頂点に達したと言われるドイツ人の反ユダヤ主義感情が、実際にはどの程度であったのか。ナチ党の過剰なほどのプロパガンダによって、一部の急進主義者の言動がそのままドイツ人全体の心情を代弁しているものと捉えられている部分もあるかもしれない。そこで、当時のドイツ人に対するアンケート調査からこれを探ってみることとする。

まず、ナチ党員自体の心理分析からみる。これについてはカリフォルニア大教授のP・H・マークルによる『鉤十字のもとでの政治的暴力

――初期ナチの五八一人』から引用する。(9)

表1－cは、ナチが政権を獲得した直後に集められたナチ党員（サンプル総数四四〇人）のユダヤ人に対する態度を分析したものである。①から⑤につれて反ユダヤ主義的な記述が強くなるのだが、「証拠見られず」（①）という反ユダヤ主義の意識を明確にしていない党員が三分の一を占める。

全体として、ユダヤ人に対する嫌悪感を持ってはいるものの、ドイツ人が集まると言葉の端々に現れるようなステレオタイプなユダヤ人のイメージ（②）に加え、彼らに絡むエピソードを鵜呑みにして語っている（④）感がある。ただ、一九一八年の共和国革命と、その後のハイパー・インフレーションからくる経済的な窮乏をユダヤ人の責任に帰する物言い（③）とともに、そうしたことも含めて国際資本でもって国家の政治・経済を骨抜きにする「ユダヤ人の陰謀」を信じて疑わない過激な物言い（⑤）もそれなりの水準にある。概して、⑤のような強度の反ユダヤ感情は一割強と厳然と存在するものの、全く意識していないか、していたとしても本気の度合いがみられない程度の①と②を合わせて半数近くを占める。③と④の中間段階は普段の日常生活ではその片鱗はなかなかみせないものの、何かの機会につけその本性を現すという複雑な心理を有しており、注目すべき事実と考える。

マークルの細かい分析では、①の「証拠見られず」は若者層に顕著で、②の「穏やかな言葉の上での反映」は最も若い世代（一九〇一年以降の生まれ）に多くみられ、ユダヤ人の悪口は仲間と上手くやっていくための方便に過ぎないという。彼らにとっては、反ユダヤ主義がナチの活動に入り込む動機とはなっていない。③の「一九一八年の個人的な危機とカルチャー・ショック」は「かんしゃく持ちの暴発」と捉えられ、普段は廉潔の士でありながら反ユダヤ主義についていったん話し出すと止まらないという精神生活の断絶をそこにみている。三〇歳以上のグループにこの傾向が強い。④の「逸話の語り手」ともなるとそこに被害／誇大妄想的な偏執症（パラノイア）の資質をみてとっており、ユダヤ人の陰謀によって自分にも迫害が及んでくるという、押し寄せる恐れの感情からユダヤ人の排除に向けた政治的行動にもつながるという姿は⑤でピークに達する。

年齢以外にそれぞれの属性にも触れていて、農村に拠点を置く党員に反ユダヤ感情は弱く、大都市部、特にベルリン出身の党員は反ユダヤ感情が根強い。職業的には、農場主や労働者は反ユダヤ感情が最も弱い。軍人と経営者、専門職には、一九一八年の敗戦と共産主義への脅威から突然〝キレて〟激昂するタイプ（③）が多いという。また、ホワイトカラー層はマイルドな言葉上の段階だが、パラノイア的な部分（④）も多く含んでいるとしている。社会的な没落を味わった人間がユダヤ人を目の敵にするのは当時のドイツ人にはあり得ることとしても、農村から都会へ出てきた、あるいは都市内部において出世を志す上昇志向を持つ人間が最もユダヤ人への偏見を示すという。加えて、プロテスタントの方がカトリックよりも、教育水準の高い党員のほうが低い党員よりも、反ユダヤ感情が強いという(10)。

マークルの分析からは、概してナチ党員にも明確な反ユダヤ主義の感情は限定的なものではあるが、党員の中核を占める若者層よりも、第一次大戦から共和国革命を青年時代に経験した中年層にはその感情が根強い。また、一九世紀からの精神を背負った都会のホワイトカラーを中心とした教養人層に反ユダヤ主義感情が強く、普段は言葉のうえでの穏やかな物言いにとどまっているものの、その感情は心に深く浸み込んでいて、スイッチが入ると急に暴発する性向を備えていると言うことができる。

マークルは、パラノイアという人間性格に重要な意味を見出している。精神疾患とまではいかなくとも、そうした性格を有する人間は、過度の自己顕示欲と他人に対する猜疑心に侵されており、昨今言われる「妄想性パーソナリティー障害」に近いと言える。当時のドイツにおけるパラノイアは「社会主義者と労働組合の運動に、また彼ら自身の地位の侵食に脅かされていると感じたのにも十分な理由がある」のだが、その層が「街頭での闘争や集会での乱闘に最も深く関わった」[11]。

その意味で、当時のドイツ人の最も不安の種は共産主義であったはずだ。マークルは「主要な敵の対象」を聞いた別の分析で、「ユダヤ人」の一四・六％に対して「共産主義者」が六三・三％に上っていることに注目する。反共産主義者たちは、半数以上が二〇世紀になって生まれた最も若い第一次大戦の戦後派世代に属している。[12]当時のドイツ人にとって仮想敵は東方への生存圏確保のためのロシア人であったろうし、逆に東方から押し寄せる共産主義の波も脅威として感じられた。ヒトラーをはじめナチ幹部の言葉には「ユダヤ＝ボルシェビキ的」という言い回しが頻繁に使われるが、そこには異質なものを「同じ穴のムジナ」と信じさせるレトリックがありそうだ。

マークルの分析はナチ党員に限ってだが、当時のドイツ人全体となるとどうか？　これには、マークルの分析対象より少し早い世界恐慌直前の一九二九年に、E・フロムが当時まだ緒についたばかりの統計学手法を用いてドイツの労働者やホワイトカラーなどの精神構造を探ろうと行ったアンケート調査『ワイマールからヒトラーへ――第二次大戦前のドイツの労働者とホワイトカラー』がある。[13]

サンプルの政治的志向は当時の政党勢力とほぼ同じ分布を示しており、社会民主党支持が四五％と最大勢力で、ナチ支持は若者を中心にまだ三％に過ぎない。共産党支持が二六％と実態よりかなり多いのは、失業者がこの時代に増えていたせいだと考えられる。ちなみに、ナチの支持者はホワイトカラーとその他（零細業者、学生、主婦）の比率が社会民主党支持者より高く、その分労働者の比率が低い。マークルと完全に重なる質問項目はないが、ユダヤ人に対する感情を表すものとして「今日、国家の実権を握っているのは誰か？」を取り上げる。そこには、マークルの分析結果とは別の側面もみえてくる。

表1-d 今日、国家の実権を握っているのは誰か？

カテゴリー	政治的志向					
	社会民主党	社会主義左派	共産党	ブルジョア政党	ナチ	支持政党なし
資本家／大企業など	68	86	83	40	26	65
政府／議会など	8	7	5	7	12	13
ファシスト／軍国主義者	1	0	5	3	0	0
ユダヤ人	1	0	1	5	50	7

（E. フロム, 1991,『ワイマールからヒトラーへ』: 121の表より作成、数字は%）

表1－dからは、まだナチが政権を獲得する前の段階で、「ファシスト／軍国主義者」という回答は微々たる範囲にとどまっており、この時点でその後の危機を感じ取っている気配はみえない。「ユダヤ人」という回答はナチ支持者が五〇％と突出しているが、その他の政治志向を持つ者はほとんどその存在を意識していないと言える。実際にワイマール共和国の政権を握っていた「政府／議会など」の存在感もいかに薄いかがうかがえる。逆に、社会主義政党支持者を中心に「資本家／大企業など」経済主義の蔓延に世の中の基礎をみて取っていたことが如実に表れている。

ナチの勢力がまだ弱小であった段階（フロムの分析）にも、ヒトラーの『わが闘争』における記述に代表されるように、少ない支持者に反ユダヤ主義の精神は厳然としてあった。しかし、ナチが勢力を伸長させ政権を獲得する段階（マークルの分析）ではその精神は全体として薄められたと言える。つまり、ナチズムの思想としてコアの部分に反ユダヤ主義は厳然としてあったが、ナチの党員数が膨張した時代にはそれが党の中心主題とはもはやなっていないということである。

ファシズム全体に共通する精神は、反共産主義であり、反資本主義でもある点である。大資本に取り込まれ、労働者階級からは追い上げられる立場にあった当時の中間層の不安や恐れを利用した点で、ファシズムは二〇世紀に世界に広がった大衆を基盤としたポピュリズムの走りと言える。ただ、ドイツ・ナチにしても政権の基盤を固めるためには、大資本を味方につけなければならないし、労働者階級も取り込まなければならなかった。

それならば、ナチの政権獲得後にユダヤ人排斥運動が一気に噴出したのには、大いなる疑問が残る。反共産主義や反資本主義を掲げていたナチ党としては、政権獲得後はその理念と現実との間にギャップが生じるのは当然であった。後に述べるようにナチ党にとっての最大の懸案はドイツ人の「生存圏」確保であり、その観点からは食糧増産に向けての東方戦線の拡大は十分に予期できるものであった。その東ヨーロッパには多くのユダヤ人が居住している。ロシア革命直後のソ連ではユダヤ系が政権中枢に多く入り込んでおり、ナチ党は意図的に「ユダヤ＝ボルシェビキ」の言葉を多用した。つまり、ナチ党は政策の矛盾と自らの野心を糊塗するため、一般のドイツ人も弱者を攻撃の対象にすることで現実の不満を和らげるため、ユダヤ人を生贄としたのだった。そこに、論理のすり替えが厳然として存在する。

ユダヤ人に対する迫害は古代から連綿としてあり、中世のヨーロッパにおいてはキリスト教による異端排除とも絡んで迫害は続いた。しかし、宗教の魔術というくびきから解放された二〇世紀において最大の迫害を生み出したのは、科学の衣をまとったイデオロギーであった。時代を動かす精神はいつの時代にもあるが、二〇世紀はイデオロギーの乱立した時代であった。資本主義、共産主義、ファシズムともそれぞれに理論的な根拠を指し示し、劣等人種の存在を科学的に示す人種主義もまたその一つである。中世のヨーロッパ人が教会の権威のもとに魔女狩りに狂奔したように、現代の人間はイデオロギー＝科学的真理（いずれも根拠が薄いか、自己欺瞞であるかだが）のもとに異端排除に動く。

人類はそもそも同じ遺伝子を持たない氏族集団に対して共感しないという原始的本能を有すること

を、コリン・ウィルソン／デイモン・ウィルソン父子が『殺人の人類史』で述べている。[14] ヨーロッパには多くの民族がモザイク状に同居しているが、ドイツ人の異端排除の標的が特にユダヤ人に向かったのには「ムカつきという自然の本能」に由来すると同書は語る。同書は偶然「腐ったリンゴ」を口にしたときに感じる類の感覚と表現しており、好悪などの感情に先立つ身体的感覚と言える。[15] 一九世紀後半から二〇世紀初頭の帝政ロシアでもユダヤ人に対する迫害（ポグロム）が盛んに行われ、ドイツにも東方からユダヤ人が迫害を逃れて大量になだれ込んできていた。〝奇妙な風体〟で、〝訳の分からないドイツ語〟（イディッシュ語）を話すユダヤ人はドイツ人にはただの「浮浪者」のように感じられたであろう。

そのムカつきの感覚も民族全体の文化から個々人が育んできた知的プロセスの結果なのであろうが、そこに論理を施そうとするのがイデオロギーのなせる業である。スピーカーやラジオを通じたナチの教条的な宣伝はそれを後押しした。そのイデオロギーの発展は知識人層に加えて、教育水準の高いホワイトカラー層が受け持つ。そして、言葉の遊びとしてユダヤ人をけなしていたホワイトカラー層は、マークルの言う、過度の自己顕示欲と他人に対する猜疑心に満ちたパラノイア的な性格が強くなる。

ただ、国民が「国際的なユダヤ人の陰謀」といった理屈を単純に信じ、ユダヤ人を虐殺する過激で攻撃的な政治行動を起こすには、巷間言われる大衆心理に還元できない何か別の作用がありそうだ。それは、生活規範に関する信条である。つまり、ナチズムの原理の一つでもある行動第一主義である。簡単に言えば、「考えている暇があったら、信念に基づいて行動しろ」ということだ。

思想的な側面から言えば、デカルト以来の近代哲学はカント、ヘーゲルに至るまで世界を客観的に捉える理性重視で進んできたが、一九世紀には「人間の生身の生の感情が大切ではないか」とこれを否定する主観的な哲学が発展した。ニーチェやショーペンハウアーに始まるこの「生の哲学」はその後、二〇世紀にかけてジンメルやベルグソンといった哲学者に引き継がれていった。第二次大戦後に隆盛を極めた、サルトルなどの実存哲学もこの系譜に属する。これらの哲学が暴力を肯定していたわけではないが、政治参加の機会の増えた当時の大衆のなかに「行動することが自分の生きる価値を高める」という信念を生み出していたと推測できる。

マルクス以来の左翼思想には暴力革命を必然とする考えが支配していたが、左翼思想と実存哲学が合体したような一九六〇年代に世界を席巻した学生運動もその流れのなかにある。日本で言えば、明治維新の際の勤王の志士たちが、知行合一を唱えた中国発祥の陽明学を信奉していたことを挙げてもいいかもしれない。しかし、そうした反体制運動とは逆に、単に不快という感覚を政権維持に利用しようとする為政者が、発達したメディアによってその感情を増幅させ、即座の行動を促したというのがホロコーストの基本としてある。中世における異端排除の宗教的狂乱とはまた別の、現代的な構造となっており、現代の独裁国家と共通点は多い。現代人はその政権によるごまかしに気づかないのが普通で、逆説的に理論を信奉するホワイトカラー層ほどその信念から行動に躊躇ない姿がみてとれる。

4　組織の論理が虐殺へ向かわせた?

ゴールデンハーゲンに先行するブラウニングの『普通の人びと』はイデオロギーの観点からでなく、組織における人間の心理に重点を置いている。加害者の心理分析については同書の最終章にまとめており、しかもそれまでの多くの説を列記してそれに一定の解釈を与えるだけで、複合的な要因を示唆することによってどれか一つの要因に帰することはしていない。反ユダヤ主義についても決して否定はしておらず、裁判において尋問者がこの点については深く追及しなかったこと、また被告の警察官たちがそれを認めれば罪状が増す懸念から沈黙を貫いたことなどを鑑み、カッコ付きで認める形をとっている。

ブラウニングは通常警察へのイデオロギー教化という観点から反ユダヤ主義を論じており、当時の時代状況から隊員たちは多少なりともユダヤ人に対する反感を持ってはいたろうが、エリート組織の親衛隊とは違って警察予備大隊のような組織にはそうしたイデオロギー教化もあまり意味をなさなかったろうとしている。つまり、ユダヤ人排除の論理はまずはドイツ人の純血性を保つことにあったが、警察予備大隊の隊員自身が祖父母の段階でユダヤ人との混血を含んでいたし、中年層が主流の予備警察官はすでに繁殖活動には関係ない立場にあった。しかも、イデオロギー教化は人口増大に対する生存圏の確保に主眼があり、ユダヤ人の排除はその生存圏での純血維持の一環としてわずかに触れられているに過ぎず、ユダヤ人を排除する行動への参加を求めたりはしていないという。

ブラウニングが人種差別主義以外に列記しているのは、「戦時特有の残忍性」「近代官僚制的職務」「犯行者の特別選抜」「出世主義」などだが、とりわけ彼が重視しているのは「命令への服従と集団への順応」であると思われる。これらの要因をブラウニングの分析とともに、補足的な考察を加えて逐一、検証する。

(a) 戦時特有の残忍性

序章で述べたように、民族虐殺の歴史は古代から連綿としてあり、ホロコーストをも人間の攻撃的本能に帰する説は根強い。戦場においては一般に「相手をやらなければ、こちらがやられる」「親愛なる戦友(あるいは上官)が殺された」といった、恐怖と怒りからくる興奮が残虐的な殺人を誘発することは多々ある。ブラウニング自身も「戦場狂乱」として第二次大戦/太平洋戦争からベトナム戦争までの事例を挙げているが、それでもナチのユダヤ人虐殺についてはその計画的な遂行からして「狂乱ではなく心理的冷淡さ」と位置づけており、これを否定しているのは単純に理解できる。

(b) 近代官僚制的職務

「心理的冷淡さ」の一つの説明として、近代の軍隊のような官僚制的ヒエラルキーのもとでは職務自体が冷淡な人間関係とともに事務的となり、残虐行為においては人種的ステレオタイプが折り重なって感覚的な麻痺を起こすという主張。

ブラウニングも第一〇一警察予備大隊の一連のユダヤ人虐殺への関与を追うなかで、当初はユゼフフやロマージ(ウォマジー)において直接、射殺行為に関わっていた隊員たちも、その後は親衛隊や対独協力者部隊といった「殺人の専門家たち」がその任務を引き受けるようになったことで、次第に殺戮現場での警備や収容所に向かう移送列車への連行といった周辺業務に置き換えられていったのには、任務の分担による罪悪感の希薄化が進んだとしてこの論調をある程度受け入れている。

(c) 犯行者の特別選抜

ナチは異常に暴力を好む人間を親衛隊など党中枢部に抜擢して、ユダヤ人抹殺という最終的解決を目指したとする論調。ナチは最終的解決にふさわしい将校の選抜には気を配っており、例えばルブリン管区を統括するオディロ・グロボクニクは汚職など芳しくない評判にも関わらず、ハインリヒ・ヒムラー(親衛隊全国指導者)が指揮官への任命に固執した事例をブラウニングは挙げる。

（d）命令への服従と集団への順応

権威を有する上位からの命令に抵抗するのは大半の人間には難しく、上位の権威をもって自分の責任は回避しようというもの。

ユゼフフの大虐殺においては、大隊長のトラップ少佐は確かに「任務を遂行する自信のない隊員は任務から放免する」とその申し出を受けつけたが、第一〇一警察予備大隊でユダヤ人を殺さずに済んだ隊員は全体の一〇－二〇％であったろうとブラウニングは推測している。逆に大半の隊員がユダヤ人虐殺に関わりを持ったのには、たとえトラップ少佐が気の弱い上官であったとしても、隊員たちはトラップ少佐の背後にあるより上位の権威（例えば、ルブリン管区全体を統括するグロボクニク大佐）を常に感じていることが一つの要因としてある。

ブラウニングは同時に、前述した「一歩前に出ることによって集団から自分が切り離されたくないという強い衝動」という「順応への圧力」を挙げる。つまり、他の隊員たちから臆病者と思われることは耐えがたく、それがために「尋問された警察隊員の多くは、彼らに選択権があったということを否定している[16]」のだ。ブラウニングは、権威を持つ人間からの指示にいかに弱いかということをS・ミルグラムの「アイヒマン実験[17]」から、また自らが弱者に対して権威を有する立場になれば人間が眠れる本能としての暴力の欲求を呼び覚まされることをP・ジンバードの「監獄実験[18]」から、その正当性を最も認めている。

（e）出世主義

ブラウニングはこれには一つの事例を挙げるだけで、詳細な分析はしていない。しかし、第三中隊の指揮官であるホフマン大尉について「ホフマン大尉の奇妙な健康状態」と一つの章を設けたように、臆病からくる病気を押し隠して自らを強く見せようとしていた深層心理に彼の出世主義をみてとる。

つまり、ホフマンは幸運にも他の中隊よりユダヤ人虐殺の業務からは比較的逃れていたものの、危険で、不快な任務を与えられると決まって腹痛の発作を起こし、ベッドで安静にしていなければならなかった。ブラウニングの記述には「ホフマンはいつも厳格で近寄りがたく――白衿と白手袋を好む典型的な『利己的将校』で、制服に親衛隊の記章をつけ、大いに部下からの服従を要求した。彼の表情に浮かぶ紛れもない小心さは、今や偽善の極みと映り、部下は彼をナチ少年団員といって嘲笑った」とある。そして、「ホフマンは自分が動けない分、それだけ過度に部下を監督することでその埋め合わせをした。彼はベッドの上からすべてのことに命令を下そうと固執した」という（最終的には、治療を受けるためにドイツへ帰還した際に解任された）[19]。

以上、ブラウニングの挙げた五つのホロコーストの要因について、それぞれ考証を加える。

(1) 戦時特有の残忍性について――人間はそもそも暴力的な動物なのか

戦争遂行時に行われたユダヤ人虐殺などの際には特有の残忍性が発揮されたことであろうが、すでに述べたように民族浄化を所与のものとするナチのジェノサイド政策は国家間の戦争いかんに関わるものではなく、それ以前の問題ではある。しかし戦時かどうかに関わらず、人間は本来的に暴力的なのか否かという問題は、暴力の基本的な源泉を考えるうえで避けて通れないところだ。

先に挙げたウィルソン父子による『殺人の人類史』は、原生人類が出現する進化の過程から解きほぐしてこの問題を整理している。その際に、人類で最初に殺人を犯したカインの聖書記述にみられるように、人類は二足歩行に移行したはるか祖先から暴力的であったとする説と、初期の人類は現代人よりも平和的で、その後の文明化によって過剰な暴力をふるうまでに堕落したという説を併記している。同書は前者の説を有力とするが、それでも人間の文明が複雑化するに伴って過剰な暴力を生み出す要素が格段に増えていることも多く記述しており、さらに人類が自らの暴力性とともに他人をいたわる利他主義という他の動物にはない側面をも持つことに未来への救いを求めている。

(2) 近代官僚制的職務について——社会改造に向けた「社会工学」精神

ホロコーストを近代文明との関係から、この理論をその後、最も推し進めたのがZ・バウマンで、わずか数年の間に六百万人と言われるユダヤ人を殺戮したという事実は、(ドイツ国外も含めて)ユダヤ人を厳密に選別し、社会から遠ざけたうえで一カ所に収容し、ガス室へと輸送して殲滅、死体と所有物を処理するまでの「工程」は綿密な計画と計算が伴わなければ不可能なことを示している。

最初の大規模なユダヤ人虐殺となった「水晶の夜」事件(一九三八年)のような大衆の激情は突発的なものであって、永続はしない。一日に百人を殺すとしても、六百万人を殺害するには二百年近くかかるからだ。ポーランド侵攻の際のユダヤ人虐殺も、明確な計算に基づくものではない。ホロコーストを効率的に進めるためには、近代工場における流れ作業のようなシステムが欠かせない。ナチ・ドイツにおいてそれが可能となったのは、絶滅収容所が建設された一九四一年以降のことである。

バウマンは近代の官僚制度のもとで、社会をあるべき方向へと設計する「社会工学」の精神にホロコーストの原因を求める。バウマンによると、ホロコーストにおいて敵の排除は目的のための手段に過ぎず、真の目的は「よりよき社会の建設」にある。「社会工学」は社会を意図的に設計する近代特有の〝造園文化〟であり、「合理的行動という近代的手段を独占できる絶対権力がモダニスト的な夢を抱き、それが効果的な社会制御の縛りから自由になると大量殺戮が発生する」[20]。設計を行うのは冒険的空想家であり、それを媒介するのが国家官僚機構である。

その「機能による厳正な分業」という官僚制度のなかで、業務に当たる人間は自らに課された仕事を完璧にやり遂げることに腐心し、合理主義精神にそぐわない道徳論議がなされることはない。近代技術がその実行を可能にし、精神の麻痺した一般国民もこれを黙認するという構造だ。人類はその知恵によって社会を理想的な姿にいかようにも変えられるという、傲慢な態度がみてとれる。

（3）犯行者の特別選抜について——「生まれながらの兵士」の存在

米国陸軍に奉職後、軍事学の教授に転身したD・グロスマンはその著『戦争における「人殺し」の心理学』において、人間社会、特に軍隊においては「生まれながらの兵士」が存在すると言う。「殺人じたいが好きなわけではないが、戦争のように殺人を正当化する倫理的枠組みのなかで行われるならば、そしてまた、それが望ましい世界へ近づく代償であるならば、このような人々は殺人を少しも悪いことと思わない[21]」人間である。そして、従来の実証研究からはそのような「攻撃的精神病質者」は兵士全体の約二％であるという事例を引いている。

ニュルンベルク裁判が進行している際に、被告人となったナチの首謀者たちが一体どのような人格を持つ人間なのか、その誰もが有する関心から、インクのシミを垂らした絵から何を想像するかという有名なロールシャッハテストが試みられた。そこには、ヘルマン・ゲーリング、ルドルフ・ヘス、アルベルト・シュペーア、そしてユリウス・シュトライヒャーといった、戦後も生き残ったナチの錚々たるメンバーが含まれている。テストの目的は平均的人間とはかけ離れたいかにも暴力的／攻撃的な人間像をあぶり出すことにあったが、鑑定を任された一〇人の専門家はその期待を裏切る結果から誰一人として所見を作成するという要求をかなえられなかった。

このロールシャッハテストを実施し、鑑定を依頼した側の法廷心理学者、ダグラス・ケリーは「我々の所見から、我々はそういう人間たちが病気でもなく、類稀なものではないだけでなく、我々は今日、地球上のどの国においても彼らを見出すだろうことを結論づけなければならない」と正直に語ったということである。この過程を『犯行者たち――全く正常な人間たちから大量殺戮がどう生まれたか』で紹介したH・ヴェルツァーは、その後このテストに関心を抱いた数々の心理学者たちがそろって「被告たちにはどんな病的な奇抜さも認められない」ことを示した経緯に触れている。

ただ、ヴェルツァー自身も指摘していることだが、ナチのトップに君臨するこれらの被告人たちは戦場での直接的行為においても、強制収容所での間接的行為においても、その手を汚す必要はなかったろうという反論を紹介している。それでも、「階級を段階的に降りてくるならば――出撃隊指揮官のより高位の親衛隊や警察の幹部について、強制収容所の指揮官への人種や入植地の専任にある人種専門家から、射殺による死に際しての警察大隊の所属員や収容所の見張り人から――ただサディスティックな人格を見出せる」ことを示している。

そのうえで、「絶滅に向けての数え切れない先見の明のあるリーダーや執行者のもとで、心理学的に特異な人間のパーセンテージは規則的におよそ五％から一〇％と見積もられている。それは現在の正常な社会に比べても著しく高い割合ではない」と結論づける。その象徴的な事例として、ホロコーストを生き延びたイタリアのユダヤ人化学者・作家、プリーモ・レーヴィの言葉から「怪獣たちがいた、しかし彼らが本当に危険なものとなったことは非常に稀だった。より危険な者は、普通の人間たちだった」という言葉を引用している(22)。

するとし、他人を平気で殺せる生来的に暴力的な人間は社会の下層に一定割合で存在し、その生態を操ってその目的とするところを遂げようとする上層の人間がいるということである。そうした上層の人間に性格的な特異性はないのであろうが、下士官をして異常な行為に向かわせる説得材料は表面的には少なくとも「国家の存続のために欠かせない任務を敢えて命令するのだ」といったイデオロギーの範疇でしかない。

(4) 命令への服従と集団への順応について——集団免責と犠牲者との距離

前述のグロスマンはアイヒマン実験をもとに、殺人を可能にする「死の方程式」として(1)権威者の要求、(2)集団免責、(3)犠牲者との距離——の三点にまとめている(23)。

「権威者の要求」は、リーダーシップの重要性を真っ先に採り入れた古代ローマの軍隊を例に、上官の強靭な意志を言う。「集団免責」では、戦友に対する強力な責任感と同時に、逆に相互監視のシステムのもとで同輩からの圧力が働くことで、「個人が仲間と結びついていて、〈自分の〉集団に属しているとき、その個人が殺人に参加する確率はきわめて大きい」とする。これに、「集団匿名性」による「先祖返り的な一種の殺人ヒステリー」が加わり、仲間が殺された際にそうした行動は頂点に達する(24)。

「犠牲者との距離」では、人間は同種のものを抹殺する手段として、至近距離における殺人を極端に毛嫌いする点をまず挙げる(だから、戦闘行為において敵と対峙した際に、相手を銃剣で突き刺すのではなく、無意識に銃床で殴りつける行為を選ぶのだという)。逆に、レーダーなど機械的手段を用いてミサイルを発射するような相手との距離が長くなれば、人間はさほどの痛痒を感ぜずに済む。

しかし、そうした物理的距離だけではなく（この定義からはユダヤ人の至近距離からの射殺は説明できない）、グロスマンは「文化的距離」「倫理的距離」「社会的距離」をもその範疇に収めている。

「文化的距離」は人種的・民族的な違いにより、犠牲者の人間性を否定する傾向。「倫理的距離」は「自国の大義は正義であり正当であると主張する」ことにより、敵の制裁を正当化する。「社会的距離」とは殺す側の将校と下士官の間の距離で、特定の階級を人間以下とみなす慣習を持つがために「戦場で真の殺人者だったのは、精鋭集団、すなわち高貴の人々だった[25]」という歴史的事実から導き出している。

グロスマンは「指揮官は命令を与え、権威者の要求をもたらすものの、みずからは殺人には関わらない。銃殺隊という集団は一体感と免責の感覚をもたらす。犠牲者に目隠しすることで心理的距離が生まれる。犠牲者の罪状を知っていれば、適切性と合理性が得られる」とまとめ、結論としては「戦場での殺人を可能にする要因の大半は、銃殺隊による死刑執行の際の〈責任の分散〉という現象に見てとれる」としている[26]。指揮官は命令が失敗した場合に備えて狡猾に非難を免れる口実を用意しており、その命令に従った下士官は一様に「ただ命令に従っただけ」と言い逃れする。

（5）出世主義について——組織人の「認められたい」心理

第一〇一警察予備大隊の三人の中隊指揮官のうち、ホフマンとヴォーラウフの両大尉は当時、二〇歳代後半の青年であり、親衛隊に属するナチに典型的な特徴を備えた人間と言える（もう一人のグナーデ少尉は四〇歳代後半で、運送業者から数年前にナチ党員になったばかりと、他の二人の若い中隊長より階級が低いのはもとより、そのサディスティックな性格は反ユダヤ主義というよりも個人の嗜好と考えられる)。ヴォーラウフがそのサディスティックな性格を最大限に発揮したのに対して、ホフマンは心の奥底では良心の呵責を感じており、病院へ搬送されるのを逃れるための涙ぐましい努力の裏には、業務において認められたいという心理がみてとれる。組織人はあくまで全体利益に資すると称して利己的な出世欲を封印するものだが、軍人の世界では古代より名声欲に駆られて無理を重ねてきた歴史がある。

それをうかがわせる逆の心理として、ブラウニングは別の個所でハンブルクの同族経営の木材会社の社長であったハインツ・ブッフマン少尉(当時三八歳=仮名)の例を挙げている。ブッフマンはユゼフフでの任務を前もってトラップ少佐の副官であるハーゲン中尉(仮名)から聞かされ、射殺の任務からは外してもらうよう頼み込み、成功している。戦後の裁判における供述で、ブッフマンは「私は幾分年長でしたし、さらに予備役将校でした。私にとって、昇格したり、あるいは出世するなどということは重要なことではなかったのです。なぜなら私は故郷で有望なビジネスを手にしていたからです。他方中隊の指揮官たちは……まだ若く、将来出世したがっていた職業警官でした[27]」と射殺任務を拒否した理由を語っている。ブラウニングは職業警察官ではない他の警官の例を引いて、「彼らは出世の野望を持っていなかったので、自由に行動できた[28]」としている。

以上、ブラウニングが挙げたホロコーストの要因分析から言えることは、まず社会設計を意図する夢想家がトップに君臨することにより、そのイデオロギーをかざして青写真を描く。それを巨大な官僚機構が媒介して、具体的な実行の命令を下す。そうした社会上層部の人間は暴力的な人間であることは少ないが、ホロコーストの実行者には「生まれながらの兵士」も一定割合で存在し、一方で組織の論理から命令に従順な層が全体の行動を統一的なものに仕立てる、という図式が描ける。

そこで問題となるのが、ホロコーストを生み出すイデオロギーが当時のドイツでどう醸成されたか、そして近代組織のなかでホロコーストを容認する心理がどう育まれるか、が焦点となる。本書では、第2章でイデオロギーの観点からホロコーストを捉え、第3章で近代組織の観点からホロコーストを論じる。それに先立って、社会のなかでの個人のパーソナリティーと時代精神であるイデオロギーとが、個人の社会的行動をどう規定するのか、その関係を解きほぐしてみたい。

5 パーソナリティーとイデオロギーの関係

ドイツではナチ政権のもとでもその思想に理論的な抵抗を試みた一群の思想家集団があった。ワイマール共和国時代にフランクフルトに設立された社会研究所を舞台に活躍した、後に「フランクフルト学派」と呼ばれた思想家たちである。その多くがユダヤ人であったことからナチのユダヤ人政策に批判的であったのは当然だが、彼らはヨーロッパ文明を根本的に問い直すことに心血を注いだことは注目に値する。彼らの多くはホロコーストが本格化する前にアメリカへの亡命を迫られ、近代文明においてなぜホロコーストのような野蛮が起こるのか、その地で貴重な研究結果を残している。その代表が、社会心理学の手法で袂を分かったM・ホルクハイマー／T・アドルノとE・フロムのファシズム分析である[29]。

ホルクハイマーやアドルノなどドイツからアメリカへと亡命したフランクフルト学派の面々は、「ファ

テオドール・アドルノ

マックス・ホルクハイマー

シスト性格」なる性格概念を統計手法から打ち出した。その著『権威主義的パーソナリティ』では「ファシスト性格」を「民主主義的性格」と対比させ、アメリカにおいても普遍的に「ファシスト性格」なるものが存在することを証明している。[30] 彼らの心理学的基盤は行動の背後に個人が過去から受け継いだ性格(パーソナリティー)が厳然としてあり、イデオロギーが社会的な行動へと進む媒介的な役割を果たすものとしてパーソナリティーを捉える。両者の捉える個人のパーソナリティーを重視する社会的行動へと至る道程は、図1-aの通りである。

　その結論として、「ファシズム尺度」は「政治経済的保守主義尺度」とは密接な相関を示していないものの、「人種排外主義尺度」との相関は高いという点で、ホロコーストの要因を反ユダヤ主義に一元化するゴールドハーゲンの説を追認できる。ただ、そうしたファシスト的性格を有する人間がどのくらいの割合で存在しているかという点は明らかにしていない。明らかになったのは、傾向として「ファシズム尺度」は男性の方が女性より高いこと、男性の一部に極度に高い「ファシズム尺度」が認められること、また刑務所囚人や労働者階級の「ファシズム尺度」は比較的高く、中産階級のそれは低いという程度のことである。グロスマンの「生まれながらの兵士」につながる論調だ。

　アドルノらは「ファシスト性格」なるものをどう定義しているか? 書名にもみられる権威主義を中

図 1-a ホルクハイマー／アドルノの捉える社会的行動

心に据えており、国家や強力な指導者など権威に屈従することでその権威の一端に与かろうとし（権威主義的従属）、その権威に逆らえないという心理的な抑圧から、逆に他人のうちに不道徳性を見出そうとする攻撃的衝動を抱え込む（権威主義的攻撃）としている。それを、「超自我の内面化の失敗が、自我の弱さ、必要な綜合を形成することができない自我の無能力（すなわち、超自我を自我そのものと統合することができない自我の無能力）[31]」というフロイト的解釈を採っている（超自我とは、親などによって懲罰を伴って教え込まれた道徳的良心をいう。自我が意識的な思考を意味するのに対して、超自我は無意識に内面化されるとする）。

　彼らの根底には人類への軽蔑があり（破壊性とシニシズム）、人間を強者─弱者、支配─従属といった関係でしか捉えず（権力と「剛直」）、硬直した概念や幻想的なものに踊らされやすく（迷信とステレオタイプ）、生活においては実務にだけ没頭してそのなかでは人間も物理的客体として扱う（反内省的態度）。そして、その抑圧された衝動をユダヤ人の攻撃性から身を守る「防衛機制」と位置づけ（投射性）、同性愛者といった社会的マイノリティーへも攻撃の対象を向ける（性）。

　この調査に特徴的なのは、ホルクハイマーらが「ファシスト性格」を親─子関係というフロイト的な原体験に帰した点である。「基本的に階等的で権威主義的で利己的な親子の依存関係は、性のパートナーや神に対する、権力を志向した利己的な依存的態度へと容易に持ち込まれ、結局のところ、底辺にあると考えられるものは何でも軽蔑し強く拒否することに無批判にしがみつく以外に何もする余地がないような、政治哲学や社会観を蓄積するのである」。一方で、「情愛深く、基本的には平等主義的で、かつまた寛大な対人関係によっておもに特徴づけられるパターン」を対置しており、あたかもこうしたアメリカ流の民主主義的な性格を育んでいくことがファシズムを退けることになると言っているようである。(32)

エーリッヒ・フロム

この調査は心理学者や社会学者にとって衝撃をもって受け止められ、さまざまな角度からこの調査の妥当性が論じられた。(33)その主眼は、心理学者ならではの統計手法といった専門的な部分に終始している感があるが、最大の問題は社会や経済といった外部環境的な要因が個人のパーソナリティーにどのような影響を及ぼしているかは全く捨象しているという点である。これについては、親―子関係の重要さを指摘するため、あえてその手法を選んだことを自ら明言している。

一方のフロムはこの調査より先に上梓した『自由からの逃走』で権威主義的性格をいち早く打ち出しており、ホルクハイマー／アドルノはフロムの理論をかなり取り込んでいることは確かである。

フロムは「ナチズムは心理的な問題ではあるが、心理的要因それ自身は社会経済的要因によって形成されたものと理解されなければならない(34)」として、人間の性格はその時代の社会経済的な制約を受けるという社会心理学的な立場を採ってホルクハイマー／アドルノとは明確に一線を画している。社会経済的要因を第一義に考えるフロムの社会的行動へと至る道は、図1－bのようになる。

図 1-b フロムの捉える社会的構造

フロムはヒトラーと同様にルターを「権威主義的性格」と位置づけており、ナチズムを生み出した心理学的要因を宗教改革に走ったルターの心理と一六世紀の社会経済的な要因に代替させている。西洋の歴史においてはまずルネサンスが富の集中を生み出したことで、個人の自由の伸展のために他人が使い尽くされる手段となり、その分だけ孤独感も高まるという近代的な精神の一つが貴族／ブルジョア階層を中心に現れる。一方で、ドイツにおいてもギルド（商工業者の職業別組合）内部に独占的な地位が生じ、そこからこぼれていったギルドの成員たちの貧困化が進み、片や領主層の拡大に伴い、独立自営農民の没落も進んだ。いわゆる中産階級の没落であり、「宗教改革は、本質的に都市の中産および下層階級と農民の宗教であった」としている[35]。

フロムは「権威主義的性格」を「サド・マゾヒズム性格」とも言い換えており、「権威主義的従属」と「権威主義的攻撃」を兼ね合わせるその性格はホルクハイマーらの定義とほぼ重なる。フロムの独自性は、その性格を宗教改革時もそうだが、近代においても下層中間階層の特質として捉えているところにある。ただホルクハイマーとは違い、労働者階級やブルジョア階級はナチズムに嫌悪感を抱きながらも、「内的な疲労とあきらめの状態」とによって、さしたる抵抗もせずに屈服する姿勢をみせたとする。

ホルクハイマー／アドルノとフロムとの違いは、「権威主義的性格」が家族という普遍的な要因から生みだされるか、あるいは中間層の経済的没落といった歴史的な要因に求めるかにある。それと関連して「権威主義的性格」が個人の素養とともにその家族関係も含めてある特定の人間にしか現れないものなのか、あるいはその時代の経済／社会構造によって誰でも「権威主義的性格」になり得るのか、という点に行き着く。

ホルクハイマー／アドルノは個人の閉じられた内面に主眼を置いているから、個人がその時代の社会経済状況から受ける影響を捨象しているのに対して、フロムは開かれた時代状況が個人のパーソナリティーを規定するとみる。つまり、ホルクハイマー／アドルノの言う「イデオロギー」はあくまで個人的なものだが、フロムの言う「心理的要因」はかなり集合的なものである。実際には個人の素養も、時代状況も、ともに個人のパーソナリティーに影響するだろうから、その時代のイデオロギーは一定の方向性を示すが、個人によってばらつきがみられることとなる。ただ、ホルクハイマー／アドルノの言う親―子関係も社会的な階層によってある程度の色分けはできるから、フロムの言う社会心理は一定の妥当性を持とう。つまり、パーソナリティーの個人差は大きいものの、時代の社会構造によって幾つかのパターンに収斂されていくものと言える。

一つの社会的行動がどう生まれるかを考えると、天性の資質である個人のパーソナリティーと、彼を取り巻く時代精神（＝時代の中心的なイデオロギー）の相互作用として捉えられる。個人のパーソナリティーの集合として時代精神は存在するが、その時代精神が個人のパーソナリティーに大きく影響を与えていく。もう一つ、パーソナリティーに大きな影響を与えるのが、ヒエラルキー構造としての社会階層であり、近代の組織においては①指導者層 ②ホワイトカラー層 ③下層中間層 ④労働者――とに大別できる。この社会的階層を取り込んだ形での近代人の社会的行動へと至る道は、図1－cのように図式

図1-c 社会的行動の生まれる過程

化できる。

この図式のなかで時代精神は当然、時代によって、また国／地域によっても変わるものであり、指導者から底辺に至るまでの社会構造も然りである。時代精神と社会構造も相互に影響し合うもので、また時代精神にも多面的な概念があり、それらが複層的に絡み合って個人のパーソナリティーに影響を与える。

人間は社会における階層と、また時代が形づくる精神によって思考が制約されている。これにそれぞれに有するパーソナリティーが加わって、社会行動に差異をもたらす。ゴールドハーゲンとブラウニングが描写した第一〇一警察予備大隊の各隊員は、二〇世紀初頭のドイツで膨れ上がった企業や役所に勤務するホワイトカラー層が中心であり、第一次大戦から共和国革命の時代に青年時代を過ごした中年層が多かっただけに一九世紀後半以降の反ユダヤ主義のイデオロギーにも侵されていた。

マークルがナチ党員の心理分析から示したように、ホワイトカラー層は大都市において出世を志す上昇志向が強い一方で、「ユダヤ人の陰謀によって自分に危害が加えられる」といった偏執症（パラノイア）的性格を有していることが多い。第一〇一警察予備大隊の隊員はユダヤ人虐殺に当たって、そのサディスティックな性格をいかんなく発揮した者、業務を完璧に遂行して成果を誇ろうとする者、上官の命令に動揺を隠せない者、上官と同僚の目を気にして渋々ながら命令に従う者、無為な殺人を避けようとうまく上官の目をごまかしてサボタージュを目論む者——などさまざまな人間模様を演じた。その意味で、ゴールドハーゲンの唱えるイデオロギー要因も、ブラウニングの強調する組織論理要因のいずれもそれなりの真理を含んでいるといえ、ホロコーストを単一の要因に帰することはできない。

そうした全く異なる行動の裏に通底しているのは、現代のホワイトカラー層が抱える心理的な葛藤である。そこには、イデオロギーと組織論理が縦横に錯綜している。そこで、次節ではまずワイマール／ナチ時代の社会構造に焦点を当て、特に企業など組織のなかでのホワイトカラー層の心理状態の変遷を辿る。そのうえで、そのホワイトカラー層の心理を哲学的な見地から掘り下げるとともに、そこにイデオロギーがどう絡んで、個人のパーソナリティーに影響を与えたかを理論的に分析する。

第二節　ホワイトカラー層の実態とその深層心理

1　ワイマール体制下で苦悩するサラリーマン層

ある企業で働く事務系のサラリーマンは、直属上司である課長補佐から度重なる嫌がらせを受けていた。「おまえなんぞ叩き潰してやることもできるんだ」などと。わざと誤った指図を出す意地の悪さもみせる。いじめの矛先は彼の同僚とて同様で、苦情を申し立てようとすると「おれは何でももみ消してみせる」と脅してきた。誰もが口をつぐむようになる。彼はやけ酒を飲み始め、休みがちとなり、二日間の無断欠勤を理由に会社側から解雇を申し渡された。彼は裁判所に訴え出た。審理の大詰めに現れた当の企業幹部はこの原告も、課長補佐をも知らず、「なぜ直接、上層部に苦情申し立てしなかったのか」といぶかしがったという。

これは二一世紀の日本での話ではない。ワイマール期にフランクフルト新聞の記者だったS・クラカウアーの著名なルポルタージュ『サラリーマン――ワイマル共和国の黄昏』の一節で、百年前のドイツ社会の姿である。ドイツのワイマール期は、民間サラリーマンや官吏といったホワイトカラー層が急速に増えた時代である。クラカウアーは「トップに立つ者が、下界の従業員について知るチャンスはほとんどのぞむべくもなく、下からの視界はいよいよ上にはおよばない」と、現代の組織ヒエラルキーにおける複雑な人間関係を読み取っている。[36]

同書は広範な取材をもとに紙面で公表したものだが、現代日本のサラリーマン社会とほとんど変わることのないことに気づかされる。中高年労働力の排除や、会社側におもねって出世を企むサラリーマン――など。クラカウアーはルポルタージュ風に描写しているため、ワイマール期のサラリーマン像と企業社会の姿の要点をまとめてみた。

(a) 合理化された組織で他人より優位を保とうとする心情

ドイツでは一九二五―八年の間に仕事の合理化・機械化が進み、サラリーマンのプロレタリア化が進んだ。職務権限が狭められて区分された一面的な機能を果たすだけの単純な事務作業が増えたことで、収入も労働者と変わらない水準となってきた。しかも下から次々と同様のサラリーマンが流れ込んできて、候補者が増え過ぎて昇進のチャンスは狭められるとともに、自らの仕事の支配領域の防衛にも必死になる。ただ、中産階級に特有のプチブル的な職能身分的イデオロギーから、ホワイトカラー層として労働者階級を見下すように、サラリーマン層の内部でも他人より優位に立ちたいという心情が巣食うことになる。クラカウアーは「サラリーマンの最下層でさえ、ちょっとした要素で他を差別したがる」[37]とする。

(b)「選別」のための資格と適性の追求

頭脳を使う洒落た現代的な職業というイメージからサラリーマンへの志望者は後を絶たず、選別のための数々の資格取得と、合理化された社会に適合できる人間かどうか見極めようと適性検査がもてはやされることとなった。クラカウアーは中等教育修了資格を持った見習いしか雇わないことにしたドレスデンの製靴業者や、ベルリンの事務系職業見習い百人のうち五十人が同資格を取得した事例を挙げている。「資格証明書はお守りとしておえらがたに通用するので、経済力のある者は、だれもかれも証明書をおいかけ、その独占価値をせいいっぱい高めようとする」[38]。サラリーマンの適性検査は職能よりも一般的な能力に帰するものだから、好ましい外見といった画一的な人間像を求める判断基準をもって測られることとなる。

ジークフリート・クラカウアー

（c）気散じとしての夜の酔狂

プチブル的な土台を奪われて「精神的に雨露をしのぐ宿をもたない」サラリーマン層は、「宿なし用独自の避難所」が欠かせない。娯楽場やダンスホール、居酒屋、キャバレーなどがベルリンなどにはあふれ、「単調さが労働日をおおえばおおうほど、晩には日常からできるだけとおく離れる必要がある」[39]。そうした「文化的諸欲求」は「きらびやかさと気散じ」を求める心情であり、映画やスポーツに代表されるように、社会批判的な方向へは向かわせない仕組みとなっている。クラカウアーは一夕を共にした数人の中年サラリーマンが、神経をすり減らす昼間とは打って変わって、ダンスパーティーで陽気に浮かれる姿を紹介している。

（d）現代企業の持つ労働の矛盾

企業は利潤を最大化するという「企業経営そのものを自己目的」とするが、社会福祉が叫ばれる二〇世紀以降の企業においては完全競争的な自由経済主義をそのまま露骨に打ち出すことはできない。そこで現代の経営者はおしなべて「労働の喜び」を語り、適材適所による労働によって人間の個性の自由な発展が遂げられるという論理を、古ぼけた観念論哲学から引っ張り出してくる。クラカウアーはある合資会社の管理通達から「だれもがその能力、知識、精神的身体的特性、かんたんにいえばその個性全体の独自性にもっとも適した職場に配置される。適材適所！」という文章を持ってきている。しかし、前述したように現代の企業はすでに個性に見合う仕事を提供する場ではなく、「ほんものの個性なんていうものは、社会的ヒエラルキーの上層において、はじめて問題になる」と否定的だ。[40]クラカウアーは経営者も、サラリーマンも世界観の土台が欠如していると結論づける。

（e）疑似共同体志向の持つ経営者側とサラリーマン側の本音

企業経営者にとって仕事が円滑に進むためには従業員の連帯感を醸成しなければならないが、結束して経営者側に圧力をかけてこられては困るので、経営者側は従業員を自らの側に引きつけておくための巧妙な仕掛けを講ずる。労使間の連帯感を深めるためには数々の企業福祉制度は言うに及ばず、夕べのパーティーや大規模な夏祭り、共同の船上パーティーなど「ディオニソス的快楽」が用意される。そこでは企業のトップと底辺とが上下の隔てなく「同等で気楽に」交流する家族的な一体感を醸し出す事例を挙げる。スポーツクラブは企業が推奨する最たるもので、有名なスポーツマンにサラリーマン組織とスポーツの頑張りとの関連性を講演させることも行われる。しかし、他人との差別化を図ろうとするサラリーマン層は心の底から団結を求めているわけではないから、経営者側は個別に地位などのエサを与えて引き離しにかかる。クラカウアーは「妄想だとしても、なんらかの位をえて頭角をあらわそうとする、ブルジョアドイツでひときわ目立つ病が、サラリーマンそのもののあいだの団結をむずかしくしている。かれらはたがいによりかかりあいながら、同時に離れたがっている(41)」と評している。

クラカウアーのルポルタージュからは、夢を抱いてホワイトカラー的職業に身を投じたものの、機械的な仕事と欺瞞に満ちた組織のなかで埋もれていき、その反動としての狂喜乱舞に浸る姿がみてとれる。同時代の哲学者、E・ブロッホはクラカウアーの同書に寄せて、「人為的な中間層」という小論で「中流の男がどうしてこうもやすやすと、自分の生きている場についてたぶらかされてしまうのか」と疑問を投げかけている。ブロッホはそれをサラリーマンの持つ「自分自身にいだいている虚偽意識」に帰しており、「かれらの味気ない労働は、かれらを叛逆的にするよりはむしろ鈍感にし、資格証明書は、いかなる種類の現実的な階級意識も含まぬ身分意識をはぐくむ(42)」と喝破する。

エルンスト・ブロッホ

この時代のサラリーマンは「一日はただ騒がしくなっただけで、充実したものになったわけではない。大都市の生活はいっそう泡だち、そのためにますますうまくいかさまをやる(43)」結果として、「『業務』としての人生。昼間は砂漠、夜は逃避。新しい中間層は、節約をしない。あすのことを考えず、気散じをして、やがて何もかも散らしてしまう」[44]。

ここで、二〇世紀前半のドイツにおいてホワイトカラー層が伸長した経緯を各種統計から明らかにし、その核心に迫ってみることとしよう。

2 能力だけが頼りの社会に

民間サラリーマンと公務員を主体とするホワイトカラー層（新中間層）は二〇世紀の産物であり、産業の高度化とそれに伴う都市化の進展によってその勢力を急激に伸長させた。ドイツは一八九〇年代後半から資本主義の急速な発展が始まり、工業生産高は第一次世界大戦中にはイギリスを追い抜いてアメリカに次ぐ第二位に躍進、第一次大戦前には都市人口が農村人口を上回っている。表1－eからは第二帝政期からワイマール期、ナチ体制にかけてサラリーマンと公務員の就業者数が年とともに増加し、就業者全体に占める割合も急速に増えていることがみてとれる。

月給制を基本とするサラリーマン層（教員を含む）はワイマール中期の一九二五年には三七六万人に至り、一九〇七年時点と比べ二・三倍に膨らんだ。まず商業・運輸部門の増加があり、その後サービス業に広がっていき、ワイマール期までには大企業における事務職や技術職の大量の増加をみた。それはまだ労働者全体の五人に一人に過ぎなかったが、同期間の人口増加率をみてみると、国民人口全体で一四％、賃金労働者も二四％にとどまったことを考え合わせると、サラリーマン人口の伸長には著しい

表1-e ドイツにおけるサラリーマンと公務員の推移

	サラリーマン数（万人）	就業者に占める割合（%）	うち女性の占める割合（%）	公務員数（万人）	就業者に占める割合（%）	うち女性の占める割合（%）
1882年	51	3.0	18.0	52	3.1	6.8
1895年	93	4.7	20.2	74	3.8	7.4
1907年	187	7.4	24.1	108	4.3	9.3
1925年	376	11.7	33.6	139	4.3	9.8
1933年	407	12.5	38.7	149	4.6	8.6
1939年	470	13.2	40.2	302	8.5	5.0

（出典：K. M. Bolte, 1970. *Deutsche Gesellschaft im Wandel, Band 2.*: 311, 339の表から抜粋して作成）

ものがあったと言える。また女性の比率の伸張が特徴で、二五年の女性サラリーマン数は〇七年比で三・二倍の一二七万人に増え、男女比率でみても女性は三〇％を超え、その傾向はナチ体制においても続いている。

　一方、社会の高度化に伴う公務員数の増加も見逃せない。特筆すべきはナチ体制時における増加で、三九年時点でナチの政権獲得時（三三年）の倍以上の三〇二万人（就業者に占める割合は四・六％から八・五％に上昇）にまで増加した。ナチ政権下ではヒエラルキーに基づく官僚支配体制が進んだことを物語り、「ファシズムの勝利によってできあがる支配体制は、どこでも国民に対する抑圧装置の巨大な膨張によって、また公的な経費に対する国民のコントロールの喪失によって、そしてまた軍備増強のための異常な支出増によって、途方もなく『金のかかる』ものになった」[45]と要約することができる。ただ、ここでは女性の進出は止まったままだ。

　サラリーマン層に関しては第一次大戦までの段階で、親の職業が同じサラリーマン層（公務員含む）なのが四分の一なのに対して、旧中間層が主体の自営業者からの出身が四分の一、労働者階級からの出身が半数を占めるという。それだけ社会の流動性が高まった証左だが、官吏を含めたホワイトカラー層の増大には二つの側面がある。一つには、自らの能力だけを頼りに生きなければならない層が社会の主流になりつつあったこと、もう一つはそれに伴って、職業における「資格」が重視される社会が出現したことである。

まず、ホワイトカラーの勤労は歴史上数ある職業と決定的に違い、財産や出自がその社会的基盤となっていない。近代以前の専制国家においても官僚機構のなかで能力を頼りにのし上がった官吏の存在を歴史のなかで知ることはできるが、それはあくまで稀有な事例に過ぎない。高貴な身分とともに、土地を基盤とする財産を所有する貴族階級、貧しくとも耕す土地を持つ農民層、さらに世襲とギルド的組織に守られた商工業層など、すべて財産と出自によって守られていた(そうでなければ、小作農などの奴隷的身分でしかない)。職業そのものがその社会的地位を決定する時代が二〇世紀になって訪れた。

大企業の傘下に組み入れられたホワイトカラー層は、生産手段を持たず、生産物とも切り離され、大資本に依存して生きなければならない点で、工場労働者に近い。実際、第二次世界大戦以後さらに進むホワイトカラー層の増大は仕事内容として「単純な事務屋」的な要素を強め、収入面でも労働者階級との差が縮小していくが、それはワイマール時代からみられた現象だった。しかし一方では、こざっぱりしたオフィスで仕事をし、その内容もそれなりに変化があり、自主性も要求されるホワイトカラー層は、意識のなかでは自らを工場労働者と峻別している。従って、ホワイトカラー層は常に労働者階級に転落する不安とともに、能力を最大限に発揮することで組織において少しでも上に行きたいという野望が交錯することとなる。

3　資格社会がやって来た

「自分には能力がある」と自他ともに認め、それを社会的上昇に活かすためには、公的な資格を取得するのが近道であるのは、二一世紀の今日まで変わらない現代社会の傾向と言える。ドイツは資格社会とよく言われるが、同国では能力社会を支えるものとして国家による資格制度が早くから発達した。これについては、望田幸男編『近代ドイツ＝「資格社会」の制度と機能』において、ドイツにおいて官吏と教員について「資格社会」という性格がどのように強められたかという研究成果がまとめられている。ドイツにおいては「職業資格」＝「教育資格プラス国家試験」の等式で捉えられ、「歴史的には一八世紀から一九世紀にかけて、とくに官吏任用制度をモデルにして形成(46)」された。

表1－fにみるように、社会移動のまだ少ない一九世紀前半には、大卒官吏の半分以上が父親と同じ身分から出ていたが、一九世紀後半にかけては非大卒官吏、小経営者、手工業親方からの出自が増え、二〇世紀に入ると特に小経営者からの出自がさらに増えている。

同書によると、ドイツにおいて高級官吏への道は一八三四年に大学入学資格（アビトゥーア）が制度化され、ギムナジウムから大学進学という路線によって確立された。高い学費のために一九世紀後半のプロイセンにおいて大学への進学率は一％以下に過ぎなかったが、ひとたび高級官吏になれば経済的側面においても高い地位を占めることができた。

ギムナジウムや実科系の諸学校を範疇とする中等学校の教員も、同様に教養を有する専門職としての地位を確立していった。ギムナジウムは当初、ギリシャ語・ラテン語教育に代表される人文主義的教養の教授が主眼であったが、社会の高度化に伴って授業も歴史学や数学、自然科学などの個別科目へと細分化していったこともその社会的威信を高める要因になっていった。アビトゥーアの取得と大学での学習を前提として、中等教員に対する国家試験制度が導入され、初等教員とは違った地位を与えられるこ

表 1-f 大卒官吏の出自（1820-1914 年） 単位%

父親の職業	1820-1850 年	1860-1889 年	1890-1914 年
大事業家		0.9	0.9
経営管理者		0.6	0.3
小経営者	8.0	11.8	19.3
自営大卒者	10.0	10.1	8.4
大卒官吏	53.8	39.4	34.5
将校	2.5	1.3	0.8
大土地所有者	6.8		
農民	1.3	9.1	8.6
手工業親方	5.0	8.2	5.8
非大卒官吏	11.3	16.6	18.8
職員	0.6	1.3	1.9
労働者	0.7	0.7	0.7

（出典: 望田幸男編, 1995,『近代ドイツ＝「資格社会」の制度と機能』: 30から抜粋）

となった。一八八〇年代には教員志願者が急増し、プロイセンだけでも中等学校の正教員数は一八六〇年の二千人規模から一九一五年には約一万人へと膨れ上がったという。

中等教員の出自に関しては、同書は教員養成系の大学の学部の出身階層から測るしかないとして、「手工業者・自営・小売商などの『小企業主』（旧中間層）および民衆学校教員を含む『中・下級官吏』（新中間層）出身者が主要なグループを形成しており、後に後者の割合は今世紀（引用者注：二〇世紀）に入って増大する」と結論づけている。「中等教員志願者の割合は、中産階級下層まで含めたより広いリクルートの基盤をもっていた[47]」。

教員連盟の結成などにより官吏との待遇格差の是正を訴え続け、「中等教員は所得水準からも国民のエリートとみなされることになった[48]」。ただ、官吏が何段階にもなる位階から構成されるように、教員も「オーベルレーラー」（Oberlehrer ＝上級教員）、「プロフェッサー」（Professor）といった位階のなかでそれぞれが上下に位置づけられ、特権的な社会構造に自己同一化することにより、支配的価値観から抜け切れない存在にもなった。

加えて、一九世紀の市民社会の進展とともにその子女の多くが女子学校に通学するようになって、「社会的出自と強固に結びついた職業として女性教師が誕生[49]」した。二〇世紀前後には女性教員資格・養成制度が整備され、女性が大学で高度な教育を受けるようになったことも女性教員の増加に寄与した。当初は男性に差をつけられていた仕事のレベルでも待遇面でも改善への努力が功を奏したが、女性の進出を喜ばない同僚の男性との軋轢も絶えなかったという。

そうした高度に専門化した仕事内容からは、序列が下のものに対して厳然と自己を区別し、自身を脅かす存在を認めようとしない、ホワイトカラー全体に敷衍できる性格がみてとれる。同書は「外見的制度的にはだれにも上昇への道を開放している形をとりながら、実は『排除』の方法でもあった」として、さらに「『選抜』はエリート的職業からの『大量の排除』をそれへの『少量の上昇』によって緩和し、それによってエリート・サブエリート・民衆という三元的階層秩序のもとに統合化する方法であった」と説明する[50]。

4　暴力と文化の入り乱れたワイマール共和国

そのように二〇世紀前後にその社会勢力を伸ばしてきたホワイトカラー層であったが、ワイマール期には大きな挫折を味わうこととなる。ナチズムの伸長の要因の一つに、一九二二－二三年のハイパー・インフレーションと二九年の大恐慌によって中間層が没落し、挫折した現実を埋め合わせるべくナチ党の掲げるユートピア的な教条に魅せられたとするのが定説となっている。では、そのホワイトカラー層にとってのワイマール共和国とは何だったのだろうか？

一九二二－二三年のハイパー・インフレーションについては第一次大戦時からその兆候がみられたが、戦後になって戦時債券によって調達した戦費の後始末に加え、敗戦後の軍隊の復員や失業者救済のための支出、さらにはヴェルサイユ条約に基づく賠償支払いなどが一気に噴出したのが原因だ。マルク相場は二二年一二月の一ドル八〇〇〇マルクが、二三年八月には一〇〇万マルクへと底なしに下落した（E・コルプ）。当然、勤労者の賃金は実質的に切り下げられ、中小企業の崩壊に応じて資本の集中によるコンツェルンが出現する。この事態は、まさに新・旧中間層の没落を示すもので、労働組合に生活を守られた労働者階級と違い、団結手段を欠く中間層は孤立無援のなかで労働者階級以下の生活を強いられることとなったというのが定説となっている。

ワイマール共和国がそうした経済情勢の不安定さとともに、ヴェルサイユ条約を要因とする政情不安から相次ぐ暗殺・武装蜂起という陰鬱な面が目立つなか、一方ではワイマール文化が花開く「黄金の二〇年代」という自由にあふれた雰囲気をも醸し出している。

ワイマール共和国初期の武装蜂起では、極左からの「一月蜂起」、極右からの「カップ一揆」が挙げられる。独立社会民主党から派生した極左のスパルタクス団は街頭の大衆集会でのアジ演説で性急的な革命を訴えていたが、一九一九年一月にベルリンで大デモを敢行、これが一月蜂起と呼ばれるものである。政府は占領された建物に攻撃を加え、最終的にカール・リープクネヒトやローザ・ルクセンブルクを惨殺した。

二〇年三月にはベルリン郊外に駐屯していた二つの旅団がベルリン市内に進撃、極右政治家のヴォルフガング・カップを首班とする新政権の成立を宣言したが、政府の呼び掛けによって全ドイツの労働者がゼネストを敢行したため、カップはわずか四日後に国外逃亡した。これがカップ一揆である。戦闘的右翼急進派は動員力を持つ組織づくりを進め、政治的暗殺として第一次大戦の停戦条約にドイツ首席全権として調印した中央党のマティアス・エルツベルガーや、独ソ間のラパッロ条約を締結した外相のヴァルター・ラーテナウら民主主義の指導的メンバーを狙い、ついに二人は凶弾に斃《たお》れた。

『ワイマル共和国史』を著したE・コルプは、ワイマール文化を「不安定な共和国の初期には、何よりも後々まで影響を残した表現主義が展開し、相対的安定期には共和国と深いかかわりをもった新即物主義が展開された。そして、共和国末期の極度の政治的分極化の局面には、一九二九／三〇年以後の芸術界と文化界の急進化が対応していた」と集約する。その後、「ナチスやその同調者はあらゆる現代芸術を『文化ボルシェヴィズム』『堕落』として攻撃した」のだが、ワイマール期は新しい生活様式のもとで創造的な精神が爆発した時代であった(51)。

同時代に立て続けに花開いた芸術運動として、表現主義と新即物主義とでは正反対の価値観に基づいている。第一次大戦前から現れていた表現主義は従来のブルジョア的芸術様式を否定し、絵画から始まって抒情詩、戯曲などにおいて極端な神秘的、理想主義、ユートピア的想念に走り、その後のフォービズムなどの前衛芸術に結びついた。一方、反表現主義として登場した新即物主義はどこまでも日常的、現実的、実用的であり、ホワイトカラーの失業や大都会の貧困といった社会批判的な題材が小説などを通じて扱われた。

表現主義の代表としては、ロベルト・ヴィーネ監督のサイレント映画『カリガリ博士』（一九二〇年）

ドイツ映画「カリガリ博士」から

がある。妄想に囚われた男の不気味な物語で、最後にどんでん返しのあるサスペンスの原型とも言える作品だが、曲線を駆使したセットや、奇抜なメイクや衣装などその前衛的な表現主義手法は芸術的評価も高い[52]。

一方、新即物主義の代表としてはアルフレート・デーブリーンのベストセラー小説『ベルリン・アレクサンダー広場』（一九二九年）が挙げられる。四年の服役を終えたフランツ・ビーバーコフという労働者青年が生き直そうとするものの、他人に裏切られたりして転落を重ねるという物語。市電、街頭演説、新聞売り、居酒屋、性風俗……大都会ベルリンが人間をのみ込んでいく姿を乾いた筆致で描いている。

コルプはそこに「現代的なものへの意志とそれに対する恐怖を、また理性的で即物的な合理性と、神秘的・冥想的で、千年至福説的色彩を帯びた非合理主義との間の大きな裂け目[53]」を見出している。希望と活気に満ちた表現主義と、諦念と冷笑のあふれた新即物主義について、P・ゲイの著名な『ワイマール文化』ではそれぞれ「息子の反逆」「父親の逆襲」と表題をつけている。第一次大戦敗戦の直後に刊行されたヘルマン・ヘッセの小説『デミアン』（一九一九年）はアイデンティティーの危機を乗り越えようと苦悶する思春期の青年、シンクレールの心の成長の物語だが、その小説の冒頭に愛と善意に包まれたキリスト教的な明るく、秩序だった父母の世界と、その周囲に蔓延する汚い言葉と暴力に満ちた暗い世界とを対比

ベルリンの中心アレクサンダー広場の現在の姿。広場には屋台が立ち並び、周囲には百貨店やホテル、飲食店が軒を並べる=筆者撮影

させている。この小説がベストセラーとなったのには、第一次大戦終結直後のドイツにおける理想と現実の相克を物語っている。

ワイマール期は大衆文化の到来も告げるものであり、余暇のあふれる新しい生活様式を生み出している。映画はトーキー（発声映画）の時代を迎え、ワイマール期には五千館（二百万席）の映画館に毎日二百万人が訪れたという。マレーネ・ディートリヒ主演の『嘆きの天使』（一九三〇年）はその結晶と言える。一九二三年に始まったラジオ放送の聴取者は三二年にすでに四百万人を超え、新聞を含めマス・メディアの発展をみた。仕事からの退社後はラジオや映画館で時を過ごし、休日はスポーツやダンスに興じる生活が現出した。首都ベルリンはヨーロッパ随一の文化都市に成長したが、コルプはそこに「加速度的な動きをみせる人生観、価値観の変化は、ここドイツの首都で最も明瞭に進行していた。しかし、まさにそれゆえにこそ、強い熱狂や嫌悪感が呼び起こされた[54]」と逆説的な意味をみてとる。コルプはまた「文化領域におけるこの対立は、ワイマル期のドイツ人にみられるきびしい政治的対立から生まれた、根本的な見解の相違をいっそう強めている[55]」とさまざまな精神が人によって対立していたとしているが、この時代全体のなかに、あるいは同一個人のなかに全く相反する精神が同居していたのではないかと思わせる部分がある。機能性を重視した現代的な建築・

ヘルマン・ヘッセ

工芸・デザインを生み出した「バウハウス」について、その歴史的推移をゲイは「初期の冒険的試み、中期の確かな成果、後期の狂気じみたペシミズム[56]」と表現している。

このワイマール文化の図式的な流れを、社会史家のD・ポイカートは『ワイマル共和国――古典的近代の危機』で時代状況と合わせて説明する。「ワイマル共和国の興奮した知的雰囲気のなかで、近代を精神的に克服するあらゆる可能性が、いちじるしい対照と驚くべき組み合せによっていわば実験的に試された」と、近代化批判へ高揚する精神が生まれた。しかし、その後の教養市民層について「ヴィルヘルム時代と世界大戦中には熱狂的愛国主義によって埋め合わされていたルサンチマンは、世界大戦の敗北という経験、『ヴェルサイユ』コンプレックスが民族主義的アイデンティティを傷つけたことによって、そしてインフレ期における社会的存在基盤の崩壊のなかで、何倍にもふくらんでいった」と理性の喪失に至った過程を語る[57]。

これは、同時代に生きたホワイトカラー層の心理の移り変わりとも一致する。まずワイマール共和国は権威主義的な体制の続いたドイツで政治・経済・社会全般において市民層が初めて自由を感じとった時代であったが、すぐにハイパー・インフレーションによって経済的な挫折を味わい、最終的に精神的にも市民階級としての論理を放棄したと言うことができる。

では、ナチ政権を迎えて、彼らの意識はどう変わったのか。一般的に、敗戦国の戦時体制下にあっては、あたかも第二次大戦時の日本と同様に国民の生活は窮乏を極めていたようにみられがちだが、当時のドイツについては空襲の激しくなった戦争末期はともかく、意外にもアメリカ流の文化生活に彩られた豊かな世界であったことが報告されている。

5　ナチ政権時代は自由にあふれていた？

一九三八年一一月九日夜。ドイツ全土でユダヤ人の商店や住居が破壊、略奪され、ユダヤ教会（シナゴーグ）が焼き打ちされた。パリでドイツ人外交官がユダヤ人青年に射殺されたのを受けた報復行動だった。行動主体はナチの突撃隊（SA）と言われる。事件当日だけで百人近いユダヤ人が殺されるとともに、その日から約二万六千人のユダヤ人が逮捕され、強制収容所へ送られた。ホロコーストの序曲となった、世に言う「水晶の夜」事件（ノベンバー・ポグロム）である。砕け散ったガラス破片が月夜にきらめいていた。

その翌日のアメリカの新聞が、「水晶の夜」にベルリン郊外で起きたある出来事を伝えている。ユダ

「水晶の夜」事件で炎上するシナゴーグ

ヤ人経営の菓子店の窓が破られ、その窓から子供たちが菓子袋を盗み出していた。周囲の大人たちはその光景を傍観しているだけだった。成り行きを見守っていたある老人（もちろんアーリア系）が、傍に控えている親たちを「子どもたちに盗みを教えるのか」と諭した。慌てた親たちは子供から菓子を取り上げ、引きずるよう連れ帰ったという。

これは、第二次大戦後、アメリカのジャーナリストであるM・マイヤーがドイツの一般市民にインタビューを行い、『彼らは自由だと思っていた——元ナチ党員十人の思想と行動』というタイトルの著作で語っているエピソードである[58]。老人はユダヤ人を痛めつけていることには触れず、子供の盗みを問題視しており、それはその親たちとて同じようだ。この倒錯した心理はどこからくるのか。

マイヤーは、ドイツ人はナチが政権を取る以前も、以後も、また戦後もナチズムを悪とは思っていなかったと結論づける。何と言っても失業問題を解決したことが大きく、行き着く先が戦争とは考えていなかったということだ。「彼らは当時をふりかえり、当時の生活がいちばんよかったと思っている」として、ナチ体制下での生活を「仕事の保障、子供向けのサマーキャンプ、道路で子供を遊ばせないようにするヒトラー・ユーゲントのある生活」と表現している[59]。収入は安定し、余暇を楽しみ、秩序の保たれた社会……しかし、何かに憑かれているようだ。

ナチ体制下の経済は軍備拡張による軍需産業の拡大が大きく寄与したとはいえ、工業生産指数（一九二八年＝一〇〇）は一九三二年時点で五八にまで落ち込んでいたのが、四三年には一四九まで伸長した。大恐慌を経たナチの政権獲得前に失業者数は五六〇万人（就業人口の三〇％）に膨れ上がっていたが、軍拡のための「四カ年計画」の後半年である第二次大戦開戦の三九年時点でほぼ完全雇用も実現するに至った。これに伴って、労働者・勤労者の実質賃金もワイマール期を上回るほどだった。ナチは表面上は、少なくともモノ不足と失業から人びとを救った。

マイヤーの取材対象であるナチ党員は第二党に躍進した三〇年九月の段階で党員数二九万人、政権を奪取する直前の三二年末には一三七万人だったのが、政権獲得直後の三三年八月には三九〇万人へと激増している。そうした「猫も杓子も」という時流便乗組が増えたのには、理由があるとマイヤーは言う。「仕事につくために、仕事をつづけるために、よりましな仕事につくために、分の悪い仕事を割りあてられないために、おとくい先や依頼人や患者と接触するために、彼らと接触をつづけていくために、人びとはナチ党員になった[60]」というのだ。

マイヤーはある鉄道員が直属の上司がナチ党に入党したのを知って、クビになりたくないために自分もナチ党に入党したが、実はその上司もその上の上司が熱心なナチ党員だったことで同じ行動をとっていた事例を紹介している。また、マイヤーが取材したクローネンベルクのナチ党の世話役たちは、概して党の細かな作業に真面目に従事し、しかも戦後にアメリカ軍が進駐した際にもその援助計画に最も励んだ人びとだったという。つまり、「公務員でなければ、ナチ党に入党する必要はなかったが、少しでも知恵と野心があれば、入党したほうが得策であった[61]」という状況に当時のドイツ人は置かれていたということであり、ヒトラーの掲げる理念闘争はほとんど意識していなかったようだ。

マイヤーはおよそ四百万人のナチズムの狂信者と、残る七千万人に及ぶ一般のドイツ人とを明確に分けている。ドイツには第二帝政時代以降の権威主義的社会体制が続いていたとみえ、マイヤーの取材対象もナチズムを推進した貴族階級や資本家階級などエリート層の言動をそのまま受け入れる傾向にあり、その弱者意識から同じ庶民出身のヒトラーに共鳴したのだとしている。

同時代の人びとはワイマール期には自由がなく、自由を希求したがためにナチズムに行き着いたのであり、しかもナチズムに少なくとも当初は自由を感じていた。第二次大戦後になって元ナチ党員に取材したマイヤーは「自分が奴隷だったことのわからない人間は、解放されたこともわからないのである」[62]と言うように、人間の感覚を麻痺させる現代的な社会構造が存在することをうかがわせる。

歴史学者の村瀬興雄はナチ政権の社会政策の成果の側面も評価する。当時のドイツ人にとっては「一九二〇年代は苦しい、異常な時代であったが、第三帝国の時代は、耐えることのできる正常な時代であり、以前に比べればよい時代であった。働く者にはいつも仕事があり、家族関係は規律正しかったし、この時代には新しい余暇が提供され、かつ消費物資も提供された。憤懣や不満を感じることは以前よりも少なかった」[63]としているのも、一面の真理ではある。ナチ体制下は、意外にも自動車、電化製品、ジャズやハリウッド映画などアメリカ流のライフスタイルが浸透していった時代であり、人びとは休日には旅行やドライブ、キャンピングなどに勤しんでいたという。

村瀬が指摘するように、ナチ体制下では「個人が業績本位で昇進できたし、余暇を大切にして楽しむことができた。各人は個人本位の態度をとって家族生活へと退却した。教会や労働者を囲む特有の環境などからくる伝統的な束縛はゆるんできた」部分があったのは確かだ。「第三帝国においては個人化、アトム化、個人生活への退却がおこっていた」わけだ[64]。

では、仕事や余暇といった個人生活に重きを置く当時のドイツのホワイトカラー層が、なぜナチ政権下において暴力を容認、ひいては機会あらば自ら暴力行為に及ぶ心情を持つに至ったのか。イデオロギーと組織論理の観点からこれを考察し、その心理過程を哲学の系譜から解きほぐしてみたい。

6　イデオロギーの持つ罠

ナチズムの「民族主義的世界観」は、ヒトラーの『わが闘争』のなかの「より優れた高い相手側を育てるにちがいない力の自由な競争を復興させ、ついには最も優秀な人類がこの地上を獲得し、地球上、地球外の諸領域で自由に活躍する道が開かれる[65]」という言葉に集約されている。そこから、ユダヤ人を排した民族共同体への志向と、ドイツ民族の「生存圏」確保のための東方政策が出てくるのだが、一般のドイツ人にどこまでナチのイデオロギーに対する理解があったのか。

イギリスの哲学者、T・イーグルトンが『イデオロギーとは何か』において、イデオロギーの概念を理論的に分析している。イーグルトンはその中で、「支配的イデオロギーが成功するには、……ひとびとのほんものの欲求や願望や欲望をあなどることなく内部にとりこんでいなければならない[66]」としている。つまり、社会を構成する人間はその時代における自らの生活状況のもとで一つの欲求の形態を有しており、それを体系化した思想として提供するのが上位の人間である。

この論理にナチズムを引きつけてみると、人間が自由な競争のもと社会でのし上がるという、ホワイトカラー層が自らに求めている理想像でもある。しかし、このマキャベリズムにも通底する理念は、そもそも近代の自由主義思想の根本理念だった。市民社会論は個人の行動が公共の利益に資することも求めているが、先にみたようにナチ党は経済成長を促し、失業を減らし、各階層に喜ばれる救済策をさまざまに施し、その意味ではドイツ国民にとってナチズムは十分に公共の利益に資する存在に思えたはずだ。

イーグルトンはイデオロギーの特徴として六項目を掲げており、その一つ「合理化」(=rationalizing)の過程がここに生ずる。「支配的イデオロギーは、わたしたちがそれを疑っているという事実をまえもって察知し、あたかも、それにあわせてディスクールを調整している」[67]と、いかがわしい論理であっても、もっともらしい高尚な言語を弄して矛盾を糊塗すべく努力を重ねる。そして、「支配され、抑圧された階級はまた、自分たちの状況を、自己欺瞞といえるまで合理化し、自分たちは不幸ではないと、自分自身に言い聞かせることだってある」[68]と、その「合理性」はイデオロギーの発信者と受信者の双方に働きかける。そこから、支配階級による「正当化」(=legitimation)というプロセスも生まれる。

イデオロギーの次の特徴は、その構築された理念に従って、行動を求めるところにある(「行動を志向」=action oriented)。イデオロギーはまた第一に、一つの集団や階級に統一的なアイデンティティーを課すことであり(「統一化」=unifying)、それによってその主唱者が変えたいという現実社会がある。そこで、動機や規範を民衆に植えつけることで、理論的支柱を求める現代人は新たな目標を掲げて生き続けることができるのだ。理論と実践が対となり、凝り固まった頭が性急に身体に働きかけるパターンの温床となる。

イーグルトンの挙げるイデオロギーの有する「自然化」(=naturalizing)、「普遍化」(=universalizing)は、さらに危険性をはらむ。「自然化」とは成功したイデオロギーは自明の理、当たり前の論理と思わ

ヘルベルト・マルクーゼ

れるところにあり、それが他のイデオロギーに対する排他性を生み出す。他者との差異化による厳格な二項対立がそこにはあり、自己反省的な態度はみられない。「普遍化」は「価値なり利害が、ほんとうは、ある特定の場所や特定の時代に固有のものにすぎないのに、それらを、人類全体の永遠の価値や利害にみせかけること(69)」という。

ナチズムはドイツ国民の生存のための理論に過ぎないが、形の上ではそれが人類全体の発展につながるという論法を採っている。また、対抗イデオロギーである資本主義も共産主義も、目の敵とした。この発想は他のイデオロギーにも同様で、リベラルを標榜する資本主義は基本的に多様性を認める精神に彩られているものの、「革命的ブルジョア階級が提唱した普遍的価値——自由、正義、平等など——は、彼らの大義名分を促進させるのに一役かったが、しかし、他の従属階級が、この普遍的価値の要請を真摯に受けとめはじめると、それがやっかいなお荷物にもなりはじめた(70)」という側面も存在するのである。

近代産業社会におけるイデオロギーの役割については、フランクフルト学派第一世代が特に論じている。『一次元的人間——先進産業社会におけるイデオロギーの研究』を著したH・マルクーゼは産業社会の前提となる思想、言論および良心の自由は本質的により合理的な社会を目指す批判的な観念であるのだが、近代産業社会は労働や消費、気晴らしのなかで十分に自由を感じ、真の自由には目覚めぬよう、どんな反駁も不可能と思えるほどに理論的な装いを施していると論じる。

否定的思惟の力——理性の批判的な力——の家郷であるこの次元が失われてゆくという事態、これは先進産業社会が反対派を黙らせ、諦めさせる物質的な過程そのもののイデオロギー次元における対応現象にほかならない。……体制の能率は、全体の抑圧的な力を伝えないような事実など体制内に存在していない、ということを諸個人に認識させないようにする。(71)

マルクーゼがそう言うのは「個人が、かれの社会、およびそれを通じて、全体としての社会に、直接的に同一化している」からだという。

他者と同様の傾向を示すように変容する「同一化」については、T・アドルノがヘーゲルの弁証法に代表される近代思想を「同一性の哲学」と批判して『否定弁証法』を著している。思想としての同一化はさまざまな対象をある一定の概念に閉じ込めようとするものであり、これは「思考と、それとは異質的なものとのこの対立は、思考自身の中で思考の内在的矛盾となって再生産される」という結果を導く。そのなかで非同一的なものはその概念に沿うよう無理やり押し込められる。人間労働もその一つであり、アドルノはそれは「暴力」であるとしている。(72)

「同一性は、イデオロギーの原型である」と言うように、イデオロギーは同一性の思考と深く結びついている。アドルノは差異＝個別性を認めるよう「思考の自己反省」を促すのだが、同一化の行き着く暴力性を語っている。

民族抹殺は絶対的な統合である。人間が画一化されるところでは、どこであれこの絶対的な統合が用意されている。……純粋な同一性は死であるという哲学的命題の正しさをアウシュビッツは証明している。(73)

7　組織におけるサド・マゾ的性格の発展

現代の資本主義社会の一翼を担うホワイトカラー層は、それにふさわしい私的倫理を身につけている（それがたとえ経営者側の論理を知らず知らずのうちに採り入れているのだとしても）。個人と社会＝組織との関係のあり方については市民社会の勃興以来、数多くの思想家が論じ、現実にその精神がどう変わってきたかについても分析がなされてきた。

現在に至るまで資本主義社会を貫いているのは、理性（＝科学的精神）に従って物事を判断しようという一八世紀以来の啓蒙主義精神と、ベンサム流の個人の自由を基本とした「功利性原理」であり、現代のホワイトカラー層は習慣的に双方の原理に従った道徳倫理を信念として持っている。資本主義経済の発展に伴い、それは近代経済学の祖であるA・スミスが道徳哲学を論じたスコットランド啓蒙主義としての『道徳感情論』に集約されていると思われる。

『道徳感情論』は大著の割には、趣旨は素朴だ。人間の本性にある自愛心（利己心）に従って幸福を追求する権利が人間にはあるが、各々がその自愛心に執着し過ぎると逆に相互に反発し合い、社会そのものが成り立たなくなってしまう。互恵を前提とする近代の経済社会において、「富と名誉と出世をめざす競争において、かれはかれのすべての競争者を追いぬくために、できるかぎり力走していい」が、「かれがもし、かれらのうちのだれかをおしのけるか、投げ倒すかするならば、観察者たちの寛容は、完全に終了する」[74]。

しかし、人間は同時に他人に「同感」（シンパシー）できる情動的能力を持っているので、相互に同感し合う「一般的諸規則」が形成される。それは他人からの称賛につながるものであり、個々人がそれを求めて動くことによって社会全体の繁栄にも資するという考えである。

近代の経済社会におけるこうした人間としての基本的な素養をもとに、市民社会の発展に伴い新しい人間像が求められることになる。J・S・ミルは個性の自由な発展を唱えるなかで、職業選択の自由に繋がる目的追求の自由＝自身の性格に見合った生活計画を打ち立てる自由を取り上げているが、またそれが共同体社会全体の幸福につながらなければならないとする。ミルに先行するJ・J・ルソーは民主主義原理としての市民社会像として、国家との契約によって生命や財産の保障を得るものの、市民としての義務が生じることにより、公共の利益を優先する自己犠牲の精神（＝利他心）も求められるとしている。

前節で述べたように、フロムの『自由からの逃走』では、人間は近代社会において自律的に生きることができるようになったが、伝統的な絆から解き放たれて逆に孤立し、孤独感を深め、その恐怖から自由の重荷に耐え切れなくなった姿を強調している。近代はこうした「自立した個人」という理想どころか、ワイマール期にはすでにサラリーマン層の「頽落」がみられることは先に述べた通りである。

フロムが「近代的産業組織における、特殊的にはとくにその独占的局面におけるさまざまな要因が、無気力や孤独感、不安や動揺を感ずるパースナリティを発達させている」[75]と近代組織人に特有の性格を論じているのは、これまでのホワイトカラー層の論述からしても正鵠を得ている。その性格を「権威主義的性格」＝サド・マゾヒズム性格として、「かれは権威をたたえ、それに服従しようとする。しかし同時にかれはみずから権威であろうと願い、他のものを服従させたいと願っている(76)」と進んで権威に従属する性格を挙げる。

企業などの近代組織の上下のヒエラルキーのもとでは、上司の権威にすがり、逆に部下に対して権威的な態度をとるサラリーマンの多いことは今の時代にもつながる習性である。そして、フロムはナチズムに走った下層中間層の特性として、「強者への愛、弱者にたいする嫌悪、小心、敵意、金についても感情についてもけちくさいこと、そして本質的には禁欲主義(77)」を挙げている。ホワイトカラー層にとって権威に従属するとは、上位の命令に唯々諾々と従う消極性だけではない。上位の権威を利用して下位の人間を上手く動かし、それによって自らの地位を高めることに血道を上げる積極性をも持ち合わせている。

以上みたようにイデオロギーと組織論理に絡めとられた現代のホワイトカラー層だが、それでも暴力との間の距離はまだあるように感じる。その距離を縮める論理として、近代の思想家のなかからニーチェ、フーコー、バタイユの論調から組み立ててみたい。

8　現代人とニヒリズム

二〇世紀のファシズムは往々にして「ニヒリズムの革命」と称される。ニーチェは前一九世紀にニヒ

リズムの時代を予兆している。(78)

ニーチェは『権力への意志』で批判的に論じているショーペンハウアーのペシミズム(厭世主義)からニヒリズム(虚無主義)を受け取っているが、両者の結論は全く正反対となっている。ドイツ観念論の流れを汲むショーペンハウアーは、世界にはすべて意志が存在するのだが、人間の無批判な「生への意志」は際限のない欲望から苦痛にさいなまれ、そこから逃れるには道徳的「禁欲」によって「生への意志」を否定するしかないと言う。ニーチェはニヒリズムを克服するために、ショーペンハウアーとは逆に生を貫く本質的な力としての「力への意志」を呼び戻し、「超人」思想を唱える。そこにはむしろ、従来の道徳を打ち捨てた非道徳的な生への素直な感情を肯定している部分がある。

ニーチェは『権力への意志』の冒頭で、ニヒリズムの定義を「至高の諸価値がその価値を剝奪されるということ。目標が欠けている。『何のために?』への答えが欠けている」(79)状況としている。人間が真理と信ずる統一的な世界観を失い、人生に意義を見出せなくなる状況だ。ニーチェにとって「至高の諸価値」とは、歴史的にキリスト教的道徳であり、市民道徳である。ニーチェは弱者を肯定するキリスト教の「奴隷道徳」がヨーロッパの堕落を生んだと考え、近代を迎えてその絶対的価値を失ったときに人間は生きる目的を失ってしまった。宗教に代わる理性を一八世紀の啓蒙主義は生み出したが、ニーチェの生きた一九世紀後半にはそれも限界を露呈し、ヨーロッパは「ニヒリズムの時代」を迎えていると言う。

ニーチェの思想の根底にはそもそも世界には意味も、真理も何もなく、それに気づくと人間は生きる意味を確信し得ない「極限的ニヒリズム」に陥る羽目となる。そこで、人間が絶望や無力感から生きることを敵視しないよう、ニヒリズムの対抗手段として宗教や道徳が希望や未来を託すものとして現れた。「道徳は出来そこないの者どもがニヒリズムにおちいらないようにふせぐ」のであり、それは「各人に無限の価値を、形而上学的価値をあたえ、この世の権力や階序のそれとはそぐわない或る秩序のうちへと組みいれることによって」献身や謙虚を強要することになる[80]。

人間が生に意味を探し求め、挙げ句に気力を失うと、ニヒリズムは「長期にわたる力の浪費の意識、『徒労』の苦しみ、不安定、なんらかの方法で気を晴らし、何ものかで安んずる機会の欠如[81]」として発現する。ニヒリズムから逃れようとする試みとして、ニーチェはさまざまな享楽への陶酔や、不断の労働も挙げる。そうでなければ、畏敬を感ずる人間や組織に統一的な全体性を重ね合わせるか、彼岸に真理を求めるかしなければならない。

「目的」という概念をもってしても、「統一」という概念をもってしても、「真理」という概念をもってしても、生存の総体的性格は解釈されえないとわかったとき、無価値性の感情がえられたのである[82]。

では、一九世紀のヨーロッパをニーチェはどうみていたのか。「神を手放した者は、それだけますますしっかりと道徳を信ずることにしがみつく」が、「純粋に道徳的な価値定立はいずれもニヒリズムで終わる[83]」。つまり、「弱々しいオプティミズム的な一八世紀が人間を愛らしいものとし合理化してしまった[84]」として、啓蒙思想の結果としての一九世紀のニヒリズムを捉える。

ニーチェは啓蒙思想家からヴォルテールとルソーを重ねて論じる。人間は自然状態のもとでは猛獣であり、文明によって人間を啓蒙することで人類の進歩に資することができるとするヴォルテールに対して、人間は自然状態では善であり、それを頽廃させたのは人間社会であり、自然に帰ることを唱えたのがルソーである。しかし、ニーチェに言わせれば、市民社会確立のための市民の義務や理性を求めたルソーも道徳の狂信者であり、「実践理性」を唱えたカントも全くの同類と断じる。

一九世紀の人間は一八世紀から「『ユートピア』、『理想的人間』、自然の神化、打ってでるという虚栄、社会的目標の宣伝に従属すること、大ほらふき」[85]を受け取った。そして、「さまざまの道徳的装いをこらした現代精神の無規律」として、「寛容（＝然りと否を言うことの『無能力』の代用語）、同情の幅広さ（＝三分の一は無関心、三分の一は好奇心、三分の一は病的な興奮）、『客観性』（＝人格の欠如、意志の欠如、『愛』への無能力……）」を生み出した[86]。つまり、偉大なヒューマニティーのもとでの数々の理想主義が柔弱な精神を生み出し、人間の本性を忘れて飼い慣らされるのだが、その虚構に気づいたときに人間はニヒリズムに陥るということだ。

従って、ニーチェは一六、一七世紀のマキャベリズム的な生への衝動を志向する。ルネサンス期は彼の言う「大衆的な、賤民的な思想」に侵されておらず、貴族主義的な孤高を守る人間像に惹かれたのだろうが、それが彼の「超人」思想につながっている。ニヒリズムに侵された一九世紀にも一八世紀を超克する偉大な試行として、ナポレオンとゲーテを挙げている。ナポレオンは男性的な闘争心を改めて呼び覚ました者として、ゲーテは官能的なものも含めて理性に感性を統合させた存在として[87]。

そうした精神をニーチェは「能動的ニヒリズム」と呼び、疲労感だけの「受動的ニヒリズム」と峻別する。「人間が、より深く、より疑いぶかく、『より非道徳的に』、より強く、より自己信頼的に――そしてそのかぎりにおいて『より自然的に』なるということ、これこそが『進歩』である」[88]として、一九世紀後半にその胎動がすでにみられると言う。

しかし、ニーチェの言うニヒリズムの両面は、近代組織のなかで生きる人間の持つ二面性ではないのか。たとえニーチェの思想に触れなくとも、「思うままに自由に生きて自己実現を図れれば」と願い社会に乗り出す人間は多く、徐々に挫折して受動的ニヒリズムに行き着く例が大半だ。あるいは逆に、能動的ニヒリズムで突っ走って、最後に倒れる人間も多い（ヒトラーのように）。ニーチェの思想がヒトラーを生み出したという論調は、ニーチェのナポレオンやゲーテの賛美にヒトラーが共鳴したという点で当たっている部分もあるが、むしろニーチェは西欧近代の発展からヒトラー的人物の出現を予測していたというほうが的を射ている。

ニーチェ後の二〇世紀にこれを当てはめると、二〇世紀を迎えても現代人はニヒリズムを乗り越えることはできず、いっそうニヒリズムにのめり込んでいったと言える。ニーチェ流の新しい絶対的価値を、今や自らの基本的な運命を決める国家と、自己実現を図る場としての組織に求めた。ワイマール期において、特にホワイトカラー層は、企業での自己実現を希求したが、それが果たせず次には国家に走ったが、それは当人たちも思いも寄らぬ破局へとつながった。

9　組織における道徳の内面化

では、ニヒリズムに陥った現代人は自分の姿をどう意識し、組織社会のなかでどう行動するか、次にニーチェの影響を深く受けたフーコーの論理からみる。ニーチェの「系譜学」は歴史的な経緯のなかで闘争の帰結から支配者の原理として真理が現れるものとしており、フーコーはこれを一歩進めて権力関係がつくる枠組みが現実社会の真理となる構造を解き明かしている。

フーコーが『監獄の誕生――監視と処罰』で取り上げたベンサム考案になるパノプティコン（一望監

視施設）は有名だが、それは囚人を効率的に監視するシステムが現代社会の至るところで見えない権力として機能しているという論理だ。パノプティコンとは、中央に監視塔が置かれ、その周りに独房に分割された建物が円環状に立てられた監獄で、監視塔からは各独房を監視できるが、独房の囚人は監視塔のなかの監視者を見ることができないのがポイントだ。囚人は自分が監視されていることを十分に認識しているから、現実には囚人は監視される必要がなくなる。つまり、監視者から強制されなくとも、自分のなかに監視者の目を取り込み、次第にそれを自らの規範として行動することになるのだという。

フーコーが「一望監視の図式は、消えさりもせず自分のどんな性質をも失わずに、社会全体のなかへ広がる性質をおびていて、そこでは一つの一般化される機能になる傾向をもつ(89)」と言うように、工場などの職場や軍隊、学校、病院などにその機能が効果的に発揮されるようになったとする。その規律・訓練の図式から監視の一般化の図式への変化は、一七－一八世紀の古典主義時代に推し進められたという。監獄はあくまで罪人の排除や贖罪、閉じ込めにあるが、それが社会の中心に位置する重要な生産的な部門に広がっていくということだ。

工場での規律・訓練は依然として、規則の尊重と上役への尊敬をうながして、盗みや注意散漫を防止する一手段にとどまる一方では、［労働者の］適性や能率や生産高を、したがって利益を増大させようとする傾向をおびる。あいかわらず行為の道徳化をうながす一方、しかしますます行動の目的化をうながして、もろもろの身体を或る仕組のなかへ、もろもろの力を或る経済のなかへ組入れていく(90)。

しかし、強制的に収容される監獄に対して、工場は生産を、軍隊は防衛を、学校は知識を、病院は健康を司るだけに、そこに関与する人間は権力に取り込まれているなどとは思いもしない。そうした近代組織にはそれぞれの規律があり、無意識のうちに自己監視システムを取り込むのだが、それぞれの組織の持つ崇高な理念を受け取っている部分もあり、自分は自由に、主体的に行動しているという意識に捕われることとなる。

「規律・訓練」は空間的な制約を課し、時間割により活動を細分化し、訓練を段階に応じて序列的に行い、個々の能力を組み合わせて最大限の効果を発揮する、という手順を辿る。ここで、ホワイトカラー層が職場で置かれている環境を考えてみる。

企業のオフィスのある建物を一つのシステムと考えると、幾層にも重なったヒエラルキー構造のもとで、底辺の社員にとって社長などトップが存在することは知っており、名前も顔も知っているのだが、彼らはどこかの別室にこもっていて、トップから直接、「規律・訓練」の様式が下されることはない。フーコーの言う権力の「没個人化」である。しかし、社員の個別の情報はすべて吸い上げられており、出退勤時間から毎月の業績、健康状態、家族関係まで常に把握できる状態にある。逆に社員がトップの声を聞くのは教条的な公式見解だけであり、業務に関する具体的な指示が本当にトップから発せられているのかも定かではない。これは、ヒエラルキー組織のなかで展開される複雑な意思決定とその実行の過程の源泉となる。

オフィスが監獄と違うところは、それぞれの座席は独房ではなく、直属の上司や同僚連中には開かれている。しかし、先に挙げたクラカウアーも指摘しているように、同僚は親しく歓談していたとしても基本的には競争相手であり、それぞれに相互の動きをよく観察している。これはパノプティコンにはない第二の観察者となり、それが内面化されて自己監視システムがより強化されるのが企業社会である。

小部隊を指揮する直属の上司は、直接に社員の「規律・訓練」に携わる。個々の社員の経験や能力に応じて仕事を割り振り、有機的な成果を挙げるなかで、次のステップへの足掛かりともする。それは、上昇志向を持つ部下にとっても願うところだ。しかし、その根本となるところの戦略がより上からの預かり物であり、それを効率的にやり遂げて認められようとの中間管理職としての心理が、ヒエラルキー組織全体のたどり着く行為をより複雑なものとする。

10　ホロコーストは「供犠」だったのか

ナチ党による社会全体の「均一化」政策は「強制的同一化」(Gleichschaltung)と呼ばれる。しかし、小論「ファシズムの心理構造」を著したバタイユは、ファシズムの煽動者たちは国民には自らの理念に同調するよう求めながらも、彼ら自身、社会的同質性の法則を破壊する異質的存在だとする。確かに、ナチ党の指導者層には文人・芸術家崩れや職を失った元軍人などが多い。ファシズムの権力は、「完成された義務や規律や命令のような、軌跡の定まった同質性に属する特徴と、そして命令的な暴力や、集団的感情を超越した対象としての将軍の人格が占める位置のような本質的異質性に属する特徴[91]」が同居しているとする。

バタイユの「ファシズムの心理構造」はマルクス主義理論から分析したもので、近代的な生産様式に同質的社会をみている。つまり、資本主義的生産では労働者は生産物から疎外されているから、企業組織においてはそもそも異質的存在である。通常はブルジョア階級と、それに続く中産階級が形づくる同質化社会がその異質性を抑圧しており、基本的に同質的領域は異質的分子を排除する構造にある。しかし、同質化社会が矛盾にさらされたとき、労働者階級の異質性が噴出して無秩序の素地をつくりだすと説く。

一方、国家は本来、強制に服さない異質的勢力を無力な状態にしておくことを助けるが、ファシズムのような異質的権力は軍隊と宗教という二つの権力の要素を同時に取り込み、「異質的要素と同質的要素との、つまりいわゆる権力と国家との、完全な統合[92]」が実現されることになる。その統合権力は下層階級の異質的分子を暴力と洗脳による無法者として取り込むことで、逆に同質的社会に転化する。バタイユは中産階級や支配階級も同質的社会の維持のためにこの統合権力に期待をかけるに至り、ここに至って労働者階級の主導権は失われる、とする。

従って、ワイマール期から続く街頭暴力やユダヤ人虐殺の実行犯となったのは、下層階級の一部であった無法者たち（親衛隊や突撃隊の隊員を含めて）が中心であった。しかし、同じく統合権力に取り込まれた中産階級も最終的にはそうした無法者たちを飼い慣らすか、あるいは自ら手を下すことにもなったと推測できる。

秩序や道徳といった人間の理性より、暴力やエロスといった人間の根源的な力に着目したバタイユからは、ユダヤ人虐殺は戦争の一環というよりも、供犠としての性格を感じさせる。

戦争自体には宣戦布告の必要性など制御された暴力という側面は長く存続しているが、時に秩序から逸脱した虐殺が捕虜などに対して行われることをバタイユは『エロティシズム』で示す。そして、「私たち誰もが殺人への欲求を感じているわけではないが、群衆のなかではこの欲求が、性への渇望と同じほど執拗にとは言わずとも、同じほど現実的に保たれているのではあるまいか[93]」と、人間に内在する暴力への渇望を示唆している。

そのなかの「殺人と供犠」の章では、供犠の生贄の死を見つめる目は「不連続な存在である私たちにとって、死が存在の連続性と言う意味を持つ[94]」としている。つまり、いつかは死ぬ運命にある不連続な存在である人間は、連続性を求めて他人の死を体感することで逆に大きな生命の流れを感じるのだという。

バタイユは「死刑執行人と犠牲者（ナチ親衛隊と強制収容所捕虜）に関するいくつかの考察」という小論で、「人間は、理性に照らされていながら、つねにみずからのうちに理性的なものと同時に、そのかなたに、しかしつねにみずからのうちに、理性的なものを疑問視するものを認めている[95]」面が存在することを強調する。そして、ホロコーストにおける殺人を犯す者と供犠の生贄の関係について、次のように断じる。

　拷問を課している人間は、自分自身に害を加えていることを知らないでいる。かれは、犠牲者の苦しみにつけ加えて、人間性の観念の抹殺をおこなっているのである。[96]

組織の論理とイデオロギーは、異質性を排除する同質化社会へと向かっていく。現代人は支配的イデオロギーによって殺人も犯すが、バタイユが指摘したように、その心理の深層には自らが抱え込んだ現代の矛盾を乗り越えたと思える人間に対する生贄の意味を有することが十分にあり得る。

ニーチェが予言したように、現代人は深いニヒリズムに陥る運命を背負っている。宗教という絶対的価値（＝目標）を失った現代人はその代償を国家や組織に求めるが、政治・経済情勢や組織論理によって挫折を味わうことも多い。二〇世紀前半はさまざまなイデオロギーの乱立した時代だが、中世以来の君主国家を絶対とする旧支配層の論理に抗ってきた一八世紀以降の自立した市民による自由な経済活動を基盤とした自由主義・資本主義の理念が厳然としてあった。一八世紀以来の啓蒙理性は自己の発現とともに、公共心をも育むよう市民社会精神を植えつけていった。支配階級としては彼らが覚醒しないようイデオロギーの再構築を図るべきであった。しかし一方で、フーコーが指摘するように近代の高度化した組織社会は「従順な身体」を持つ道徳の内面化をも伴うものであった。挫折した人間を一つのイデオロギーをもって同質化させられれば、別の世界観のもとでの社会変革も可能となる。ナチが目をつけたのは、そこだった。

ナチそのものが異質な存在なのだが、民衆（特にホワイトカラー層）の不満を解消させることで多数派となり、異質なものではなくなる。バタイユから言えるのは、ホロコーストに手を貸した民衆は、心の底にある自らの欺瞞を打ち消すようにナチの進める同質化に手を貸した。ユダヤ人が供犠における生贄だというのは、異質な存在を抹殺することによって自らの同質性を証明しようとする自己正当化の行動であったということだ。つまり、同じ異質的存在としての自分を抹殺したのだ。

11　社会における四つの行動パターン

そうは言っても、近代は中世などと違って、個人の意識が発達している。教養を身につけた市民層は、時代精神をどう受け入れて国家と対峙するか、また自らの属する組織社会で個人の欲望と組織の論理をどう調和させるか、常に煩悶している。そこに介在するのが、それぞれのパーソナリティーである。フ

図 1-d 道徳の内面化と行為による組織の人間のタイプ

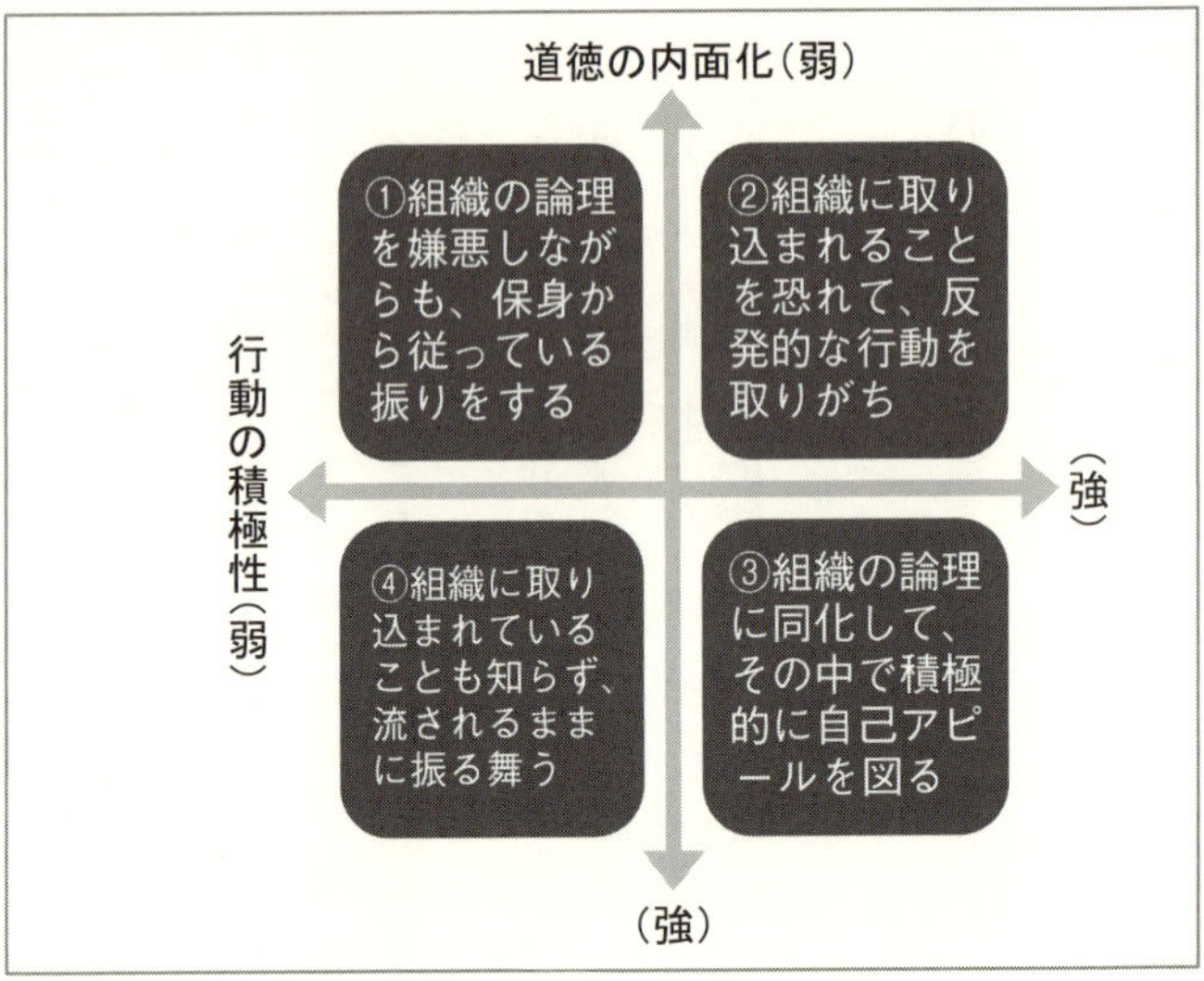

ロムの言う「権威への従属」にしても、権威に従順に行動することで達成感を覚える消極的タイプと、それを上手く利用して自らの欲望を満たそうと画策する積極派タイプとに分けられる。そして、フーコーの言う「道徳の内面化」についても、イデオロギーに侵されやすいタイプと、それに懐疑的なタイプとに分けられる。これを念頭に、社会における人間をタイプ別に分けると、図1-dのようになる。

縦軸が「道徳の内面化」の度合い（上が内面化の弱いタイプ、下が強いタイプ）で、横軸は「権威への従属」に結びつく行動の積極性の度合い（右が積極派、左が消極派）である。縦軸では当然、意識の低い層が「道徳の内面化」に取り込まれている層で、③の行動派タイプと④の消極派タイプが考えられる。③のタイプは組織の論理と積極的に同化し、そのなかで自己を最大限にアピールするため、社会の上層部へと上っていく可能性も高い。これに対して、④のタイプはフロムやニーチェ、フーコーが念頭に置いているいわゆる「骨抜きにされた人間」であり、組織に同化する点では③のタイプと変わらないが、素直な半面、小心で、臆病な性格から業務の遂行に単に熱心なところが取り柄だ。できるだけの昇進は望むが、挫折して「気散じ」に走るタイプである。

一方、①のタイプは④のタイプとさほど外面的には変わらないため、見分けは難しいが、「道徳の内面化」を意識している分、悩みは深く、諦念をも伴うものである。自らの生活を守るため、また昇進への意欲もある程度はあるので、組織の論理に嫌々ながらも従うという心理的な分裂状態に陥る。最後に、②のタイプは、組織に取り込まれている意識がそのまま反発に結びつくため、組織においてはスポイルされやすい。

統計はないので即断はできないが、やはり最も主流を占めるのは④のタイプで、社会の要請から③のタイプが次第に増えているのが近代社会の姿ではないか。①のタイプも③のタイプと同程度いそうだが、ニーチェの「超人」につながるような②のタイプはごく少数派であろう。年代によっても差があると考えられ、行動的な②と③のタイプは若い層に、消極的な①と④のタイプは挫折を経験した中年層に多いだろうか。

前節で取り上げた第一〇一警察予備大隊の隊員の行動をみると、ユダヤ人射殺の命令に唯々諾々と従いながら、戦後の裁判で「自分に殺害の意志はなかった」と言及した多くの隊員は④のタイプに属するだろう。一方、任務に耐えられずに発作を起こすものの、部下に悟られないよう強気に振る舞ったホフマン大尉を含む三人の中隊長は③のタイプに近く、任務の遂行と称して最もサディスティックな行動をとっている。逆に、ナチ親衛隊からの命令を受けて動揺が激しく、泣きじゃくりもした大隊の最高指揮官のトラップ少佐は、任務の矛盾に苛まれた①のタイプに当たる。ブッフマン少尉のように除任を嘆願したり、他にもこっそり持ち場を外れたり、意図的に射殺の的を外して撃ったりする兵士など、わずかに任務に反発する態度をとった②のタイプも見受けられる。

人間を単純にパターン化するのは危険性もあり、実際にはその時々で別の人格の側面をみせることもあり、個々人をとってももっと複雑な人間性を有しているものだ。しかし、社会通念としての規範に個人のパーソナリティーがどう関わるかをみるのに、こうしたパターン化も有用な部分がある。


この章では、まずナチ・ドイツにおける第一〇一警察予備大隊のホロコーストへの関わりから、イデオロギーとしての反ユダヤ主義と近代の組織論理の観点から論じた。そのうえで、二〇世紀初頭に急増したドイツのホワイトカラー層は社会的地位を得るために努力を重ね、それが挫折し、拠り所を失うなかでナチズムにその代償を求めていった姿を捉えた。彼らにとってワイマール共和国は生きづらい時代であり、ナチ政権は倒錯しているが自由を感じられるものだったことを、ルポルタージュも交えて明らかにした。

そして、現代のホワイトカラー層がイデオロギーに取り込まれ、それが組織論理に縛られて自らの意思とはかけ離れた行動をとる蓋然性が高い、という一般論を現代哲学の観点から導き出した。現代人が必然的にニヒリズムに陥らなければならない構造を有し、それがイデオロギーとしての時代精神を内面化させ、組織に生きるホワイトカラー層に特有の精神を育む。その過程で特徴的なパーソナリティーを形成し、行動に移していくのだが、現代産業社会においては同質化社会における異質性排除へと進み、自らの矛盾を一気に解決しようとする生贄としての殺人にもつながることを示した。

以下の章では、二〇世紀初頭のドイツ人が近代理性にどう向き合ってきたか、その過程でその矛盾を克服しようとあがき、その結果として近代理性を体現できなかった自らに対する仕打ちとして、近代理性の権化であると同時にその逸脱とも考えたユダヤ人の抹殺に至ったことを示していく。第2章では近代国家の論理から、第3章では近代組織の論理から考察する。

ミニコラム1

ドイツ歴史家論争

ドイツは第二次世界大戦の敗戦後、経済復興を遂げるなかでナチの過去について口を閉ざしてきた。責任逃れの言い訳や、無視する議論などがあるばかりであった。転機が訪れたのは一九六〇年代に吹き荒れた学生運動の頃である。ナチについて語らない父親世代に対して、当時、大学生になる年代となっていた子供たちは「親父はあのとき、何をしていたんだ」などと詰め寄った。そのリベラル左派の風潮に一石を投じたのが、歴史学者のE・ノルテが一九八六年にフランクルター・アルゲマイネ紙に載せた『過ぎ去ろうとしない過去』という論文で、いつまでも過去に囚われる愚を唱えた。ノルテの論調からは、東方から押し寄せて来る共産主義に対抗する当時の世界情勢からはやむを得ない部分もあった、ロシア革命時にボルシェビキの行った虐殺のほうがはるかにひどい、とホロコーストの犯罪を相対化する意図がみてとれる。そして、ドイツ民族の歴史の連続性を強調する。

これに対して、学生運動の理論的支柱ともなったJ・ハーバーマスが同年にツァイト紙に寄せた『一種の損害補償』において、勝者側の論理に踊らされぬよう警告を発するノルテ流の歴史解釈に疑問を呈する。近代の歴史過程のなかでドイツの置かれた状況にはやむを得ないものがあったとする点を批判し、連合国側の政治文化に信頼を寄せる。その後、E・イェッケルやH・モムゼンなどの歴史学者ばかりでなく、政治家、経済人から一般市民まで巻き込む大論争となった。これを「第一次歴史家論争」と呼ぶ。

この論争の主な論考をピーパー社が一九八七年にまとめて出版、日本語版ではさらに論考を絞り込んで『過ぎ去ろうとしない過去――ナチズムとドイツ歴史家論争』（人文書院）として出版されている。訳者の一人、三島憲一はその解説で、ノルテなど（敗戦を前提とする歴史認識を見直すことを訴えることから「修正主義者」と呼ばれる）の情緒的な言い回しや論点の巧妙なすり替えから、論理的にはハーバーマス側の完全な勝利であり、識者の多くもこれを支持したとしている。しかし、日常感覚では修正主義者側の主張に共感が集まったのだという。

一九八九年の東西ドイツ統一によって、ドイツ人は政治的な自信を取り戻した。そこに九六年に湧き起こった「ゴールドハーゲン論争」が虐殺の責任はナチだけではないという「ドイツ人全体の犯罪」を声高に主張したことで、「第二次歴史家論争」が噴出。今度は「第一次歴史家論争」の論者のほとんどが反発する側に回った。ただ、「第一次」の担い手が知識人層に限定されていた感があるのに対して、「第二次」は一般のドイツ人まで巻き込んで拍手喝采を浴びた点に特徴がある。すでに、時代の主役は第二次大戦時には生まれてもいない戦後第三世代に移っている。ドイツが欧州連合（EU）を支える強国となった今日、文化ヘゲモニーを巡る対立は一層強まりそうだ。なお、二つの歴史家論争の論点について、近現代史家のW・ヴィッパーマンが『ドイツ戦争責任論争――ドイツ「再」統一とナチズムの「過去」』（未來社）にまとめている。

ミニコラム2

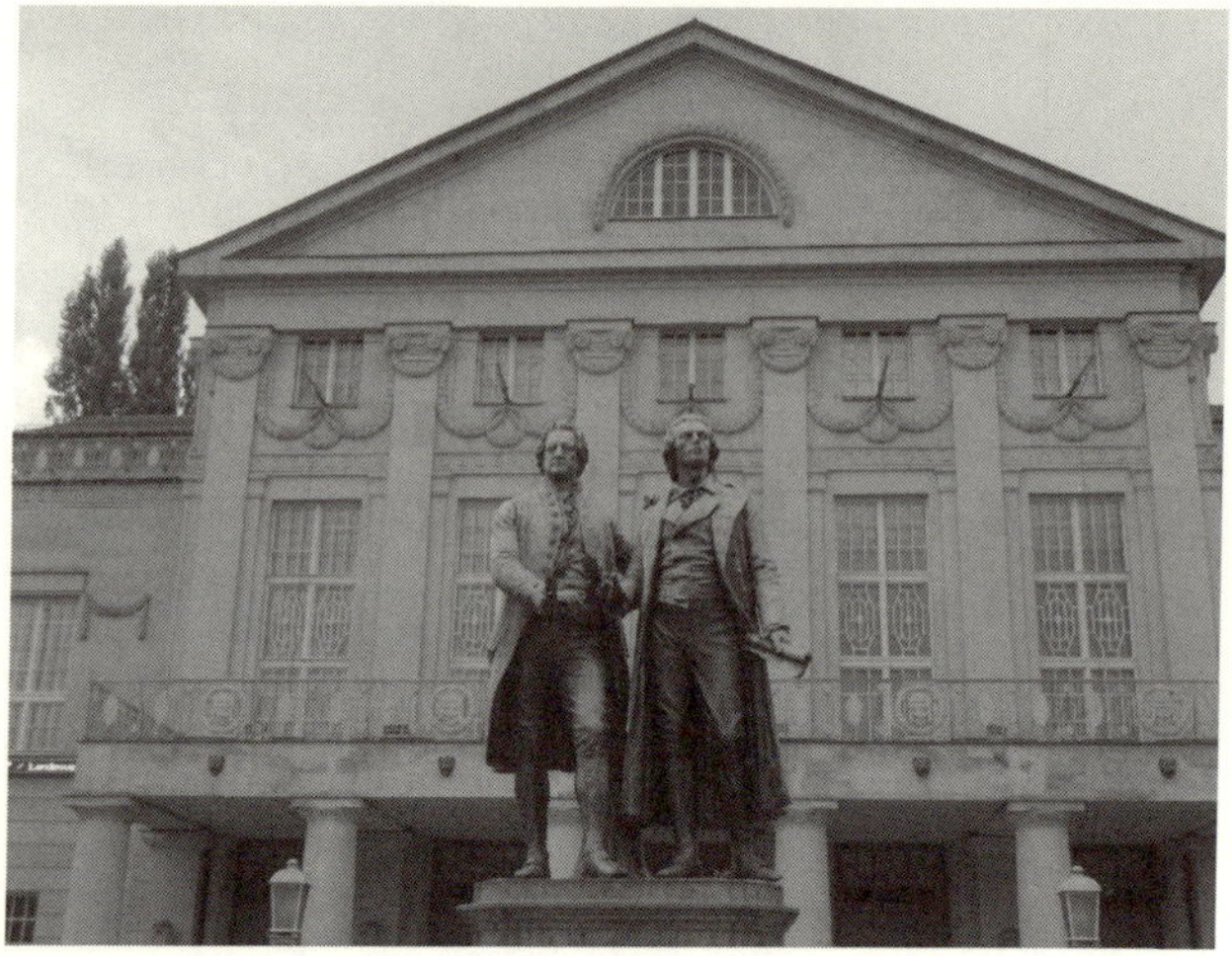

ワイマール憲法の採択された国民劇場。正面にゲーテとシラーの像が立つ=筆者撮影

ワイマール共和国

ワイマールはベルリンの南西二百キロほどにある人口約六万人の小さな都市である。近世にはワイマール公国という小さな領邦国家の首都であり、カール・アウグスト公の保護のもとでゲーテやシラーらが古典主義の花を開かせた。市内にはゲーテやシラーの旧邸宅が公開され、彼らが自作の演劇作品を公開した国民劇場が市のシンボルとなっている。

一九一八年の第一次世界大戦敗戦とともに起きた革命で国民議会選挙が実施されたが、国民議会は革命後の騒乱に明け暮れる首都ベルリンを避けて、一九年二月六日、ワイマールに召集された。この地で憲法制定議会も開かれ、これをもって「ワイマール憲法」に基づく、ナチ政権に取って代わられるまでの政体を「ワイマール共和国」と呼ぶ。

そもそも、第一次大戦後のドイツが共和国

近代デザインの発祥バウハウスのあったワイマールには、国民劇場に向かい合ってバウハウス博物館がある=筆者撮影

となったのは、偶然の産物であった。皇帝ヴィルヘルム二世は亡命して君主制に終止符が打たれたものの、君主制を基盤とした帝国への郷愁は根強くあり、前年に起きたロシア革命の影響で極左派が勢いを増すなか、社会民主党のフィリップ・シャイデマンが議会の窓から大群衆に向かって「共和国万歳！」と宣言したことに始まる。最初の国民議会選挙で第一党の社会民主党とブルジョア政党の中央党、民主党が連立内閣「ワイマール連合」(首相にシャイデマン)が成立した。しかし、共和国時代を通じて一つの党が単独過半数を握ることはなく、一〇以上に及ぶ小党分立のもとでいずれの政権も安定しなかった。社会民主党でさえ議席数はほとんど全体の二〇%台で推移した。短命内閣が続き、共和国一四年の間に首相の数も一三人に上った。

ワイマール共和国は、大きく三つの時期に分けることができる。第一次大戦敗戦後の政治と経済の混乱期、経済が復興した一九二〇年代半ばの相対的安定期、そして二九年の大恐慌を引き金とした政党内閣の崩壊と大統領が首相を指名する内閣に至る末期である。共和国全体を通じて為政者も人民もドイツ社会がどこへ向かうのか、分からない状態だった。ただ一方で、新聞やラジオなどのマスメディアが発達し、映画や演劇など大衆文化が花開いた時代でもあり、創造力を発揮し、生活も楽しむ「黄金の二〇年代」でもあった。ワイマール共和国は、暗鬱な政治状況と安逸な生活感情とが交錯する二律背反的な時代であった。

第2章

開戦に至るドイツの思想的展開

第一節　ワイマール共和国とナチズムの接点

1　「神聖ローマ帝国」という国家の矛盾

ドイツはかつて、「神聖ローマ帝国」と呼ばれた。不思議なネーミングである。四七六年に滅亡した西ローマ帝国の正当な継承者を任じ、歴代皇帝がローマ教皇より皇帝戴冠を受けたことに由来する。しかし、一八世紀のフランスの啓蒙思想家ヴォルテールが「どうみても神聖ではなく、ローマ的でもなく、また帝国であったこともなかった」と揶揄したというエピソードが物語るように、その実体は国名からかけ離れたものだった。ドイツ人が「第一帝国」として認識した神聖ローマ帝国は、北方のゲルマン民族がその地に打ち立てた王国であり、ハインリヒ四世がローマ教皇グレゴリウス七世に破門された「カノッサの屈辱」（一〇七七年）に代表されるようにローマ教皇庁に対する世俗権力の伸長の過程にある時代のなかで、中央集権的なローマ帝国とは似ても似つかぬ小さな領邦が分立している状態だった。古代ローマ帝国の継承者としての権威にこだわり続けたことが英仏に比べて国家統一を遅らせた一因ともなり、ドイツ人はそのために国民国家という意識にさいなまれることとなった。この節ではワイマール共和国とナチズムの接点を探る前に、そこに至る歴史を概観することでドイツの特殊性を明らかにしておきたい。

ドイツの歴史には長い間、「中心」がない。ドイツの起源は、フランク王国がカール大帝の死後に八四三年のヴェルダン条約によって分裂してできた東フランク王国である。この王国はその後「神聖ローマ帝国」を名乗ることになるが、皇帝は原則、選挙制に拠っていた。しかしこの選挙原理のなかで世襲も加わり、皇帝位は初代オットー大帝（一世）のザクセン家からザリエリ家、シュタウフェン家、ヴェルフェン家へと次々と移っていく。しかし、皇帝を擁立できなかった「大空位時代」を経て、皇帝位はハプスブルク家に落ち着き、これがナポレオンが神聖ローマ帝国を解体した一八〇六年まで続くこととなる。

ハプスブルク帝国の中心はウィーンである。ハプスブルク帝国に衰退の兆しがみえてきた一八世紀に台頭してきたのが、フリードリヒ二世（大王）以降のプロイセン（ホーエンツォレルン家）である。プロイセンは北ドイツのブランデンブルクを基盤とする新興勢力であり、ようやくベルリンが国際都市としての体裁を整えていく。

一八世紀の啓蒙思想はアメリカの独立戦争やフランス革命につながり、一九世紀に入ると民族独立も含めた市民革命の嵐がヨーロッパ各国に吹き荒れた。ドイツでも自由主義思想に基づいた市民社会への機運が盛り上がるなか、一八四八年にはフランスの二月革命の影響を受けて三月革命を引き起こした。革命自体は挫折したものの、イギリスやフランスに倣って国民の力を結集した中央集権国家の確立は焦眉の急となっていた。

ドイツの統一への動きは、神聖ローマ帝国解体とナポレオン没落後のウィーン会議によるドイツ連邦結成（一八一五年）から始まる。その時点で、連邦は三五の領邦と四つの自由都市からなる緩い連合でしかなかった。そのなかでドイツは、ハプスブルク対プロイセンという主導権争いに進んでいくが、帝国内に他民族を多く抱え込んでいるハプスブルク帝国の衰微は避け難かった。ドイツの統一を模索する過程で、ハプスブルクのオーストリアを含んだ大ドイツ主義でなく、オーストリアを除外した小ドイツ主義に舵を切っていった（カトリック主体のオーストリアに対して、プロイセンなど他の諸邦はプロテスタントが中心であったことも大きい）。プロイセンは一八六六年の普墺戦争でオーストリアを破って北ドイツを中心とした連邦を確立、さらに一八七〇年の普仏戦争でフランスを破ってドイツ帝国（第二帝国）を再建した。

2　ビスマルク体制下で進む社会の分裂

一九世紀のヨーロッパはナショナリズムと自由主義の相克の時代であり、ドイツにおいてその両面性はドイツ帝国憲法が発布された一八七一年以降の第二帝政時代に集約される。つまり、ドイツ帝国は諸邦の自立性を基本とする連邦国家であった（依然、二二の諸邦と三つの自由都市を抱えていた）が、プロイセンの優位性のもとに次第に国民国家として統合されていく過程であり、一方で君主の権限を尊重しながら普通選挙制度の整備とともに議会制度が浸透していく時代でもあった。

諸邦は立法権・行政権のみならず大部分の税の徴収権も握っており、諸邦の政府によって任命された代表者から成る連邦参議院は帝国議会において拒否権も有していた。片や帝国の財源は関税を中心に一部に限られ、不足分は諸邦からの分担金で賄うとともに、皇帝（＝プロイセン王）は議会の召集や宰相の任命権を有し、軍隊の統帥権のもとに外交を主導する立場にあった。ドイツ帝国は君主制的性格と議

表2-a 第二帝政時代の産業部門別就業人口比推移

	農林水産業	鉱工業	商業・運輸	公務・自由業	その他
1882年	41.6	34.8	9.4	4.6	9.6
1907年	28.4	42.2	12.9	5.2	11.3

(出典: G. Hohorst et al., 1975, *Sozialgeschichtliches Arbeitsbuch*, 66から作成, 単位%)

会制的性格を併せ持ち、遠心と求心の双方向のベクトルが働くなかで、通貨を媒介とする貨幣経済や、鉄道、電信・電話などの交通・通信といったインフラ整備など近代国民国家としての体裁を整えていった。

帝国参議院に抑え込まれていたとはいえ、帝国議会は男子普通選挙のもとにユンカーなど大土地所有者を基盤とする保守主義政党、ブルジョアや商工業者から成る自由主義政党、労働者階級の成長に伴う社会主義政党、宗教的に少数派の利害を代弁するカトリック政党などが活動していたが、それは民主的というよりも主義主張の乱立状態にあった。

ドイツは第二帝政が成立した一八七一年に四一〇五万人であった人口が、第一次世界大戦前の一九一〇年には六四九二万人にまで増えていた。この時代、資本主義の高度化に伴い、長く就業比率の高かった第一次産業の「農林水産業」が大きく減り、第二次産業の「鉱工業」、第三次産業の「商業・運輸」「公務・自由業」が伸びている(表2-a)。こういった社会構成の多様化により、その経済・社会的状況に応じた利害関係とそれに基づくイデオロギーが醸成されていったのである。

そのなかでオットー・フォン・ビスマルクは帝国宰相時代(一八七一~九〇年)に当初の自由主義的経済政策から次第に保護貿易といった保守主義的政策に転換、その過程で二つの弾圧政策を敢行している。一つは自由主義政党と組んだ時代に行った、「文化闘争」と呼ばれる中央党率いるカトリック教徒の規制で、主眼は学校教育を教会から引き離し、国家の監督による一元化に帰することにあった。宗教の有する反近代主義と、カトリックのインターナショナル的な連帯意識は、国民国家の形成にとって障害になると考えたのは当然であろう。

もう一つは、一八七八年制定の社会主義者鎮圧法（一八九〇年まで存続）で、国家を転覆しようとする社会主義的な団体や活動がすべて禁止された。一八五〇年代の産業革命から高成長が続いていたドイツ経済だが、七三年以降は経済不況に悩まされ（「大不況時代」と呼ばれる時期が九五年まで続く）、海外との経済競争にさらされた大規模農場経営者としてのユンカーなどからの圧力を受けて保護関税法の制定につながった。その過程でビスマルクは自由主義政党と決別し、保護主義政党との連携を強めるなかで、中央党とも和解し、この列に加えた。

その一方で、国民は物価高騰にも悩まされることになった。このような状況下で、工業化の進展と資本のもとで働く労働者の増加によって急速に勢力を伸張させたのが社会主義政党で、パリ・コミューン（七一年）の盛り上がりとともにラサール派とアイゼナッハ派のゴータ綱領に基づく合同によって七五年に成立した社会主義労働者党がその後のドイツ社会に与えた影響は絶大なものがあった。

ビスマルクの保守勢力との結びつきが社会主義の弾圧につながったのは当然だが、よく知られているようにビスマルクは労働者階級の懐柔策として疾病保険や災害保険といった社会保険制度への道を開くこととなった。そうした「アメとムチの社会政策」はビスマルク退陣後も受け継がれ、政府の保険給付水準は増加の一途を辿った。ビスマルク退陣後の九一年には日曜労働の禁止や婦人／少年労働の制限などを盛り込む労働者保護立法も制定され、国家の権威が国民を守るという、その後の「国家社会主義」の様相を早くも呈することとなる。

七三年以降の不況ですでにドイツ社会には自由放任経済のもとでの貧困が増え、公共の福祉のための社会政策の有用性が説かれるようになっていた。しかし、それは『ドイツ帝国 1871-1918年』の著者、H・ヴェーラーも指摘しているように、社会主義の隆盛のもとで自由主義を推し進めれば革命の暴発にもつながりかねず、労働者に施しを授けることによって体制に順応する国民として手なずけておこうとの深謀遠慮から出たものであった。ヴェーラーはビスマルクの「無産大衆のうちに、年金請求権をもっているという感情がもたらす保守的心情」という言葉を引用している。

しかし、政府のその思惑は大部分はずれている。マルクスを産んだ国であるドイツでは労働運動の発展は他国と比べても急速なものがあり、他の階層とも相容れない精神構造を育んでいた。九〇年の社会主義者鎮圧法の失効に伴い、エアフルト綱領のもとに党名を改めたドイツ社会民主党は、第一次大戦前の一九一二年の選挙では一一〇議席を占め第一党にまでのし上がっているからだ。

ただ、その副次的作用として国家への依存を強めたのが、労働者階級と同様に次第に困窮の度合いを強めていく中間層身分であった。手工業者や小商店主といった中小経営者は三月革命（一八四八年）以前から市民層として着実に成長していたが、一八五〇年代の産業革命以降は大資本に押されて窮乏を極めていき、七三年以降の「大不況」の影響も直接に受けて国家の保護を求める保守的性格を強めていった。ドイツ経済はその後、九五年以降は第一次大戦まで空前の好景気に再び転じ、資本の集中・独占が加速するなかで「IGファルベン」（化学）、「ジーメンス・ハルスケ」「A・E・G」（電機）といったガリバー企業の誕生へとつながった。この企業の集中過程のもとで、こうした「旧中間層」は倒産の憂き目を味わうなどますます追い詰められていく。

資本主義の高度化に呼応して、世紀末から巨大組織（国民統合による政府・自治体も含めて）のなかで働く俸給生活者層（「新中間層」）の急激な増加を生み出した。彼らはもとより出自からしてユンカー貴族とは違い、経営者として資産を持つブルジョアジーとも立場を異にするため、保守主義や自由主義と一線を画すばかりか、労働者による階級闘争に固執する社会主義にも親近感を覚えず、独自の精神構造を醸成することとなった。

3　第一次大戦へと向かう外交の失敗

「鉄血宰相」という冷徹なイメージの漂うビスマルクだが、外交には細心の注意を払っていた。普仏戦争で敗退したフランスに報復心を起こさせぬよう、フランスを国際的に孤立させるよう諸国との友好を保つバランス外交を心掛けていた。ドイツにとって最も恐れるのは、フランスとロシアの二大国から挟撃されることである。ビスマルクは普仏戦争の際に中立を保ってくれたロシアとの間に、独ロのいずれかが他国から攻撃を受けた際には中立を守ることを約した条約（再保険条約）を結んだ。

ナポレオン没落後のウィーン体制に基づく列強の勢力均衡システムから約七十年、ヨーロッパ列強がアジア・アフリカなど他の世界を分割統治する帝国主義時代へと入っていた。そこから第一次大戦までの約三十年間は列強が合従連衡を繰り返し、同盟国がクルクルと変わる複雑な外交の様相を呈した。そのなかでドイツでは若いヴィルヘルム二世が一八八八年に皇帝に即位、社会政策を巡って老ビスマルクと対立、九〇年、ビスマルクを失脚させた。新皇帝は当初こそ自由主義的な融和政策をとっていたが、次第に保守主義的な硬化した色彩を強めていき、外交面では「世界政策」を推し進めていく。中国で起きた宣教師殺害事件を口実とした青島占領（一八九七年）、膠州湾の九九カ年期限での租借（九八年）、米西戦争に敗れたスペインから太平洋のマリアナ・カロリン両諸島の買い取り（九九年）、アメリカとのサモア諸島分割（九九年）――など領土的野心を顕にし始める。

第一次大戦に至る経緯については、一八七〇年代以降に本格化したヨーロッパ列強による植民地獲得競争とも密接に結びついている。当時のヨーロッパ列強はイギリス、フランス、ドイツ、オーストリア、ロシアの五大国。ドイツはまずロシアとの再保険条約の更新を拒んだことで、ロシアはフランスとの接近を強めていく。イギリスはアフリカでフランスと対立、東アジアでロシアと対立していたから、ドイツはこの三国が結束するとは考えていなかった。ドイツの海外植民地はビスマルク時代にも存在はしていたが、「世界政策」に乗り出したドイツは中国や太平洋諸島の領有権問題を巡って、次第にイギリスの離反をも招く。「世界政策」に向けて艦隊法を成立（九八年）させ、海軍増強に向けて海軍大国イギリスに主力艦建造競争を挑んだことも同国の感情を逆なでした。

列強はアジア・アフリカにおける他国の権益拡大を牽制・阻止することに躍起となる一方で、植民地での抵抗運動など共通の利害に関する面では共同歩調をとり、さらにヨーロッパ域内での摩擦の調整を域外で図る方策を使い分けた。アフリカにおいて縦貫政策を採っていたイギリスと、横断政策を採っていたフランスがスーダンのファショダ村で遭遇したファショダ事件（九八年）は、双方の歩み寄りによって英仏両国の融和を生み、アフリカを事実上二分することにつながった。一方、ドイツはモロッコで優越的地位を確立したフランスを牽制し、モロッコに出兵したフランス軍に対して威嚇行動を採り、独仏関係の決裂を決定的にした（一九〇五年第一次モロッコ事件、一一年第二次モロッコ事件）。こうして英仏露の三国協商が成立する。

片や、オーストリアはオスマン帝国の勢力の後退したバルカン半島の領有権を巡ってロシアと長く対立していたが、中近東への野心もあったドイツはいったん排除したはずのオーストリアとは盟友関係を続けていた。そして一九一四年六月二八日、ボスニアの首都サラエボでオーストリアの皇太子、フランツ・フェルディナント夫妻がセルビアの民族主義青年に狙撃を受け落命。オーストリアがセルビア、ロシアとの戦争を決めたとき、オーストリアに泣きつかれたドイツは共闘にしぶしぶ合意するしかなかった。

第一次大戦についてはドイツは巻き込まれた形だが、完全に外交政策の失敗がもたらしたものだった。戦端が開かれるとヴィルヘルム二世の影は薄れ、パウル・フォン・ヒンデンブルク将軍やその麾下のエーリヒ・ルーデンドルフ大将といった軍部主導で物事が進んでいった。フランスとロシアを同時に敵に回したドイツは参謀総長のアルフレート・フォン・シュリーフェン元帥の立案した二正面作戦を敢行、まずは中立国ベルギーに侵攻したが、連合国側に持ちこたえられると戦争は膠着状態に陥った。

第一次大戦はヨーロッパの主要国を巻き込み、どこの国も国民全体と国民経済の奉仕を強いる未曾有の総力戦となった。長い塹壕を掘り、機関銃で応戦する防御側に対して、攻撃側は新しく開発・配備した戦車で乗り越えようとする。戦争は一八年末まで四年も続き、戦死者は一千万人ほどにも上った。

ドイツにとっては何よりも、イギリスによる海上封鎖が痛手だった。これを打開しようとUボート(潜水艦)作戦に出たが、アメリカ人乗客を多く乗せたイギリス客船を撃沈するなど無差別攻撃に出るに及んで、中立を決め込んでいたアメリカの参戦を招き、これが帰趨を決した。ドイツとしてみれば、一九一七年にロシア革命が起き、同国が戦線離脱した好機を生かせなかった。

ドイツ国内ではすでに、議会制民主主義に基づく国政改革の道が模索されていた。そこにキール軍港で不当な出撃命令に反発する水兵たちが暴動を起こし、革命の波はドイツ全土に広がった。ヴィルヘルム二世はオランダへ逃亡、国会議事堂に集まった群衆を前に社会民主党のフィリップ・シャイデマンが「共和国万歳!」を叫んだ。ここに「即興の民主主義」と言われるワイマール共和国の誕生となった。

表2-b　ワイマール共和国の社会政策

政策の種類	内　容	実　態
失業保険	使用者と被雇用者が掛け金を折半し、国家が補助金 ⇒給付能力を保障	地方自治体の負担増大 ⇒世界恐慌後は実質的給付の削減
公的扶助	戦争犠牲者の援護 ⇒困窮者への扶助	厳密な適用により極めて少ない扶助
財政改革	国に租税権力を集中 （国家支出／国民所得：戦前 14.5% ⇒25-29 年 25.8%）	・社会保障負担の増大（租税負担率：13 年 9％⇒25 年 17%） ・行政コスト・社会保障の増大 ⇒市町村財政の破綻
公衆衛生	・健康保険の拡充⇒医療扶助 ⇒医師・病院の増加 ・公共住宅の建設と公衆衛生の進歩	優生学の発展（遺伝病患者の断種）
社会教育	青少年の矯正教育の拡大	選別・排除のパラダイム

（出典：D. ポイカート，1997,『ワイマル共和国』：117-121の記述より作成）

4　ワイマール共和国崩壊は福祉国家の行き詰まりが原因

ワイマール共和国憲法は社会権のなかでも生存権、つまり人間が人間に値する生活の保障を求める権利を初めて明文化した。ビスマルク時代に社会保険立法という形から発展した社会政策は、ワイマール共和国時代には国家の基本理念となり、共和国は「社会国家」と位置づけられている。その社会保障のプログラムは「百貨店の雑多な商品カタログ」（D・ポイカート）と呼ばれるように、いわば気前のよいものだったが、現実には高い目標水準を常に下回る結果となった（表2－b）。その約束と期待が大きかった分、国民の失望も大きかった。

ワイマール共和国は第二帝政期の社会政策を引き継いで保険制度に力点を置き、カバーできない部分を財政支出によって補う方式を採っていたが、保険制度に収まり切れずに財政支出が膨大に膨らんだことが共和国崩壊につながった。加藤栄一が『ワイマル体制の経済構造』で紹介したドイツの福祉費内訳の推移を見ると、第一次大戦直前と比べて経済的扶助（＝生活保護費）と失業者扶助が急増しているのが分かる（表2－c）。

表2−c　福祉費の内訳（単位：百万マルク、カッコ内は%）

	1913年度	1925〜26年度平均
経済的扶助	296（42.8）	1,384（45.4）
児童福祉・保健衛生	392（56.7）	786（25.8）
失業者扶助	3　（0.4）	877（28.8）
計	691（100.0）	3,047（100.0）

（出典：加藤栄一, 1973,『ワイマル体制の経済構造』：389）

　共和国解体の端緒はまさに失業保険制度の行き詰まりから始まった。ドイツの当時の制度設計では百万人程度の失業者を想定していたが、一九二八－二九年には失業者数は三百万人に迫っていた。二九年一〇月に始まった大恐慌によって失業者数は六百万人に膨れ上がったが、それより前の二八年には明確な景気後退の様相が現れていたからだ。

　失業者への扶助は当初、ワイマール憲法の生存権理念に従って国と州、市町村が支出する完全な財政支出の形をとっていたが、グスタフ・シュトレーゼマン内閣の二三年にその五分の四を労使双方から同額拠出させる保険制度に転換し、その後は労使の完全折半拠出となったが、増大の一途を辿る失業者数には対応し切れなかった。最後は失業保険の掛け金を増額するか、給付金を引き下げるか、という瑣末な論議から共和国最後のワイマール大連合であるヘルマン・ミュラー内閣が総辞職する羽目となった（一九三〇年）。

　もともと共和国の中央労働共同体協約における労使関係は国家の直接的な介入を排し、双方が労使協約において自主的に決定する「社会的自由の理念」に立脚していたが、次第に協約の不成立・不履行が増加するなかでストライキやロックアウトといった労働争議が一九二一－二三年のうちに急増（二一年で四七八五件、関係労働者数二五七万人）するに至った。労使の調整機能として存在した調停委員会の裁定は拘束力を持つものではなかったが、二三年の調停制度令はこの裁定に国家として拘束力を持たせる方向へと修正した。

労働者の権利を尊重した中央労働共同体協約のもとでは、当初は労使交渉の争点は八時間労働日制を巡ってであった。ドイツ資本主義の競争力の欠如から経営者側はこれを資本蓄積の制約と捉え、事実上一〇時間労働制などへと、なし崩し的に緩和されていったが、その後の景気後退による失業者の増大によって焦点は雇用安定と付随する賃金問題へと移っていった。共和国時代を通じて賃金上昇が生産性の上昇を上回っており（賃金の下方硬直性）、これがドイツ企業の競争力を弱める結果となったとして、ワイマール経済の破綻を共和国が所得再分配政策を優先した点に求める説も強い（ボルヒャルト・テーゼ）。

経営者側の反乱は二八年末の「ルール鉄鋼闘争」で頂点に達した。ルール地方の賃金争議における調停官裁定と労働大臣による拘束力宣言に対し、経営者側はこれを無視し約二二万人の労働者のロックアウトをもって対抗したのである。これによって国家の権威は失墜したものの、その後、国家の方が資本家側にすり寄り、資本蓄積による競争力向上へと舵を切ったことを前述の加藤は述べている。

そして、加藤は「体制維持にとってはより強くより直接的な国家の介入がますます要請され」、「不況が深化すればたちまち翻って賃金抑制の方に向うのは不可避であり」、「ここからナチス労働秩序への距離は指呼の間にすぎない」と結論づけている(1)。

5　ナチ政権の社会政策の巧妙さ

一九三〇年にワイマール大連合内閣が倒れたあと、憲法に定める大統領非常大権（第四八条）を背景に、パウル・フォン・ヒンデンブルク大統領のもと首相はブリューニング、パーペン、シュライヒャーと目まぐるしく変わったが、ここですでに民主主義、議会主義、自由主義をなし崩しにして保守勢力（国防軍、官僚、経済界、大農場所有者）に都合のよい権威主義的な国家を樹立しようという動きが現れている。この大統領内閣に対して、もはや議会勢力に抵抗する力は残っていなかった。国会の開催日数は三〇年の九四日から三二年には一三日に、法案の議決は九八件から五件に減少、逆に大統領緊急令として公布された法律は一五件から六六件に跳ね上がっている。

ヒトラーが首相就任の要請を受けたのはその流れに沿ったものであり——ヒンデンブルクは最後まで渋っていたものの——、ヒトラーが政権の座についたのはクーデターによるものでも、議会で多数派を占めたことによるものでもない。しかしそれでも、ナチの権力基盤は突撃隊（ＳＡ）に代表される私的軍備組織と、大衆の支持による議会勢力の伸長にあった。一九二〇年代ぎりぎりまでナチは一介の右翼主義政党に過ぎなかったが、ドイツの賠償軽減と連合軍のラインラントからの撤退を盛り込んだヤング案に原理主義的な反対を唱える示威行動を展開する（一九二九年）ことで、その存在を国民に示した（最終的にその反対請願は国民投票で否決され、ドイツはヤング案を受諾した）。

一方、国会選挙では一九三〇年九月にナチは二八年の一二議席から一〇七議席へと躍進し、一躍第二党となり、三二年七月には二三〇議席を占め、第一党となっている。投票率の上昇により浮動票がナチに流れたこともあり、得票数も八〇万票から六四〇万票、一三八〇万票とうなぎ登りだ（その直後の国会解散に伴う三二年一一月の国会選挙では一九六議席、一一七〇万票と、やや陰りをみせている）。結局、一連の選挙を通じて自由主義陣営の人民党や民主党（その後身の国家党）は壊滅的打撃を被る一方で、議席を伸ばしたのがナチと並んで共産党だったことは、左右両極の暴力的示威行動によってまともな国会運営など望むべくもなくなったことを示している。

表２-d　ナチの各階層に向けた主な施策

1933年5月２日	ドイツ労働総同盟（社会民主党系）の強制解散
5月10日	ドイツ労働戦線（DAF）設立
5月12日	小売業保護法制定
9月29日	世襲農場法制定
11月27日	「歓喜力行団」設立
1934年1月20日	国民労働秩序法制定
6月15日	職人の地域的ギルドへの加入義務
1935年1月18日	手工業の経営者になるための親方資格の必須化

ヒトラー政権に先立つ三つの大統領内閣は深刻化する経済不況にそれぞれ対応しようとしたが、ナチも含め対立する政治勢力からの突き上げに耐え切れず、いずれも短命に終わっている。従って、政権を握ったナチが最大限気を配ったのが、大衆の動員のためにすべての階層を抱き込むことであった。

D・シェーンボウムは『ヒットラーの社会革命――一九三三～三九年のナチ・ドイツにおける階級とステイタス』において、ナチ政権は「農民のためには固定価格制度を、失業者には職を、中小企業には大企業との競争からの解放を、青年向けには才能ある者に出世の道を」[2]と個別のあまねく利益集団に対してアピールしたと結論づける。

これはナチのすべての政策が戦時体制への移行へと収斂していくものであり、その総動員体制のためには作為的にも大衆の心をつなぎ止めておく必要があった。ヒトラー自身も「例によって、そのときどきの聴衆に合わせて、すべての者を喜ばせ、誰をも傷つけず、できるかぎり広く一般化したことしか言わなかった」[3]として、シェーンボウムはその事例を幾つか挙げている。実際にナチは政権獲得後、短期間に各階層に向けた経済的救済策を次々と打ち出している。一方ではその力を弱めるべく真逆の政策も打ち出しており、それはすべての階層が国家に従属するものであるという姿勢を鮮明にし、全面的な経済統制を目指すものであった（表2－d）。

その意味で農民と労働者はナチの支持層のコアではないものの、最もつなぎ止めておかなければならない階層であった。戦時経済は自給経済を基本とするから、食糧自給率を高め、軍備のために資源を集中させなければならず、農業と工業の両部門における生産性向上が欠かせない。

しかし、このような社会経済的要請とは別に、そもそも農業は自然を賛美するドイツ・ロマン主義の象徴的な存在であった。「ゲルマン魂」としての「血と土」を信奉するナチにとっては、農民とはドイツ人の食糧確保のために将来的に描いた東欧への植民政策の担い手でもあった。そのために、農民のためには補助金による高価格の維持によって、農業生産者の確保に努めた。減税や低利の融資、利子補給によっても農業経営の安定を促した。世襲農場制も農業生産者の確保に寄与したが、それは一方で農民は農地を売却することもできなくなることを意味し、土地に縛りつけられる結果ともなった。

結果的に農業所得は増えたものの、それでも二〇世紀の工業化社会においてはその恩恵は少なく、農業生産者は次第にジリ貧に追い込まれていく。政府の手厚い保護はあっても生産効率化のための機械化や化学肥料への転換などの投資を迫られ、全体として負債が生産額を上回るまでになったとシェーンボウムは記述する。また、旧勢力であるユンカー（東部ドイツの地主貴族）への優遇も手伝って、農場労働者の都市への流出が止まらなくなった。

戦時経済へ向けての労働力の動員はさらに重要で、ワイマール共和国の崩壊が失業者の急増に社会保障制度が応え切れなくなったところに直接の引き金があったこともあり、ナチは完全雇用の実現に全力を傾けた。

表2-e ワイマール末期からナチ体制に至る経済指標

	失業率（%）	工業生産指数（1928年＝100）	消費財指数（1928年＝100）
1928年	6.3	100	100
1929年	8.5	100	97
1930年	14.0	87	91
1931年	21.9	70	82
1932年	29.9	58	74
1933年	25.9	66	80
1934年	13.5	83	93
1935年	10.3	96	91
1936年	7.4	107	98
1937年	4.1	117	103
1938年	1.9	125	108
1939年	0.5	132	108
1940年	0.2	128	102

（出典: 成瀬治ほか, 1990,『ドイツ現代史』: 203, 256の表を合体して作成）

ナチ体制下の経済は軍拡による軍需産業の拡大が大きく寄与したとはいえ、工業生産指数（一九二八年＝一〇〇）は一九三二年時点で五八にまで落ち込んでいたのが四三年には一四九まで伸長し、一九四〇年時点でほぼ完全雇用も実現するに至った（表2－e）。ワイマール時代のハイパー・インフレーションの脅威から、生活資材の価格も強制的に低く抑えられた。ナチは表面上は、少なくともモノ不足と失業から人びとを救ったことになったとは言えるだろう。

しかし、ナチは総動員体制の確立のために「労働戦線をヒットラー自身の直属の組織とする」ことを目的とした。一九三三年に社会民主党系のドイツ労働総同盟を強制解散させたあと、ドイツ労働戦線（DAF）を組織。翌三四年には企業主の職員・労働者に対する優位を確立する国民労働秩序法を制定した。それは、「労働運動の誕生以後、労働組合が築いてきた制度的装置をすべてご破算にしてしまった(4)」。

ナチは労働組合の解体によって実質賃金を抑え、その結果としての景気回復が雇用の増大をもたらした。ただ、国民所得に占める賃金の割合は低下するとともに、企業利益の割合は増大した。つまり、労働者全体の収入は好況を反映して伸びているものの、雇用主との格差は拡大していることになる。

さらに、シェーンボウムの言葉では「労働のエトス」が重視され、熟練労働者の育成のために「全国職業競争試験」を実施したり、工場の作業環境の改善を表彰する「模範経営」を指定したりと、生産効率の改善への努力を推し進めた。一方では、労働者の余暇を組織した「歓喜力行団」(Kraft durch Freude)に代表されるように、企業単位で政府の補助を受けて演劇・音楽会からスポーツ大会、さらには海外旅行まで企画され、まさに「アメとムチの政策」が展開された。

ただ、だからと言ってナチが労働者の福祉を優先していたということではなく、完全雇用の実現も当然、軍需産業を中心とした労働力の需要としての政策であった。雇用が安定すれば社会保障への支出は抑えられ、労働者の不満も抑えることができる。ナチにとって重要なのは人口の過半を占める労働者が進んで戦地に赴くことであり、彼らを政権の支持者に抱き込むことであった。

序章で述べたように、基本的に社会主義を信奉する労働者がナチを支持するのは、他の階層より最も遅れてであった。「労働者は党内で比較的少なかったとはいえ、それでも一九三三年までに入党していた労働者は七五万人もいた(5)」という。

ナチ躍進の最初の引き金となった支持を与えたホワイトカラー層は、国民労働秩序法がブルーカラー層との区別を認めなかったことで、むしろ挫折を味わうことになった。時代はすでにホワイトカラーの仕事は増加する運命にあったものの、戦時経済を志向するナチにとって大事なのはブルーカラーの仕事であり、あぶれた中高年の雇用確保にはブルーカラーの仕事を充て、完全雇用に資することとした。従って、一介の右翼政党だったナチが躍進するための支持を与えたホワイトカラー層=新中間層は、ナチ政権においてはむしろ政権発足時から、すでにほとんどの政党・政策から恩恵を受けなかった階層であり、ワイマール時代の挫折に続いてさらに没落の憂き目にあった存在と言える。表面上は、引き上げられたブルーカラー層=労働者層と変わらない自分を見出したことだろう。

手工業者や小売業者などの旧中間層は、新興の巨大資本の攻勢を受けて最初にナチに帰依した階層だが、農民や労働者と同様にナチ政権の恩恵は受けたものの、最終的には幻滅を味わわなければならなかった。当時のドイツ社会では、百貨店はユダヤ資本を象徴する存在だったようで、ナチ政権下の小売業保護法では百貨店の新・増設や大売り出し、景品を禁止するなどして大規模小売業を規制することで中小小売商を保護するかにみえた。手工業では従来は随意だった親方資格が義務試験とされて、国家の管理下に置かれることになった。これは既得権を持つ親方たちの地位は保証されるものの、その後次第に狭き登竜門となっていった。

つまり、手工業者ばかりでなく、小売業者も強制的に、あるいは自然淘汰によって潰されていった。戦時経済の確立には資源と生産の集中が欠かせないから、カルテル結成など大資本擁護の政策へと変わっていった。市場の確保のために、一転して百貨店の存続への政策も次々と打ち出されている。

以上みたように、ワイマール共和国の崩壊はビスマルク時代以降の福祉国家の挫折であり、ナチはその破綻した福祉政策を再建した存在として現れた。この観点からは、ワイマール共和国とナチズムには歴史的連続性があると言える。しかし、その裏にはナチ党が全面戦争とホロコーストへと向かう壮大な計画が隠されていた。ただ、戦時体制への移行のため農民や労働者も含め各階層を喜ばせる政策を打ち出したものの、軍備増強に偏った経済政策は長続きするわけはなく、ナチ党の欺瞞に気づいたときにはどの階層も経済的困窮を免れなくなっていた。

ワイマール共和国はドイツの歴史において初めて自由に満ちた時代であり、それが裏切られたときにナチズムにむしろ自由を感じる倒錯的な心情を生み出した。さまざまな勢力が乱立して迷走を重ねたワイマール共和国と、一党独裁のもとで国民全体が戦争へと突き進んでいったナチ政権とではその方向性は異なるが、国家と自由の関係からみると同じ構造にある。これを、ワイマール精神の神髄とともに、自由の問題を論じたJ・S・ミルとJ・J・ルソーの思想から次にみていこう。

6 「国家による自由」がもたらしたもの

自由の概念はロック以降のヨーロッパにおいて理論的な構築が進み、ブルジョア社会の進展とともにフランス革命に至って現実的な発展もみせた。これが結実したのが、前述の通り当代随一の民主憲法であったワイマール憲法をひっさげて歴史の表舞台に登場した共和国だった。歴史学者のE・コルプはワイマール憲法にドイツにおける長年の議会主義化へのねばり強い努力——三月革命（一八四八年）以降も君主制への根強い執着があったとしても——をみてとる。

ワイマール憲法の特質は「第二部　ドイツ人の基本権と基本的義務」に如実に表れている。国家が個人の自由を保障するとともに、生きるうえでの労働の権利とそれによる全体への福祉への義務を求め、それが満たされない場合には国家が生活費を保障するというものである。すべての人間が自由であるためには、福祉国家でなければならない。ここには、社会権＝生存権を認めたことは言うまでもなく、それ以上に歴史上の二つの重要なポイントがある。それは、①公共への奉仕と引き換えに、個人の自由権を国家がすべからく保障するべきものとなった②労働は権利（労働権）であるとともに、国民としての義務となった――という二点である。国民と国家の間に新しい関係が生まれたのである。

絶対君主などへの抵抗から生まれた自由の要求は、個人の生命、自由、財産は国家権力といえども侵すことはできないという「国家からの自由」が基盤となっている。次に主権は国民にあるとして、自ら統治に参加するという民主主義理念に基づく「国家への自由」を標榜する。この二つの自由はI・バーリンが規定した「消極的自由」（～からの自由）と「積極的自由」（～への自由）に相応する。つまり、「消極的自由」は他者から強制的に干渉されない状態であり、「積極的自由」は自己の意志を実現する能力を表している。

しかし、他者から自由になり、自らの意志に従って生きられるようになったことで、教育や職業による新しい貧富の格差が一九世紀から現れるようになり、社会的弱者を救済する必要に迫られることとなった。しかし、それは一九世紀に大きな潮流となった帝国主義的な国民的運動と労働者階級の成長による社会主義運動から、一つには国家間の戦争が顕在化した時代に徴兵など国民の義務を、一つには大多数の労働者階級を資本主義システムに組み込むために、広範な社会政策とそれとは逆の公共に資するための私有財産の制限を課することにもつながった。

この事態については、国家の保障を通じて個人の平等な自由が実現されるという「国家による自由」

図２-a　国家と自由との関係

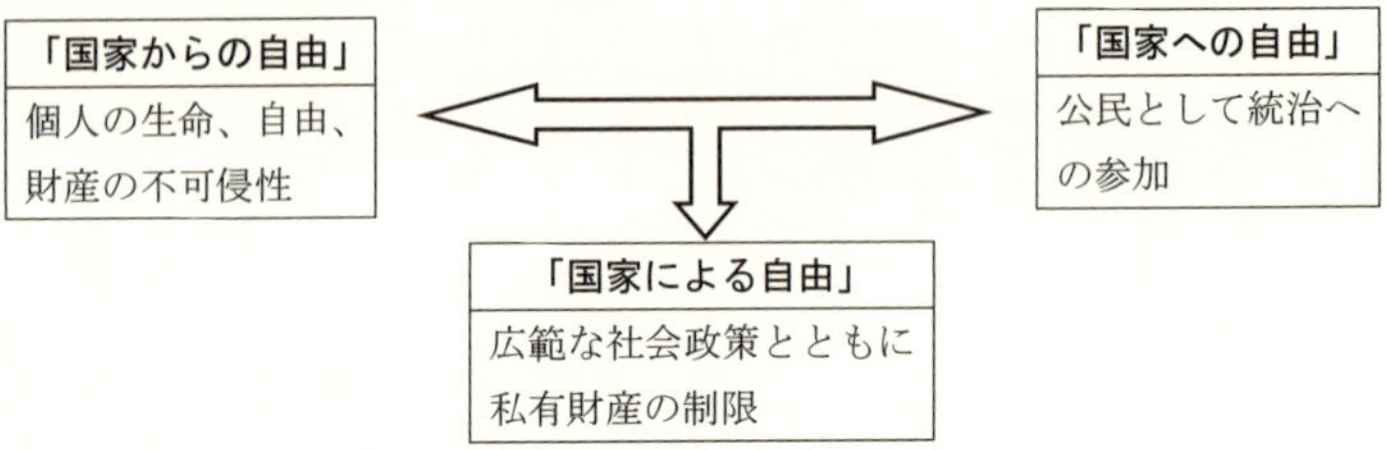

と言うことができる。国家の介入や干渉を排除して勝ち得たはずの自由権が、ここにきてその抑制とともに国家の管理下に置かれることとなったのである。

つまり、「国家からの自由」から出発した近代政治思想は、次第に国家を母体とした共同体を志向するようになり、個人の自由を（その制限とともに）国家が保障する時代が到来した。以上の点を図式化すると、図２－ａのようになる。

「国家による自由」は国民国家の発展と密接に絡み合っている。「国家からの自由」を求めた時代には一般住民は小さな共同体のなかで高い独立性を保っており、対立的な存在として上位の絶対君主などへの抵抗を示していた。その後、「国家への自由」の実現によって被支配者であった国民が同時に支配者となる構造を生み出したわけだが、その国民国家は再び独立性を持った存在として国民と対峙することとなったのが「国家による自由」である。

明確に線引きされた領土のなかで、同一の文化を有する同質の国民を基盤とした国民国家では、国民は旧来の共同体の紐帯を失い、それぞれが国家と直接結びつく――あたかもプロテスタンティズムにおいて個々人が神と直接結びつくかのように――こととなった。ワイマール共和国においては、もはや一九世紀までのドイツ伝統の領邦国家の存在は認められず、ドイツは中央集権的な連邦国家への道を選んだ。こうして国民の自由権は国家によって一元的に保障されることとなった。

もう一つは、経済的自由の実現のもとで「いかなるドイツ人にも、経済上の労働を通じて、自らの生活費を得る可能性を与えなければならない」（ワイマール憲法第一六三条）とあるように、宗教改革以来根強くなった「労働は神聖なもの」という思想が国家によって定義されることとなった。

今や資本主義国でも社会主義国でも憲法に明記されている「労働の義務」によって、産業の高度化に伴って仕事が専門分化することでその優劣に国民が敏感にとらわれるようになる。失業などに対して生活費が付与されるとはいえ、仕事が生命線であるホワイトカラー層はより良き仕事を求めて血道をあげる構造が常態化していく。ここに至って労働も国家が管理するものとなり、どの産業を重点分野とするかなど国家が労働を通じて国民との関係を深めていく。

7　個性の発展から社会構成原理へ

市民社会における自由を論じたJ・S・ミルとJ・J・ルソーとでは、ミルがベンサムの功利主義を受け継ぐ形で「個性の自由な発展」を志向するのに対し、ルソーは社会構成の原理として「共同の自我」を強調するところに違いがある（ルソーのほうが時代的に古いが、イギリス型と大陸型の違いと言える）。両者の自由論を検証すれば、近代社会におけるその矛盾と破綻の道を辿ることができる。

ミルの自由概念は現代世界における自由主義思想そのものであり、今では自明の理として捉えられている。ミルの思想はホッブス以来、連綿と受け継がれたイギリスの近代思想を集大成したものと言える。

それは個人の自由を不可侵のものとして確立するとともに、現代世界においてその限界を露呈することとなった。

ミルは『自由論』において、一九世紀に権利を拡大してきた市民的自由について、歴史としての「自由と権威との闘争」として捉えている。それは「支配者が社会の上に行使することを許された権力に対して制限を設ける」ことであり、それが憲法の制定による支配者権力の抑制や選挙によって自ら支配者を選ぶ要求につながった。

ミルは統治者に権力を委託し、国民に対する責務を果たせないなら国民の手で解任されることもあり得る、とロック以来の社会契約説を掲げる。そこには「統治者の利益と意志とが、国民の利益と意志でなければならぬ」という前提がある。しかし、イギリスやフランスの市民革命が政治的な圧制や思想的な強制に転じたように、「権力を行使する『人民』は、必ずしも、権力を行使される人民とは同じものではない」矛盾が厳然として残る(6)。

そうした自由概念は、ワイマール共和国においては初めて体験した完全な形態としての議会制民主主義の是非を巡る論議となって噴出した。議会制の原理は自由の制約につながる部分を有している。一つには「間接的意志形成の原理」で、国民によって選ばれた議会がどこまで国民の意志を反映しているかという問題。もう一つは「多数決原理」であり、自由の理念の完全な適用には全員一致制が求められる点だ。共和国の擁護者である法学者のH・ケルゼンは「議会制のための闘争は、政治的自由のための闘争であった(7)」と自由の理念を強調し、その制度の持つ妥協と調和の論理は少なくとも多数者と少数者が折り合う道を保証するという、今にも通ずる論理を展開した。

この議会制民主主義の欠陥を突くように、ケルゼンの論敵であるC・シュミットは「公開性と討論と

カール・シュミット

ハンス・ケルゼン

が議会運営の事実上の現実において空虚で、取るに足らぬ形式と化してしまっているとすれば一九世紀において発達した議会もまた、その従来の基礎とその意味を失ってしまっているのである」[8]と議会制を断罪した。議会があたかも経済における市場のごとく機能し、予定調和のもとに正しい国家意志が生ずるという自由主義的な合理主義は、形而上学的な欺瞞であるというわけである。

実際にワイマール時代は政党が分立し、皆が自己の利益を追求した結果、議院内閣制は収拾がつかずに退陣、組閣を繰り返した。それを見越すように、ワイマール憲法は第四八条で首相任免権から国会解散権、さらには兵力の使用や基本権の停止までを定めた大統領大権を認め、この大統領権限に基づく緊急令に最後の決断を委ねるという事態を招き、議会政治は破綻をきたすこととなった。これを最大限に利用したのが、ヒンデンブルクの病没を受けて大統領(首相を兼務する総統)に就任したヒトラーだった。大統領は帝国における皇帝のようでもあり、憲法制定時にこの条項についてはさして論議を呼ばなかったことからしても、共和国は当初から議会制民主主義に完全な信頼を置いていなかったと言える。

これはフランス革命に影響を与えたルソーが『社会契約論』で示した、人民の共通理解として有する「一般意志」という抽象的な概念とも符合する。[9] ルソーは、自然状態から社会状態へと移行した人間は原始的に独立した自然的自由は失うが、所有権を中心とした市民的自由を獲得するとしている。

ルソーは「一般意志は、つねに正しく、つねに公けの利益を目ざす」としながら、そのあとすぐに「人民の決議が、つねに同一の正しさをもつ、ということにはならない」と牽制もしている。[10] 自らの利益を優先する個人の特殊意志は共通の利益を志向する市民としての一般意志と必ずしも一致しないから、「彼は、国家を構成する精神的人格を、それが一個の人間ではないという理由から、頭で考え出したものとみなし、臣民の義務をはたそうとはしないで、市民の権利を享受するであろう。このような不正が進めば、政治体の滅亡をまねくだろう[11]」とその後の市民社会の限界をも先取りしたような発言もしている。

市民が国家との間に契約を交わし、国家によって生命や財産の保全を約束され、市民社会における平等な権利を有するに至って、逆に市民としての義務を背負い、抽象に昇華された一般意志のもとではそれに逆らうすべを持たないから、国家そのものへの従属も強めることになる。

君主制のもとでの主権者たる君主は具体的なイメージでもって捉えられやすいが、市民社会では主権者たる国民自体がもはや抽象的な存在となっている。先鋭的な人民主権論とみなされるルソーが「統治者が市民に向って『お前の死ぬことが国家に役立つのだ』というとき、市民は死なねばならぬ。なぜなら、この条件によってのみ彼は今日まで安全に生きて来たのであり、また彼の生命はたんに自然の恵みだけではもはやなく、国家からの条件つきの贈物なのだから[12]」と言うとき、人間は祖国のためには無条件で戦わなければならなくなる。

8　ナチズムと自由の親和性

ワイマール共和国下の人びとは生命や財産、信教の不可侵という「国家からの自由」ばかりでなく、議会制民主主義を通した国民主権を貫徹した「国家への自由」に加え、社会政策を通じて人間らしい生活を国家が保障する「国家による自由」をも手にした。その意味で、同共和国はドイツの歴史を通じて初めて完全な自由を獲得した時代であった。しかし、啓蒙精神の育まれた一八世紀後半以降においても権威主義的政体が続いたため、自由の概念に慣れていなかったドイツ人は突然に自由を前にして混乱をきたすことになった。

国民の生活に直接に関係するのは経済的自由であり、自らの能力を元手に主体性をもって仕事に励むバーリンの言うところの「積極的自由」が人生の主題となった。しかし、すでにみたようにドイツが抱えた多額な賠償金やハイパー・インフレーションによって、経済的な没落を味わう中間層が続出した。その意味で、フロムが指摘した中間層の心理的特性、「強者への愛、弱者にたいする嫌悪、小心、敵意、金についても感情についてもけちくさいこと、そして本質的には禁欲主義」も、個人の自由に基本を置き、世俗の経済的目標に向けてあくなき追求をするという「積極的自由」におけるマイナスの側面と言える。ホワイトカラー層はその意思決定過程などにおいては個人の自由は限定的に抑えつけられており、彼らに認められた自由とは企業内での地位を巡っての自由競争であるに過ぎず、職場を離れてからもあくまでも気散じ程度の自由だけのことであった。

共和国は政治的にも政党同士の利害対立によって議会の紛糾が絶えなかったことから、保守勢力からもマルクス主義者からも批判の嵐を巻き起こした。シュミットの「今日、人間の運命に関わるような大きな政治的、経済的決定は、もはや（たとえ以前にはそういうことがあり得たとしても）公開の弁論と反対弁論における意見の均衡化の成果でも、議会における論戦の結果でもない」[13]との言葉に代表されるように、「自由主義は右からも左からも非難された、ワイマール共和国での憎まれ役であった」（K・ゾントハイマー）。

ナチズムも反自由主義の旗手とみられるが、この「積極的自由」という点では自由主義との親和性も認められる。この場合にもあくまで「開かれたエリート理論」を土台にして個人の社会的上昇を促している面に限定されるものの、アメリカのW・ストルーヴェは当時のドイツ社会にあっては新保守主義の選民主義者たちはナチを、何とリベラリズムとして批判していたとしている。

一九二九年以降の議会制度の解体と、ナチの台頭による破壊の期間、人材登用における民主化への要求――同じ主張が新保守主義の批評家からも出されていたが――はより重要で、自由主義に依存していた国家社会主義者の揺るぎない印として登場した可能性がある[14]。

ナチ体制は資本主義の企業社会に生きる人びとに、自由競争によるエリートへの道を用意していたと言えることについては前述した通りだが、前述のバーリンは「あるひとなり、ある国民なりが嘆いている自由の欠如が、結局は〔他のひとなり他の国民なりによる〕正当な承認〔認知〕の欠如に帰着する」[15]と述べている。自分が何者であるかを確認したいがために抱く社会の成員として地位と承認への欲求は、「自由――『消極的』な意味においても『積極的』な意味においても――と同一視することはなかなか容易ではない」[16]と批判している。

つまり、人間の主体性を重んじる「積極的自由」が現代の組織社会においては、社会における自らの不安定さを拭い去るべく、単に社会の承認を得ようという個人的な打算になり下がってしまうという結果を招いた。それが満たされない場合には国家が救いの手を差し伸べてくれるが、その見返りとして防衛から教育、労働に至る生活全般にわたって国家の要求に取り込まれることになるというわけだ。


一般にワイマール共和国においては近代理性を体現した形での最も民主的な憲法に支えられ、百花繚乱のワイマール文化を人びとは満喫していたのに対して、三三年以降はナチの政権獲得によってすべての自由が奪われ、国民はみなナチの強権に怯えて生活していたように思われがちである。

しかし、国民の生活を守る数々の社会政策は、既述の通り国民国家の形成された第二帝政時代からの遺産だった。第二帝政時代にはビスマルクの言にあるように、政府に忠実な国民に仕立て上げようとの消極的意味合いにとどまっていたが、ワイマール期には共和国の政策目標として掲げられた生存権の理念に従って国民全体が社会政策に期待するところとなった。折しも共和国経済は失業の急増など危機にさらされたことがその期待を大きくしたが、逆にその負担増が足かせになって共和国崩壊の引き金となった。

政権を獲得したナチはそうした国民の不満につけ込んで、各階層に向けたさまざまな救済策を施した。それは戦時経済に移行するための兵員と食糧、軍備の確保に主眼があり、戦時経済に最も縁遠いホワイトカラー層はほとんどナチの社会政策の恩恵を受けなかった。労働者や農民、中小経営者たちはナチの救済策によって政権への信頼を強めたものの、逆にナチの監督下に置かれて身動きがとれなくなり、第二次大戦の戦況の悪化とともにそうした恩恵も吹き飛んでしまった。

社会政策には共和国の理念のように国民の生存権を保障する人権の発展の部分とともに、国家が国民を束ねる一つの手段としての意味合いもある。それをナチのように別の国家目的のために利用することもでき、それに乗せられる国民の心情が存在する。

憲法による生存権を認められた現代人は、国家が個人の自由を保障する「国家による自由」を手に入れた。それはミルやルソーに代表されるように西欧社会が長い年月をかけて理論闘争を重ねてきた結果だが、当初はミルが掲げた「個性の尊重」も社会の統治という点では限界を露呈することとなった。そこで、ルソーの「一般意志」といった抽象概念が唱えられるにつれ、国家がその意志を代表するものとして国民を従属させることになる。

しかし、生活の保障と同時に経済的自由を手に入れた現代人は、自由競争によるエリートへの道を追求しなければならず、バーリンの唱えた「積極的自由」が歪んだ形での自己承認欲求を生み出すこととなる。それは社会的地位がすべてというホワイトカラー層に顕著に現れる。ただ、彼らは自分の歪んだ欲求を認めたくはないため、思想的にさまざまな装飾を施す。それに手を貸すのが時代精神としてのイデオロギーである。


ナチを生んだ二〇世紀前半のドイツをあまねく支配していたのは、どのようなイデオロギーだったのか。そしてナチは政権を奪取し、政策を推し進める過程で、その支配的イデオロギーをどう自らの論理に取り込んでいったのか。ナチ自身のイデオロギーが極端であるとしても、それを正当化する論理が近代西洋の育んできた思想の流れのなかにみて取ることができる。第1章第二節でT・イーグルソンのイデオロギー論でみたように、成功したイデオロギーはその時代の人びとの潜在的な欲求をうまく取り込み、誰も疑う余地のない論理として提示してくる。それは合理性の衣を纏い、至極当然で、普遍的なものとして現れ、皆がそれにふさわしい行動をとるよう要求する。

第二次大戦時に最も顕著となったホロコーストは、その根底に人種主義やナショナリズムが存在することは容易に導き出せる。しかし一方で、ドイツにも一八世紀の啓蒙時代以降の近代西洋思想の叡智である自由の概念や、弱者救済としての福祉国家への理念も具現化してきた時代であった。全く逆方向にみえるそうした排他性とヒューマニズムは、どうつながるというのか。人間が容易に陥ってしまう人種主義やナショナリズムに潜む深層心理とは何なのか、それが時代状況とどう一致したのか。実は、そこには、二つの概念の同根としての「国民国家」の理念があり、近代社会において個人が国家に絡め取られていく姿が存在していたのである。

第二節　「国民国家」の生んだ危ない時代精神

1　帝国解体と民族独立による国民国家の形成

ドイツ系ユダヤ人としてプラハに育ち、ナチのプラハ占領後にイギリスに渡り、ロンドン大学やケンブリッジ大学で教授を務めた哲学者・社会人類学者のE・ゲルナーは、民族とは想像の産物であり、作られたものと言い切る。民族は太古から存在し、民族闘争の歴史も長いものの、人類の交配の歴史のなかでそれぞれの民族の概念自体が怪しく、それにも関わらず近代は、その民族概念を明確に定義づけようとした。その根底には国民国家の確立という理念があるのだが、そもそも無理のある観念的思考であり、その破綻が生じたのがホロコーストであると論じている。つまり、近代特有の国民国家は、排除の構造を生み出すというのだ。

「国民国家」とは領域内の全住民を一つに統合した国家であり、今や当然の原理として受け入れているものの、その実態は極めて近代的な国家像である。国家がイデオロギーとして時代精神となり、そこからさまざまなイデオロギーが派生した。国民国家は近代理性の昇華物として自由主義、民主主義を体現したものとして捉えられているが、一方では偏狭なナショナリズムや人種主義も生み出している。ナショナリズムは自民族の神話を含めた歴史に目覚めさせるもので、思想的にも歴史観を取り込んだ哲学が生まれるようになった。そうした近代特有のイデオロギーは他民族への排外的な態度を強めるものであり、反ユダヤ主義もその例外ではない。この節では「ナショナリズム」「歴史主義」「人種主義」をキーワードに、国民国家と暴力の関係を論じる。

まずは一九世紀から二〇世紀初頭までのヨーロッパにおける国民国家の歴史的な形成過程をみてみよう。

一七八九年のフランス革命以来、一九世紀のヨーロッパは国民国家の形成に向けた運動が活発となり、これに伴って革命戦争と諸国間の戦争が頻発した時代であった。一九世紀のヨーロッパにおける民族意識の興隆は、巨大帝国の解体と小領邦国家の統合という逆方向への動きが同時に現れたことに大きな影響を受けている。一つにはハプスブルク帝国（オーストリア）やオスマン帝国（トルコ）の多民族国家内部の被支配民族の独立の動きであり、一つにはドイツやイタリアに象徴される英仏に比べて遅れた国民統合を希求する動きである。

フランス革命後のナポレオン戦争を経てでき上がったウィーン体制（一八一五年）は、君主政体の列強諸国が旧体制の国際秩序を掲げて平和を維持しようとしたものであった。しかし、民意はすでに近代化に向かっており、反動政治に逆戻りするフランスにおける七月革命（一八三〇年）や二月革命（一八四八年）に触発される形で、ヨーロッパ各国で民主化を求める革命戦争が相次いだ。いずれのケースも紆余曲折があり、国民統合の面ではイタリア統一がなされたのは一八六一年と他のヨーロッパ諸国に後れ、ドイツ統一に至っては第二帝国が成立した一八七一年まで待たなければならなかった。その間にイタリアは反革命の旗印を掲げるオーストリアとの度重なる戦争を通じて多くの血を流し、ドイツもオーストリアとフランスとの間に普墺戦争（一八六六年）、普仏戦争（一八七〇年）を経なければならなかった。

人種や言語、文化の同じ両国でも国家統一は至難の業であったことからすれば、民族がモザイク状に入り

ブランデンブルク門（ベルリン）から西へ臨む戦勝記念塔（ジーゲスゾイレ）。19世紀半ばデンマーク、オーストリア、フランスに対する戦争の勝利を記念して建てられた。高さ67メートルの塔の頂上に、金色の勝利の女神ヴィクトリアが立つ=筆者撮影

組んでいる他の中・東欧諸国の国家統一はさらに多くの困難があったことは歴史の推移からみてとれる。北のバルト海から南のアドリア海に至るまで民族独立に絡む紛争が絶えず、この時代に国家統一に向けた苦労を免れたのは早くに市民革命を経験した英仏のみであった。

一八四八年の「諸民族の春」は主にハプスブルク帝国の領内で盛んだったが、すぐに挫折し、同帝国は普墺戦争に敗北した末にハンガリーとの妥協により「オーストリア＝ハンガリー二重帝国」としてハンガリー人の自治を認めることとなった（一八六七年）。

弱体化したオスマン帝国からはまず一八二九年にギリシャが独立。オスマン帝国はその後、同じスラブ民族の保護という名目のもとに南下政策をとるロシアとの間にクリミア戦争（一八五三–五六年）に続いて露土戦争（一八七七–八年）を戦った。一八七八年のサン＝ステファノ条約によりルーマニア、セルビア、モンテネグロが独立、ブルガリアも自治公国として認められた。

一九一四年の第一次世界大戦の引き金になったのが、このバルカン半島であることはよく知られている（すでに一九一二、一三年と第一次、第二次のバルカン戦争が起こっている）。オーストリア＝ハンガリーが一九〇八年に旧オスマン帝国領だったボスニア＝ヘルツェゴビナを併合したが、この地域はセルビア人が多く居住していたため、隣国のセルビアが編入を望んでいた地であった。このため、セルビアに排外主義的ナショナリズムが盛り上がり、秘密結社が多く生まれていた。ボスニアの首都、サラエボに軍事演習で訪れたオーストリア＝ハンガリーの皇太子フランツ・フェルディナント夫妻がセルビアの民族主義グループの一青年の凶弾に斃れたのはこのためだ。この時代にはドイツがバルカン半島に経済的な進出を図っており、先行する英仏両国と対立したことでヨーロッパ全体を巻き込んだ大戦争に発展した。

第一次大戦の終結によってハンガリーがオーストリアと分離したほか、一世紀にわたって分断されて

第一次世界大戦後のヨーロッパ

いたポーランドや、チェコスロバキアの独立などさらに多くの独立国家を生み出した。それを支えるイデオロギーとして当時のアメリカ大統領、ウッドロー・ウィルソンの唱えた民族自決主義があった。

Ｅ・Ｈ・カーによれば、ヨーロッパは国民国家への統合が進んだことで国家の数は一八七一年には一四にまでいったん大きく減少したが、一九二四年には二六とほぼ倍増した。

国民国家の形成過程においては、その構成員たる国民を束ねる論理が勃興してくる。その一つがナショナリズムである。そこで、ナショナリズムと国民国家との関係について次項で明確にしよう。

2　国民国家からはじき出される少数民族

国民国家のキーワードは「領土」と「民族」である。国民国家は明確に線引きされた国境の内部において、同質な市民が合意を形成することを前提とする。しかし、それがファナティックなナショナリズムを生む土壌になっていることを指摘する論調が強まっている。

国民国家の必須条件としての「領土」概念を重んじるのは、『ナショナリズムの歴史と現在』を書いたポーランド系ユダヤ人でロンドン大学教授を務めたＥ・ホブズボーム。近代以前は一つの国家のなかに多くの民族が入り乱れて居住しているのは普通で、従って国境も厳密ではなかった。それが近代を迎えて政治的統一の理念が一般的になるに従って、「ネイション＝国家＝人民、特に主権者たる人民という等式は、ネイションを領土に結びつけることになった。なぜなら、国家の構造と定義は今や領土を抜きにしては考えられないからであった[17]」。

一定の領土に住むエスニックな共同体は同じ言語・宗教・習慣・歴史的記憶を有するべきだという理

念的な「ネイション」概念と、実際には国家の発展可能な単位として十分な領土が必要という「規模の原則」に従って統合される。しかし、「明らかにいくつかのナショナリティが同じ領域内で混じり合っていたので、純粋に空間的な意味で彼らを分離することなどまったく非現実的にみえた[18]」という実情は、現実の歴史は国民国家の領土概念の実現が極めて困難であることを物語っている。ネイションを十全に保持するはずの国民国家の成立によって、逆に消滅の憂き目にも遭う少数民族も出てくるという矛盾をはらむこととなる。

冒頭に挙げたゲルナーは「民族」に力点を置き、その著『民族とナショナリズム』において「民族とは何か」という本質的な問題について考察した。そこでは、「民族は、国家と同じように偶然の産物であって、普遍的に必然的なものではない[19]」としている。ゲルナーの考えによれば、同じ文化を共有している者同士が自然に集住したり、逆に意志の働きでもってある範疇を掲げて集団を境界づけたりするケースは、近代以前にもみられた。しかし、民族が普遍的な価値づけをなされ、民族に固有の属性を認めたのは近代においてであり、近代国家は政治的な単位と民族的な単位が一致する（「一つの民族、一つの国家」）ことを理想としている。

しかし、ヨーロッパばかりでなく、地球上には潜在的な民族が相互に複雑なパターンで混じり合いながら数多く住んでいるのが現実で、線引きした国家のなかに他の少数民族を抱え込んだり、国家の外部に自民族を残してしまったりするのが普通だ。たとえ帝国を分割したとしても、その新国家は規模が小さくなっただけで、その内部に同様に少数民族を抱え込むという構図には変わりない。あるいは、支配者層のほうが少数民族であったり、ユダヤ民族のように一民族が世界中に散らばってしまったりすることもある。

例えば、ハプスブルク帝国は二重帝国において支配層のドイツ系民族が被支配民族のハンガリー人に自治権を認めたところ、ハンガリー人はチェコ人に自治権を認めることには反対し、領土内に抱え込んでいるルーマニア人、スロバキア人に対して支配者として君臨するという複層的な支配構造を生むこととなった。

ドイツは海外への進出では英仏に遅れをとったため、海外植民地はアフリカ東部や南太平洋に一部あっただけで、本国と地続きのヨーロッパ大陸内での領土拡大方針が常に優先的な政策目標となっていた。一八世紀後半のロシア、オーストリアとのポーランド分割、対デンマーク戦争後にはデンマーク人の多いシュレースヴィヒ地方の自領土組み入れ、普仏戦争の勝利によりフランスのアルザス・ロレーヌ（ドイツ語でエルザス・ロートリンゲン）を自国領土としたことで、国内にポーランド人、デンマーク人に加えてフランス人までも少数民族として抱え込むことになった。特に、スラブ勢力の進出を懸念してポーランド人を東方へ追放し、土地を収用する政策はこの時代からみられ、それに伴う両国人の摩擦は第二次世界大戦の前触れとも言えるものだった。

ドイツ国内のユダヤ人はすでに同化が進んでいたが、ユダヤ教という異質の風習に加え、一九世紀末からロシア革命を経て第一次大戦後に至るまで、ポーランドなど東方からイディッシュ語を話す、外見的な特徴から一見してドイツ系民族と異なるユダヤ人が大量になだれ込んできていたことで、国民国家維持の阻害要因と考える風潮が高まっていった。

さらには、ドイツは長年の海外植民に伴って東方ヨーロッパに逆に多くのドイツ人を抱え、第一次大戦での敗戦による領土割譲（アルザス・ロレーヌやポーランド回廊など）と、ポーランドやチェコスロバキアの独立に伴い、東プロイセンをはじめとして海外に取り残された「被抑圧ドイツ人」はますます増えることになった。その意味で、ハプスブルク帝国崩壊後のオーストリアとズデーテン（チェコスロバキア）の併合（一九三八年）というナチの大ドイツ的解決は、国民国家の原則に極めて忠実に行動したものと言える。

ドイツ系ユダヤ人のH・アレントは、ナチの政権獲得とともに亡命を余儀なくされ、最終的にアメリカで活動を続けた。二〇世紀を代表する女性思想家であるアレントは、代表作の『全体主義の起原』において、ヨーロッパの歴史から解きほぐして国民国家の解体の問題を論じている。そこでは、第一次大戦後のヨーロッパ情勢において少数民族と無国籍者・亡命者を、諸民族間抗争の二つの大きな犠牲者グループと捉えている。一九世紀後半の中・東欧の民族闘争はバルカン半島やポーランドからの難民を多く生み出していたが、第一次大戦の終結に伴う諸国家の独立はこれに拍車をかけた。さらには民族自決を社会主義運動のスローガンにしていたボルシェビキは、一九一七年のロシア革命によってソビエト政府を樹立、数百万人に及ぶ亡命ロシア人の国籍を剝奪した。「『公認された』無国籍者百万人に対しいわゆる『事実上の無国籍者』が一千万人もいることが分かっている[20]」。

ヴェルサイユ条約が民族自決権を国際社会の基本原理と確認したとしても、「少数民族自身は自分たちも同様に国民的解放を志しながらも、独自の国民国家を作ることも自分たちの民族の仲間が多数を占め国家民族となっている地域に編入してもらうことも実際的・政治的理由から認められなかった[21]」。ある国家の少数民族はその民族が形成している国家への併合を求めるが、現に属している国家はそれを認めようとはしない。それが他の国家からはじき出された無国籍者となれば、同じ民族であっても大量に受け入れることに慎重になる国家が普通である。

結局、国民国家のもとでは「一国の市民たることと民族的帰属とは不可分であること、同じ民族的起源を持つ者のみが法律の保護を真に保証されていること、他民族のグループは完全に同化され民族的起源が忘れられるようにならないうちは例外法規によって保護されるしかない[22]」ということになる。「抑圧された少数者」は減るどころかますます増えることになり、国家がある民族的な同質性を保つためには、国家内の他民族を同化させるか、追放するか、最も恐ろしいケースではすべて殺してしまうしかないという民族自決主義の逆説を生むことになる。

第一次大戦の教訓が国際連盟を発足させ、民族自決権のもとに多くの国民国家を生み、それが前節で述べたような民主的な福祉国家を志向したとなると、二〇世紀前半の歴史は現代の多元的世界の先駆けとなったように考えられる。しかし、その後の第二次大戦と現在まで続く民族紛争の噴出をみると、フランス革命以来の国民国家への志向自体に問題が潜んでいると言わざるを得ない。

3　教育と文化が同質性を強要する

国民国家が国民の同質性を前提としているとすると、それは教育と文化という社会的側面の均一化に結びつく。ナショナリズムを産業社会との関係で捉えるゲルナーの論から、その功罪を考える。

ゲルナーによれば「人類の歴史における農耕社会の段階は、国家の存在自体がいわば選択肢であるような時期であった。さらに国家の形態は著しく多様であった」のに対し、「ポスト農耕社会、つまり産業社会では……国家の不在ではなく存在が避けられないものとなった[23]」。前近代社会においては教育についてては国家より下位に位置する共同体もそれぞれに担っていたが、「いまや（国家による）正当な教育の独占は、正当な暴力の独占よりも重要で集権的となる[24]」。

産業社会の特徴は、利潤の最大化という明確な目的の実現のために、分業のもとでの専門化が進み、それぞれがコミュニケーションによって物事を推し進める一つのシステムとして成立しているという点にある。「労働は通例、もはや物事ではなく意味を操作することになる。労働は、概して他者とのコミュニケーションの交換、あるいは機械の巧みな操縦を伴うことになる」[25]。そこに求められるのは、一律的な教育制度と文化の同質性である。

産業社会には多くの専門分野が存在するにも関わらず、国民に共通の標準化された基礎的な訓練が重視され、就業したあとに再訓練されるのが一般的だ。

近代社会は、新人全員に対してかなり周到な長期間の訓練を施し、一定の共有された資質、すなわち、読み書き、計算能力、基礎的な労働習慣、社会的な技能、基礎的な技術的、社会的技能の熟知といった資質を強く求める。人口の大多数の人々にとって、労働生活に付随する特殊技能は、仕事を通じて、またはあまり長引かない補助的訓練の一部として、基礎的な訓練の上に追加されるのである。[26]

国民に平等な教育は産業社会における仕事・出世本位現象を生み出し、「個人の雇用能力、尊厳、安寧、自尊心といった事柄は、大多数の人々にとって彼らの教育次第となる」[27]。ゲルナーも指摘するように、初期の産業社会では急速な都市化のなかで共有文化に新しく参入した周辺の住民は政治的にも経済的にも不利益を被らざるを得なかったが、後期の産業社会においては次第に文化的な差異は減少し、ほとんどの人間が同じ土俵で勝負できるようになった。

教育と文化の同質性のためには国家内に数多く存在する言語の一元化が必須であり、ゲルナーが重視したのは、一九世紀のイタリアやドイツにおいては「高文化」への希求がそれを維持する政治制度を生み出したことである。「イタリア語とドイツ語とはどちらも、書くための文字をもった言語であり、正しい形式に関する有効で統一的な標準化を伴い、またおびただしい文学作品、慣用的な語彙や語法、教育制度や学術団体を伴っていた」。その「高文化」が広く普及するためには、国民全体に読み書き能力を行き渡らせる標準化された教育システムの確立が不可欠であり、「一つの文化を覆う政治的屋根」が求められることになる。[28] 一方で、「紙と印刷とが安価で、読み書き能力が広まり、コミュニケーションが容易になった時代には、無数のイデオロギーが生み出され、われわれの指示を得ようと互いに競争する[29]」事態も生じる。

ゲルナーの言を借りれば、ほどよい大きさの国家が教育システムを含め中央集権体制を敷き、道徳的熱意や社会的同一化を市民に吹き込むことで、正統な文化を独占する状態が模索されることになる。それは、「文化的多様性を説き、また擁護すると言うが、実際には、政治単位内部で、そして程度は低いが、政治単位間でも同質性を強要する[30]」という矛盾をはらむ。つまり、自国の文化の独自性を他国には主張するのに対して、自国内ではおしなべて同質の文化を共有していなければならないという論理である。

4　ナショナリズムは神話に回帰する

「民族を生み出すのはナショナリズム」と、ゲルナーは逆説的に言う。ナショナリズムは民族と密接に結びついた国民国家の源泉としてある。ゲルナーは「ナショナリズムがきわめて特殊な種類の愛国主義であり、実際のところ近代世界でしか優勢とならない特定の社会条件の下でのみ普及し支配的となる愛国主義[31]」と、愛国主義とナショナリズムを峻別する。

人間はどこで生まれたかによって属する国家が決まるのが基本であるから、その国が他の国より好ましく思えるのは当然であり、愛国心の芽生えるのも自然である。一方で、国民国家は国民の同意を前提とし、その統治のために巨大な行政機構を整備しなければならないため、国家ならびに統治システムに対する市民の忠誠と一体化をどう確保するかが重要になる。そのために、選挙権の拡大など国家への参画意識を高める一方で、民族の記憶に訴えかけ、偉人や場所、出来事を象徴として探し求め、それを共有するナショナリズムにまで仕立て上げる必要が出てくるのだ。ただ、それが人為的なものと思われてはならず、歴史的に生成された自然の流れであることを信じ込ませるところに苦心の跡がみてとれる。

ナショナリズムを掲げる論理に共通するのは、自らの生きる近代を論じるのに、その根拠を神話といった太古の世界に求めるところにある。「死語が復活され、伝統が捏造され、ほとんど虚構にすぎない大昔の純朴さが復元される」のだ[32]。

ゲルナーが「実際には高文化を創造しようとしているにもかかわらず、民俗文化を守ると主張し、実際には匿名性の高い大衆社会を築き上げるのを助けているにもかかわらず、旧い民俗社会を保護すると主張する[33]」と言うように、民族の連続性を説きながら神話と歴史の間には深い断絶が存在する。

なぜ現代のナショナリズムが民族固有の神話に立ち返るか、フランクフルト学派のホルクハイマー／アドルノは『啓蒙の弁証法』において「啓蒙はラディカルになった神話的不安である[34]」と分析する。啓蒙はM・ウェーバーが「世界の脱魔術化」と名づけたように、神話を排除する過程で実証主義精神を育んだが、抽象性という点では神々も現代社会が重視する数字の世界も変わりはない。現代人は実証主義精神によって逆に失った自己の統一的主体を取り戻すべく、超越的な神話に辿り着くのだという。神話が啓蒙に移行する過程で、「啓蒙は神話を破壊するために、あらゆる素材を神話から受け取る[35]」。しかし、神話は人間の創造者たる神々にひれ伏す姿が中心であり、それは独裁者の出現をも予見させるものだとしている。

ワイマール期のサラリーマンの生態を描いたS・クラカウアーを第1章で取り上げたが、そのクラカウアーは『大衆の装飾』という小論で、現代社会によく見られるマス・ゲームのような数学的デモンストレーションも「抽象という衣をまとった神話的礼拝である[36]」としている。ナチも含め軍隊国家における国威発揚のための軍人の行進をまず彷彿させるが、クラカウアーは現代社会自体が抽象性でもって人間の実体から乖離してしまっていることを指摘する。

「資本主義的思考の場のメルクマールは、思考の抽象性である」としながら、「資本主義的経済システムのラチオは、理性そのものではなく、曇った理性の一つである」と現代は中途半端な理性に彩られているという[37]。現代社会を支える資本主義自体が抽象の産物でありながら、種々のイデオロギーは抽象の衣をまとうことで本質を歪めることができる。「中途半端に抽象へカーヴした人間の思考が、真の認識内容の発現に対して抵抗するなら、人間は、ふたたび自然的諸力の暴力の前に屈するであろう[38]」。つまり、イデオロギーに理論的に無理がある場合に、神話や民族の記憶といった情緒的な物語でもって理論を糊塗し、理性とは全く逆の暴力を正当化する論理がまかり通ることとなるのだ。

フランクフルト学派やクラカウアーは人間が本来有する理性を正しく行使すれば神話や抽象に堕することはないと言っているようだが、堕落を呼ぶ精神自体が西洋的理性そのものに内在しており、それが歴史の発展過程のもとで極端に走ったのがホロコーストではなかったかというのが本書での論調である。

5　帝国主義がナショナリズムを組織した

ナショナリズムに近い概念に、愛国主義がある。ドイツの一八世紀後半から二〇世紀前半に至るナショナリズムの昂揚の系譜を辿ると、自国の文化に目覚める愛国主義が、先鋭的な排外主義へと突き進むナショナリズムへと転化した姿がみてとれる。『ドイツ国民とナショナリズム1770―1990』の著者、ケルン大学教授O・ダンは「愛国主義」と「ナショナリズム」を明確に区別し、ドイツにおいては一九世紀後半に愛国主義がナショナリズムに転化したとする。ダンはそれを「組織されたナショナリズム」と呼び、教養―財産層が推し進めた政治運動として捉える。

フランス革命に代表される市民を基盤とした民主主義国家の樹立に向けての努力の一方で、ドイツやイタリアなどの文化エリートが推進した愛国主義の運動があった。ドイツにおいて一八世紀後半にピークに達したドイツ文学運動は、国家統合へと向かう動きと連動していた。当時のドイツは前述のように神聖ローマ帝国のもとにあっても小領邦国家が分立した状態で、東欧には幅広くドイツ人が移住していたこともあり、ドイツ国民としての意識はほとんどなかった。ドイツ文学運動は、ゲーテなどドイツ・ロマン主義に大きな影響を与えたヨハン・ゴットフリート・ヘルダーに代表されるように、ドイツ語による自国文化の賛美であった。ドイツ特有の自然や風土に対する憧憬を描くとともに、ゲルマン神話から民衆詩まで民族の有する歴史や伝統に意味を見出し、それを共有する民族共同体を想起させ、「ドイツ熱」を生み出した。「高級な文学によって培われたドイツ語」によってのみ、政治的、地理的境界を超えたドイツ人としての連帯感を持つことができたのである。

愛国主義は国民国家の精神的基盤としての「万人の幸福（公益）と祖国の繁栄を優先する社会―政治的な行動[39]」である。しかし、一九世紀後半に転化したナショナリズムは「すべての人間と国民が平等に尊重されなければならないということを認めず、他の民族と国民を劣等とみなし、そのように扱う政治行動様式[40]」と定義され得る。

その転化はどうして起こったのか。ダンは「新しい組織されたナショナリズムは、従来の国民的な立場に固執していたのではなくて、むしろこれに対抗・競合して生れた[41]」として、一九世紀後半の帝国主義の理念が国民国家の理念に取って代わったとする。一般的に一国においての市民社会を実現する国民国家の理念は、一九世紀後半に海外に積極的に植民地を求める帝国主義とそれに伴う人種主義によって骨抜きにされたとみる向きが多い。アレントも「ネイションは領土、民族、国家を歴史的に共有することに基づく以上、帝国を建設することはできない」と、帝国主義を国民国家の没落の結果と位置づける[42]。

しかし、前述のように国民国家は国内に他の民族を抱え込むことによる排外主義を生み出すものだとしたら、その理念は帝国主義と相通じるものがある。一つには、一九世紀後半に顕在化したヨーロッパにおける国家間の競争によって、他国からの侵略を受けるという恐怖の感情が強くなったことで、国家の優位性を植民地獲得によって示そうと軍備拡張に走った各国政府の思惑があった。国民国家のさまざまな矛盾を糊塗し、安定を図るためにも、国民の目を海外に向ける必要があった。そこには非ヨーロッパ諸国に対する科学技術に裏打ちされた武力の優位性が根底にあり、人間にもともと備わっている暴力や野蛮性を呼び起こしたと言える。

もう一つ、この時代に急速な発展を遂げた資本主義が国家の膨張を求めた面は否めない。工業生産の拡大と人口増加は国内では入手困難な原料や食糧の需要を引き起こすとともに、一八七〇年代から四半世紀続いた大不況は余剰生産物のはけ口となる広大な市場を必要とした。帝国主義が資本家主導のものではないとはいえ、そうした経済的利害が政治的な国際競争と結びついたとは言える。そもそも第一次大戦までに、経済体制は国内的にも国際的にも大きく変質してしまっていた。ホブズボームは、自由経済体制はすでに終焉を迎え、国家と企業が手を携えて戦争へ突き進む姿を次のように描く。

資本主義経済は、すでに一九一三年までに、資本集中の進んだ企業が大きなブロックを形成し、それを政府が支援し、保護し、場合によってはある程度誘導するという状態へと急速に移行しつつあった。戦争それ自体が、国家が管理する資本主義、さらには国家が計画を立てる資本主義へと向かうこの移行を、大幅に加速することになった。(43)

帝国主義時代の戦争は、それまで一般大衆には無縁であった戦争を彼らの死活問題へと押し上げた。近代以前には戦争が起きても当該諸国間の自由な交易が閉ざされたり、私有財産が没収されたりすることは少なかったが、近代国家が国民の忠誠心の代わりに国民の意思を無視できない存在となったことによって、国際法を無視した戦争や戦後処理が進む。潜水艦戦の時代には、海峡封鎖によって国民経済全体の麻痺を招く。戦争に勝てば敵国の私有財産の没収にも踏み切り、それによって敗戦国は経済的に無力化される。

そうした国際情勢においての一国を挙げての他国との戦争は「民衆の民族的憎悪が政策の手段として

初めて意識的に煽られ」てこそ可能となったものであり、つまり「敵国の国民に罰を与えるための正当な戦争目的であると多くの人々が考えるようになった[44]」。

そう語るE・H・カーは自由や平等といった個人の権利を推し進めて、民族の権利にまで援用したことに問題の核心があるとみている。民族が人格を持てば、それによって打ち立てられた国家はそのふさわしさが問題視されるから、「普通の男女がかれらの国家の自由の代償として自らの生計の道と一身上の自由を失うのを喜んで承知する[45]」という逆説を生み出す。そして、社会化国家の帰結として「かつて個人が無制限な経済個人主義の破壊的な諸影響から身を護るために団結した過程が累積して作り出したところのものは、いまや個人の安全と福祉を脅かすにいたり、それ自体が新たな挑戦と新たな変革過程にさらされている」と結論づける[46]。

自由を希求して民主主義に基づいた国民国家を志向したはずが、逆に自由を自ら放棄するという皮肉な結果を生むこととなる。

6　ナショナリズムが取り込むあぶれ者

アレントは資本主義の発達がその生産過程からあぶれた余剰な人間を大量に生み出し、その脱落者の寄り集まりとしての「モッブ」が帝国主義時代に大きな役割を果たしたとみる。それは「本職の金採掘者、投機家、酒場経営者、旧軍人、良家の末息子、要するにヨーロッパでは使いものにならないか、あるいはさまざまな理由から窮屈な生活に我慢できなくなった者[47]」であり、そうした「モッブ」は市民社会にもなじめず裏社会に入って逆に資本家の手先となって植民地世界に乗り出すのだった。

「彼らは何ものも信じず、それでいて騙され易く、人に言われれば何であろうとすぐに信じ込んだ」[48]と性格分析するアレントは、そのモッブ層の流れがナチズムを下支えしたとみる。エリート層が革命的イデオロギーを受け持ち、モッブ層はその実行部隊である。しかし、ナチが政権を取るや否や、両者ともお役御免となり、その支配機構からはオミットされてしまったとする。

モッブ層の犯罪者的本能がナチの暴力装置の実行犯となった可能性は大きい。それは、ヒトラーなどナチ党の上層部が少なからずモッブ的性格を有していたことからも推測できる（第3章で詳述）。しかし、イデオロギーとは無縁のモッブ層の底辺がナショナリズム的な感情を有していたとは言い難い。

ホブズボームが強調するのは、人種主義の唱道者ばかりでなく、ナショナリズムを熱狂的に支持したのも中産階級であることだ。それは国民的言語を操る力がそのまま自らの地位や権力につながる「地方のジャーナリストや学校の先生、大志を抱いた下級の役人たち」であり、自らを脅かす存在に対して言語ナショナリズムから排除の姿勢を強くする。ホブズボームによると、そうした下からの自然発生的な熱狂はフランスやイタリアにおいても同様で、それを鼓舞する政府はほとんど存在しなかったという。

その新時代の都市階層に加えて、急激な近代化によって生活を脅かされた伝統的集団の抵抗も激しかったが、一方で貴族やブルジョアの上層、労働者や農民の下層にはそうした熱狂はみられない。国内において人口構成の大半を占めるに至った労働者階級の社会主義運動とナショナリズムの関係には複雑なものがある。

そもそも、自由放任主義のもとで成長した中産階級が市民国家のなかで支配階級にのし上がった一方で、それを脅かす新興勢力としての労働者階級はマルクスの唱えたごとく、祖国を持たないインターナショナルな存在だ。一九世紀は「国家」と「人民」を統合して「国民」の理念が確立した時期であるとともに、ヨーロッパの対外発展とともに一国家の枠を超えた国際的な経済体制も生まれ、E・H・カーによれば「『ナショナリズム』と『インターナショナリズム』の諸勢力が微妙な均衡を保つことができた[49]」時代であった。

このように「政治権力と経済権力とが形の上で分離していた」のだが、一九世紀後半以降は政治権力が経済権力を呑み込んでいき、ナショナリズムとインターナショナリズムの均衡が崩れ、前者が後者を席巻していった。その時代には国家は「国家の構成員の福祉に奉仕し、かれらに生計の資を得しめる」存在となり、それは同時代の産業化と都市化の進展に伴って急速に膨張した労働者階級を国民国家に取り込む道程でもあった。それ以降は「賃金および雇用の防衛が国家政策の対象」になり、「労働者に彼の国家の政策と権力とに対する強い実際的関心をもたせる」ことにもなり、国民国家の運営のために「大衆の国家に対する忠誠心」を得ることができた[50]。例えば、大規模な移民が進んだ一九世紀後半とは裏腹に、第一次大戦後は多くのヨーロッパ諸国で労働者の権益保護のために国境封鎖を行ったことをカーは挙げている。

ここに「ナショナリズムと社会主義の同盟」が成り立ち、インターナショナルな社会主義も歴史的に計画経済の名のもとに「一国社会主義」の道を辿ることとなる。当時のヨーロッパには、社会主義国家／政党も数多く生まれた。一方でこの同盟はナチにも受け継がれ、党の正式名称である「国家社会主義ドイツ労働者党」(NSDAP)に如実に表れている。ナチ党にとって最大の敵は共産主義であるはずだが、そのネーミングには国家の統制のもと過半を占める労働者階級を含めた国民全体を取り込まなければならない苦心の跡がみてとれる。

総力戦の時代に、ドイツでは労働者やキリスト教徒といった国民国家の枠組みからは距離を置いた階層のみならず、第一次大戦はユダヤ人が対等な市民として参加することができた、初めての戦争だったのは皮肉と言う他ない。その意味でも、戦争はやはり国民国家統合の一つの手法とは言える。

敗戦後は開戦にぎりぎりまで反対した（最終的には同意した）社会民主党が主導権を握ったために共和国の誕生となったわけだが、ワイマール共和国時代はドイツの各政党の動きがナショナリズムへの急旋回を象徴している。ナチが政権を取るまで、最後まで共和国を擁護したのは社会民主党だけだった。当初の国民議会の三大政党（社民党、民主党、中央党）のうち、民主党は第二帝政期の保守的な伝統から抜け出すことができず、「ドイツ国家党」と名前を変えてからは自然消滅の運命を辿った。

暗殺されたマティアス・エルツベルガーが当初率いていたカトリック系の中央党は保守的旋回をしたあと、反議会主義路線を後押しする側に回ってしまった。首相としてインフレを収束させ、外相として国際協調外交を展開してノーベル平和賞も受賞したグスタフ・シュトレーゼマン率いるドイツ人民党はもともと経済重視で、社会政策面で妥協はせずに議会主義内閣の終焉に力を貸した。ナショナリズムを最も鮮明に打ち出していたのはアルフレート・フーゲンベルクのドイツ国家人民党だが、ナチ党が当初から主張する民族至上主義と結びつくこととなった。当然、ドイツ共産党も別の方向から共和国とは相容れなかった。

ヨーロッパの国民国家形成は領土を確定し、その範囲内の住民を一律的に統治する君主の住民統合過程として進んだが、領土内に押し込められた住民はその歴史的伝統や共通する利害に目覚めて国民としての意識を強めていった。まずは国王が国家としての意識を高めたが、それは国王自体の世襲制の必然性を突き崩す皮肉な結果を生んだ。その政治意識は住民による自治を希求するに従って、君主への抗議運動を推進し、その行き着く先は国民主権と国民すべてに及ぶ人権の確立要求に至った。労働者や女性の解放もその流れのなかで進み、その文脈のうえではすべての民族もまた平等である。

しかし、歴史は国内の自国民と他国民を峻別し、他国民に対する排外的な態度を強めていく。自民族の意識に目覚めて大国からの独立を図る運動も活発となり、そうした民族を巻き込んだ国民国家間の戦争の発展へとつながっていく。平等原理に立つ国民国家を排外的な精神につなげたのがナショナリズムだった。ゲーテの時代からのドイツの愛国主義の系譜は、帝国主義によってナショナリズムに転化して頂点に達した。そこには国家と民族の矛盾が噴出する現代性があり、他民族に対して排他的になる一般的な構造を描き出せる素地もみられた。

そのナショナリズムも単に、政治・経済状況からくる自国への偏愛に還元されるものではない。そこには国家の本質を歴史のなかで捉えようとした近代人の真摯な思索過程があり、ドイツ思想としては「国家理性」と「歴史主義」の概念が育まれていった。個人と社会を歴史を通じてみるという意識は、近代に特有のものであり、国家も有機体的なものとして人格的な発展を遂げなければならないという考え方が浸透していく。そうした発想は自分の生を特別なものとして捉える実存的な問い掛けをなすものであり、常に急進的なイデオロギーに発展する可能性を秘めるものである。

7　国家と個人は折り合うことができるか

一九世紀は「歴史」が誕生した世紀であった。国民を糾合しなければならない国民国家は、その国家の正当性を国民に向かって証明しなければならない。その国家は理性的であり、倫理的でもある、ということを。そして、ナショナリズムと結びついた国民国家は、現代における自民族の存在意義を太古の昔から説明しようとする。その言説は神話や伝説に彩られたものではあるが、それを近代の科学性でもって虚飾を施そうとする。ただ、そうした意識は純粋な意味での歴史に対する認識も生み出した。ドイツ語圏においては、近代歴史学の祖であるL・ランケやJ・ブルクハルトにつながった。「歴史の発見」はドイツの崇高な精神世界の一つの帰結と言えるが、それが一九世紀後半以降には歴史のなかに生きる人間としての理念へと発展していく。そこには、国家と個人との折り合いをどうつけるか、という西欧近代に長く横たわっている問題がある。

国民国家の時代には、至上のものとしての国家の権力の根拠が理論として求められた。スイスのバーゼル大学で長く教鞭をとったブルクハルトが「権力はそれ自体悪である」と述べているように、歴史的に権力はあらゆる犯罪行為を通じて手に入れたものであるから、統治の正当性を証明する必要性に迫られる。それは軍事力を背景に統一を図ろうとした近代国家においてはなおさらである。

ヨーロッパ中世のキリスト教世界では国家は万能ではなく、普遍的道徳倫理の下に置かれていた。ルネサンスを迎えて、マキャベリズムは小国分立に悩むイタリアで、キリスト教的／道徳的良心に基づく従来のスコラ的・人文主義的方法に反抗して、非道徳的な政治的功利主義による偉大な支配者の権力政策を正当化し、隆々たる国家の形成を促した。英仏両国が絶対王政において国家統合を志向した時代には、国王の絶対的支配権の根拠を人類の祖アダムの子どもに対する父権に求めた王権神授説により、ローマ教会の権威・権力から王権を独立させて国民の絶対支配に道を開くこととなった。

市民階級の勃興とともに、国王の絶対的権力を切り崩しそれを万民の手へと帰する過程で、国家倫理と個人倫理の分離は決定的なものとなっていく。イギリス清教徒革命後の王政復古期に登場したホッブスは、「万人の万人に対する闘い」による人間本性における獣性を制御するため、無制限の権力を備えた強力な国家を模索した。その一方で、国権掌握者には理性的な統治により民衆の福祉を促進する義務が生じ、国民は外的な従順さを示しさえすれば、内的な思索と信仰の自由を保証されるという道を開いた。その直後の名誉革命（一六八八年）の理論的支柱となったロックは、市民に統治者と統治形態を選択する自由を認め、さらに不当な統治に対する人民の武力行使＝抵抗権／革命権まで認めている。統治の究極的な淵源を「神の意志」に求め、成員の固有権の保全を統治者の義務としている。

フランス革命に至るまでの絶対主義成熟期は、基本的には傭兵隊に代わって平時から戦争に備える常備軍の創設や富の蓄積を目指す重商主義的な経済政策のもと、諸国家間の権力政策の拡大の時代だった。しかし、その時期は長い平和の間に突如として戦争が襲い、国民生活の発展のなかに厳格な軍隊制度が組み込まれ、市民生活と権力生活が併存しながら、分離していく過程でもあった。

絶対主義の理念は世界創造者としての神に充溢された世界全体というキリスト教的な理念が前提にあり、国王の権力政策をこれに結びつけている。一方、市民社会の理念は自由な個性が世界を形づくるとするところに主眼があり、自由主義的・民主主義的な傾向を有するとともに国民国家への道を切り開くものであった。しかし、独立した精神を獲得した市民は個性的な自由の欲求と、自らが参与する国家の理想像との分裂に苛まされるとともに、それをどう高次な総合へと昇華させるか心を砕くこととなった。

いずれの国においてもその相克はあったが、英仏両国では個性的自由が国家の権力政策を凌駕していく過程を辿った。フランスではカトリックとプロテスタントのユグノー戦争（一五六二―一九八年）を経て信仰の自由を獲得するに至るなか、スピノザは汎神論的な世界像から自由が各人に許されている姿を国家の目的とみる。しかし、ドイツでは二つの精神が複雑に錯綜し、倒錯的な総合を生み出した。

ワイマール精神の擁護者であり、ナチズムに抵抗した歴史学者F・マイネッケは『近代史における国家理性の理念』において、「ルネサンス以来西欧の人類の政治的思惟には、ある深刻な対立、つまり普遍的な思惟を支配する自然法の中核思想と、歴史的＝政治的生活のいなみ難い事実との間の相克が流れている(51)」と総括する。そのうえで、人道的な国家思想と権力国家思想の二元論を克服しようという衝動がドイツにおいて目覚めるに至ったという。

プロイセンを強国に仕立て上げたフリードリヒ二世（大王）は、国王であるとともに哲学者でもあり、啓蒙主義による人道的な国家思想と諸国家間の闘争による権力国家思想が併存した形で、君主制のもとでその統合を図ろうとした。君主は治下の人民の第一の僕《しもべ》であることを強調し、臣民のために尽くすべきという君主の近代的な使命を打ち出した。ヘーゲルは『歴史哲学講義』において、「フリードリッヒ二世のとくに傑出した点は、国家の全体的な目的を思考によってとらえ、君主のなかでは最初に、国家のうちに一般原理を確立し、国家目的に反する特殊な原理はきっぱりと排斥したこと(52)」にあると評価する。

フランス革命によって人間が理性に基づいて自分の運命を決める時代が到来したが、フランス革命によって打ち出された個人に立脚した国家像を打ち立てたのはヘーゲルだった。ヘーゲルは「精神の実体ないし本質は自由にある」として、「世界史とは自由の意識が前進していく過程(53)」とみる。そして「理性が世界を支配し、したがってまた、世界の歴史を支配している(54)」とし、その「理性の策略」がその世界史の究極目的としての自由を実現すると説く。

ヘーゲルは主観的な意思と理性的な意思という二元論的な対立を克服しようと、スピノザの汎神論を受け継ぎ、「歴史のなかに神の存在すること」[55]を証明しようと神による統一を歴史的世界に置き換える手法を採った。つまり、主観的な意思と理性的な意思とを統一したものとして、共同体としてのまとまりとしての国家を捉え、国家道徳を一段と高いものに仕立て上げた。

国家こそが、絶対の究極目的たる自由を実現した自主独立の存在であり、人間のもつすべての価値と精神の現実性は、国家をとおしてしかあたえられない。[56]

そこには、ナポレオン戦争による神聖ローマ帝国の崩壊（一八〇六年）に伴うドイツ国家の危機が実際問題としてあり、それは民族精神が世界精神に昇華されるという逆説的な論理に基づくものであった。ヘーゲルに至って国家は道徳性を持つものとして捉えられたが、そこに国家は単なる機構ではなく、生命力を持った有機体的なものとして内的な運動から成長していくものだという考えが加わっていった。そうした国家観はその後のドイツに引き継がれたものの、人類の普遍的な歴史の進展を語るヘーゲルの歴史観からは次第に離れていった。

8　ドイツ特有の歴史を訴えた「歴史主義」

「歴史主義」という概念がある。各時代におけるそれぞれの国家によって別々の歴史があり、その個性を尊重するべきという主張である。その意味で、歴史とはあらかじめ定められた目標に向かっての絶えざる進展であり、その各時期は次の「より高い」段階に向かう途上の一段階であるというヘーゲル的見解のような「歴史法則主義」とは正反対の論理である。「歴史主義」においてはすべての国民に同じように適用できる普遍的に妥当する発展法則はなく、個別の歴史の特殊性が重んじられる点で、ウィルソンの民族自決による独立運動を促すものであり、現代の多元主義にもつながる面を持つ。

マイネッケにとっては「歴史主義」は共感の持てる存在であり、歴史主義の危機をドイツ的自由主義の危機として理解している。マイネッケは『歴史主義の成立』においてゲーテにその源流を求める。「ゲーテこそは実際に歴史を新らしく、一層豊かな見地から理解する道を指示した最初の人物である[57]」として、その理念と現実の融合を評価する。

そもそも啓蒙主義はその実用主義、主知主義的な観点から機械論的な認識をもって普遍的な理念を求めるものであり、歴史的行為をも人間の究極の目的にかなうものかどうかを判断基準とするものであった。しかし、ゲーテの生きた、理性よりも感性を重視するシュトルム・ウント・ドラング（Sturm und Drang= 疾風怒濤）から前期ロマン派の時代にかけて、歴史のなかにおいて個別的な生に目が向けられた。

フリードリヒ・マイネッケ

それは「すべての個別的なものの普遍的な生成過程への編入」であり、マイネッケはゲーテについて「歴史的生をどの瞬間にも時間的＝個別的なものとして眺めると同時に、超時間的に永遠の相の下に眺める[58]」双方を橋渡しする歴史観を有する思想家として捉えている。

歴史主義は自然法（人間に普遍に備わっている法）に基づく普遍的な精神を希求した啓蒙主義からの解放であったのだが、マイネッケが「歴史主義」を語る場合にはL・ランケとJ・ブルクハルトを念頭に置いている。ヘロドトスや司馬遷にみられるように、過去の出来事を記述する態度は古代からあったが、学問としての方法論を確立させた近代的な歴史学が成立したのは一九世紀で、その実証主義的な歴史学の成立に大きく貢献したのが両者である。

ベルリン大学（現フンボルト大学）教授を務めたランケは『世界史概観――近世史の諸時代』において、ヘーゲル学派が唱える「人類の歴史はあたかも一つの論理過程のごとく定立、反定立、媒介において、肯定と否定とにおいて展開していく」とする弁証法的歴史観に真っ向から異論をさしはさむ。すなわち、「ある種の永久不変の基本理念を離れて、各時代がそれぞれに特殊な傾向をもちまたそれぞれに固有の理想をもつ」として、「進歩なるものが一つの直線をなして進むものではなく、むしろ川がその固有な進路を開いて進むようなものである」との立場をとる。(59)

マイネッケが「歴史上の人間の最も個別的で最も個人的な生の中へ注がれている充実したランケの深遠な眼差し」(60)と言うように、ランケは政治家などがある行為を行う場合にその背後にある客観的な原理よりも、目に見えない内的原理から流れ出る個人的な動機を重視する。個別的な精神が国家に生命的な息吹をも吹き込むという、個別のものから普遍的なものへと至る歴史観をも有していた。マイネッケはランケを敬虔なキリスト者としての「客観的理想主義」と捉えている。その意味で、ヘーゲル流の自然主義的な「集団主義的歴史観」とは区別している。

ランケの弟子であるブルクハルトも『世界史的考察』において、「われわれは世界史の目指す目的について何を知っているか？　また、もしそうした目的が存在したとして、それらの目的は他の方法でも達成されえたのではないか？」[61]と歴史の必然性を否定する。ただ、マイネッケはブルクハルトをランケと比較して、「主観的自由主義」として分類している。つまり、人間が自己の自由を守ろうとする個性から出発する考え方で、ブルクハルト自身は『世界史的考察』のなかでは「強力な個人が登場し、進むべき進路を指示すると、もろもろの時代と民族はこぞってこの進路にそって進み、ついには完全に一面に片寄った状態に陥るにいたる」と述べている。[62]

国民国家における国民は、国家が存続する限り、実生活における安全が保障され、国内において武力でもって生命や財産を巡って相争うことはないだろうという安心感に立っている。しかし、それが自己の滅亡を早めるだけなのだとブルクハルトはペシミスティックに言う。ブルクハルトは「国家が直接倫理的なものを実現しようとするなら、それは一つの退化であり、哲学的・官僚主義的思い上がり」[63]であるとする。国家は倫理とは本質において異なっており、人間の不完全さによって国家による倫理的な実現は不可能だというわけだ。

一九世紀の後半になって、ランケなどの「歴史主義」への賛同や批判もさまざまになされ、ドイツにおいては独自の歴史観の発展を生んだ。[64]ランケやブルクハルトが歴史の必然性を否定し、その相対性を説いたことは現代の多元的な歴史観に道を開くものであったが、一九世紀後半の諸国家間の競争に伴う権力政策の過程において、国家理性を求めるドイツ精神とどう調整を図るか迷走を辿ることとなる。

ビスマルクの時代にその片腕となった歴史学者H・トライチュケは他国には権力崇拝の権化と捉えられたが、マイネッケはトライチュケのなかに個人の偉大な精神を重視する一八世紀後半以来のドイツ・ロマン主義精神が根づいていたのをみてとる。トライチュケは『政治論』において、「国家は何よりも自己を主張する権力である。ヘーゲルが国家の神格化のなかに受け取ったようには、民族自身の全体性

ヴァルター・ラーテナウ

ではない[65]」と、国家の理想に「世界精神」をみるヘーゲルより現実の統制手段としての国家をみている。戦争を国家の本質の一つと捉えるトライチュケは一方で、「人類の理性の勝利が最も明確に示されるのは、戦争の範疇においてである[66]」として、戦争における国民的名誉を求める。トライチュケにとって、国家は人類の歴史とともにある自然的なもので、移ろい行く人間と違い永続的なものである。国家は過去と現在、未来を連結するもので、その歴史のなかで生きる人間の意志を強調する。

現実を重んじる英仏の合理的精神のほうが理念的には権力政治に近いのだが、現実と理想の分裂にさいなまされた理想主義精神は往々にして、その反動として現実世界を狂暴なものへと変えてしまい、より権力主義的な倒錯を生じさせるものである。その意味でトライチュケの精神はヒトラーと相通じるものがあり、二〇世紀初頭のドイツの教養市民層は似た感情を抱いていた。ただ、その分裂を身を以って受け止めたドイツ人は限られており、そうした観念的な人間がファナティックなイデオロギーを生み出し、組織社会に倦んだ大衆がそれに惹きつけられるのである。

第一次大戦の敗戦はドイツ国家への自信の揺らぎとなり、現実的な権力政策への反省が噴出した。ワイマール時代はドイツの失われた「魂の復権」とともに、その歴史に殉じる悲壮な決意を語る思想を生むこととなった。

その代表は、ドイツにおける最大の電気会社「A・E・G」の社長であり、外相としてソ連との外交関係正常化のためのラパッロ条約の締結に尽力し、そのために暗殺されたヴァルター・ラーテナウである。ラーテナウはユダヤ人でありながら、ドイツの過去一世紀の偉大な発展を礎に「人間霊魂の発展」を唱えるとともに、大企業の経営者でありながら社会主義者であり、富者も貧者もいない理想社会を思い描いていた（ただし、権力政治の渦巻くソ連のボルシェビキには批判的で、急進的な社会主義革命は糾弾していた）。

文筆家でもあるラーテナウは『新しき社会』において、「商人のやうな厚顔無遠慮、統率振りの無遠慮と危険さ、そのまた無遠慮な支配振りを殊更見栄を飾って隠忍する卑屈根性(67)」を排斥すべきとして、「ただ思想と理想！　これのみがわが全生存を賭して得なければならないものである。さらば問ふ、諸君の思想は何処にあるか？　ドイツの思想は何処にあるか？(68)」と訴えている。

9　歴史の消極的解釈と積極的解釈

ヨーロッパ全土を廃墟と化した第一次大戦は、西欧の人間に文明に対する懐疑の念を強くさせた。直後のワイマール期には、過去から未来へつながる時間のなかで現在を生きる人間が歴史をどう捉えて自らの行動に結びつけるかが問われた。第一次大戦後にセンセーションを巻き起こした歴史学者O・シュペングラーの『西洋の没落——世界史の形態学の素描』はその後のアメリカやソ連といった非西欧諸国の台頭を予見させるが、何よりも自信を喪失した西欧人の心をつかんだ。

それは一つには、歴史は紆余曲折を経ながらも絶対的理性のもとで進化を続けるというヘーゲルが確立した発展史観（その意味で、キリスト教文化もイエスの死から世界の終末を迎え、キリストの再臨に至るという直線史観である）を覆したことにある。シュペングラーは中国史をその典型例とする「歴史はいったん盛隆を極めてもやがて衰弱し、その繰り返しである」という有機体的な歴史観に基づいており、世俗権力の栄枯盛衰を語る日本人には馴染みがある感覚だ。

ヨーロッパ諸国は科学技術文明の枠をもってアジア・アフリカ諸国を席巻したものの、その行き着く先はヨーロッパ諸国間の戦争による共倒れだった。シュペングラーは「文明とは、一つの文化の不可避な運命である」として、文化から文明に至る必然性を説く。彼は「文明とは高度の人間種が可能とするところの、最も外的な、また最も人工的な状態である。文明とは終結である」と捉えており、「生につづく死」であり、その象徴が帝国主義である。(69)

シュペングラーの考えでは、古代におけるギリシャ時代は文化の時代であり、ローマ時代はその終結としての文明の時代である。ローマ態様とは非天才的、野蛮、紀律的、実際的であるという。ギリシャ時代とローマ時代の間のヘレニズム時代をその転換期と捉え、西洋文化はフランス革命・ナポレオン戦争をもってヘレニズム時代に入り、第一次大戦がローマ時代に移る転換期に相当するとする。

西洋文化においては、ゲーテとカントをもって「大きな終末的体系」としてギリシャ的な完成を遂げたが、その後は唯物論（政治的）と観念論（ロマン的）へと分化した。唯物的世界観の代表はダーウィンやマルクスであり、倫理的、社会的な生活理想としての観念論としてショーペンハウアーやニーチェなどを挙げている。

有機体的歴史観においては「それぞれの文化はそれ自身の新しい表現の可能性を有しているが、この可能性は現われ、熟し、しぼみ、そうして決して戻ってこない」(70)のであり、人類にはそもそも目標も、理念も、計画もないことになる。

西洋の懐疑主義は、内的必然性を持つ限り、また終末に近づきつつあるわれわれの精神態の象徴であるべき限り、始めから終わりまで歴史的でなければならない。この懐疑主義は、すべてを相対的なものとして、歴史的現象として理解することによって終わる。[71]

そうした拠り所のない歴史観にさらされた個人は、具体的に歴史をどう自分のなかに取り込むのか。ここで、客観的世界を重視する近代の認識論的哲学から離れて、個人の内面を重視する「生の哲学」が頭をもたげてくる。フランスの哲学者ベルグソンはすでに『時間と自由』（一八八九年）において、歴史とは自分の外側にある客観的時間でなく、人間の精神に取り込まれた過去の記憶でしかないという主観的なものであると唱えていた。シュペングラーは、この主観的歴史観を受け継いでいる。

オズヴァルト・シュペングラー

シュペングラーは、人類普遍の論理を説いたカントは事実を理論的な因果関係（空間の論理）で追求、人間が思考として認識できるのは自然界だけであるとしているが、「生命にあっては、その上に運命という有機的必然性──時間の論理──がある」[72]ことを強調する。

シュペングラーの世界史的考察として、有史以来の諸文化は歴史のある文化と歴史のない文化に分けられる。つまり、「自己の生命は数百年または数千年におよぶはるかに大きな生命過程内の一要素であるという不変の印象の下に生きているか、または自己の生命をそれ自身において完成された、まとまったものと感ずるか」[73]、文化によって違うというのだ。シュペングラーによれば、中国やエジプトは歴史の記憶を有した文化であるが、インド文化には時間の観念がなく、大切なのは「純粋現在」だけである。エジプトは暦を発明し、インドには肖像画のような芸術はなかった。

西洋世界はどうか。ギリシャ・ローマ文化は「自己の時代より前には、世界には大きなできごとは起こらなかった」[74]と考え、「時間の否定」が根底にあった。これに対して、西洋文化は「われわれは事物を、成るものとして、行動するものとして、機能と解する」[75]として、歴史的感覚を有する文化と捉える。数学の点では、ギリシャ・ローマ文化においては静止した物体を研究する静力学の発展をみたが、西洋文化においては物体の運動を研究する動力学が発展したことに象徴的に表れているとする。

近代思想においては、哲学の重心は抽象的体系的なものから実際的論理的なものに移り、そうして認識の問題にかかわって生命の問題（生きる意志、権力への意志、行動への意志）が現われてくる。[76]

シュペングラーにとって、近代とは「歴史の発見」である。そして、その歴史的考察はあくまで自民族の歴史に向かう。それは大地への執着（民族）へとつながるが、すでに世界はインターナショナリズムの時代である。国境を越えて資本が移動する資本主義も、それに対抗して労働者の国境を越えての団結を訴える共産主義も。時代が思いとは裏腹に民族を放棄した形での世界都市精神（大衆）へと向かうなかで危機感を強めていく。そのカウンターパートとして現れたのがヒトラーをはじめとするあぶれ者であり、シュペングラー流の歴史観を持った知識人階級が理論的支柱となる。同じ教養人層であるホワイトカラー層は資本主義の枠組みのなかで当初はインターナショナリズムに与するが、自らの野望が潰えたときにその新しい時代精神へと傾いていく。

実存主義者であるM・ハイデガーとなると、歴史のなかで生きる人間という性格がさらに色濃く現れてくる。世界を構成する本質を見究めようとする西洋哲学の長い伝統に対して、実存主義は今ここに現実に存在（＝実存）している自分を見据えようという点で「生の哲学」の系譜上にある。

ハイデガーにとって、人間（＝現存在）とは世界という環境に否応なしに投げ出されて不安を抱えながら生きなければならない悲しい存在（＝被投性）である。その不安の最大のものは他人とは決して共有できない「死への恐怖」であり、その恐怖を乗り越えるためには有限な存在としての自分を自覚することから始まるという。シュペングラーが西欧社会の未来を悲観的に捉えているのに対して、ハイデガーは『存在と時間』において、人間が内面に歴史を取り込み、自分なりの世界観を見出し、それを未来の道標とする積極的な志向へと切り替えている。

ハイデガーは人間は死の不安と向き合うことで、本来的な実存に向かうことができるとする。つまり、「死へと先駆する覚悟性」があってこそ、日常への埋没から脱却し、自らが現在あることの意味を連綿とした過去から感じ取ることができ、そこに共同体に積極的に参加して運命を共《とも》にする心構えができるというのである。

> 現存在はこの（＝先駆的覚悟性）なかで、おのれの存在可能という点から自己を了解し、死の凝視にたえつつ、おのれ自身である存在者をその被投性において全面的に引き受けるようになる。[77]

運命的な現存在は、世界＝内＝存在たるかぎり、本質上、ほかの人びととの共同存在において実存しているのであるから、その現存在の経歴は共同経歴であり、共同運命（Geschick）という性格をおびるのである(78)。

ハイデガーにあってはまず未来があり、そのあるべき姿は過去が指し示すものと考えられ、そこから自らの被投性を引き受けることができるのだという。そこから「現存在は歴史的である」という言葉が生まれる。

本質上その存在において将来的であって、それゆえにおのれの死へむかって自由に打ちひらかれ、死につきあたってくだけ、こうしておのれの事実的な現へ投げかえされることのできる存在者、——すなわち、将来的でありつつ同根源的に既往的な存在者、かような存在者のみが、相続された可能性をおのれ自身へ伝承しつつ、おのれの被投性を引きうけ、そして《自己の時代》へむかって瞬視的に存在することができる。本来的であるとともに有限的でもある時間性のみが、運命というようなことを、すなわち本来的歴史性を可能にするのである(79)。

ハイデガーは人間存在における歴史的時間性を高みに持ち上げ、「歴史学的開示も、やはり将来から時熟するのである。何をそもそも歴史研究の対象とすべきかということの《選択》は、現存在の歴史性の事実的な実存的選択のなかですでにくだされている(80)」として、歴史学も未来のあるべき姿を過去が指し示すものとして現れる。

ハイデガーはしばしば、ナチ政権に加担したことで批判の対象とされる。ナチ政権の誕生した一九三三年にナチ党に入党し、同時にフライブルク大学の学長に就任、ナチを擁護する政治的発言を惜しまなかったからだ。確かに、「ゲルマンの血」に回帰する歴史性とか、「死への覚悟」へとつながる行動主義など、実存主義はヒトラーの世界観とは親和性がある。しかし、同じ実存主義者である戦後のJ・P・サルトルが『存在と無』で指し示したように、本質が確定していない人間はそもそも無であり、だから自由なのであり、その自由を積極的に行使しなければならないとしたら、人間が歴史から何を受け取り、それをどう咀嚼して未来の姿を描くかは、個人によって多種多様になるはずである。

それは自らに都合のよい歴史解釈を生み出すことで、未来に対するとてつもない願望につながることにもなる。サルトルの思想を受け取った戦後世代からは、左翼的な学生運動ともなる。近代の人間が歴史のなかにおける自分の存在を認識し始めたとき、どのような意識の変革をもたらすのか[81]。

マルティン・ハイデガー

同じ実存主義者ではあるが、精神医学者でもあるK・ヤスパースは、ナチが台頭してきた時代に『現代の精神的状況』において重要な示唆をしている。

ヤスパースによると、過去においては人類はいつか世界の終末が神によってもたらされるまで今の世界がそのままあり続けるものとして捉えていたが、現代においては「われわれは単に人間存在一般の状況というべきもののなかで生活しているのではなくて、むしろその状況を

カール・ヤスパース

われわれは、別の状況から流れてきてはまた別の状況に流れていくところの、そのつど歴史的に規定された状況においてのみ経験する」ことになる。その精神のもと、「地上を完全にすることは可能であるとの信念において、人間の力で変更できるものである世界をめざしていく」のだが、頭のなかで抽象的に思考した理想的な世界に対して個人の力の限界を自覚するとともに、その結果として現れた世界が万人の意に沿わぬことが多いことから、現代人は歴史をつくることにも無力感が存在するという(82)。

つまり、「歴史全体が一回きりであるという意識は保持しながら、内在的な運動としての世界を見ることに変化する」ことから、「いまや自分の時代を他の時代から区別して眺めて……ともかく自分の時代によって何かが決断されるのだ、という情念」が湧き起こる(83)。

しかし、これに反して「こんにちの万有を概念的に把捉するという自負心と、自分こそ世界の主人として世界を自分の意志にしたがって真の最善のものとして調整しうるのだという傲慢さとは、出現するいっさいの限界にぶつかっては一転して無力の意識となり、この意識がひとを圧しつぶすのである(84)」。ヤスパースは「人間存在のひとつの歴史的に規定された状況においてしか自分を知らないとき、人間はみずからの根から遊離している(85)」と言う。

歴史を認識した人間は、自らの力で世界を変革しようと立ち上がる。しかし、その過程で個人は社会の壁にはね返されるか、あるいは成功したとしてもそこから生まれる社会が自らの理想像とかけ離れたものに堕することで、無力感に陥ってしまう。フランス革命然り、社会主義革命然り。ナチ政権は親和性のあるハイデガーの思想を当初は上手く利用したものの、それが浸透してしまった段階になると利用価値のないものとして切り捨てた。挫折したハイデガーは一年ほどで学長を辞め、その後は政治的論調はせずに思索に没頭し、戦後になってもホロコーストを語ることはなかった。ハイデガーでなくとも、そうした時代精神を受け継いだ当時の一般のドイツ人も、イデオロギーの持つ欺瞞と組織社会の壁とによって挫折していく姿は容易に想像できる。

ハイデガーは「二〇世紀最大の思想家」という声は多い。戦後に受け継がれた実存主義の隆盛とともに、そのアンチテーゼとしてのフランスを中心としたポストモダン思想に多大な影響を及ぼしたからだ。実存主義をはじめとする「生の哲学」への批判の根源は、その独我論的な発想にある。つまり、同じ実存から出発する他者とどう折り合うかである。違う歴史観のもとで醸成された精神が現実社会において相まみえれば、ホッブス流の万民闘争への道へと立ち返るのは必定だ。同じ実存主義者でもヤスパースの哲学は他者との共存に向かっており、戦後にドイツ人を断罪したものの、批判を浴びてスイスへと離れなければならなかった。その一因としては、彼の妻がユダヤ人で、終戦ぎりぎりまでナチに追い詰められていった現実があるのだろう(86)。

国民国家の論理から導き出されるもう一つのイデオロギーとして、「人種主義」が挙げられる。歴史における個人という実存的な問いかけをした当時のドイツ人がどのように反ユダヤ主義感情を強めて

表2-f ナチの主な反ユダヤ法／政策

1933年 4月	ユダヤ系商店・商品などボイコットキャンペーン 職業公務員再建法 高等教育機関の学生数に関する法律
5月	ユダヤ系と共産主義系の書物を焚書
7月	ワイマール共和国成立以後のドイツ国籍を得たユダヤ人の市民権剝奪
10月	ユダヤ人のジャーナリスト活動禁止
1935年 7月	ユダヤ人の軍役資格の剝奪
9月	ドイツ人の血と名誉を守るための法律／帝国市民法（ニュルンベルク法）
11月	ユダヤ人の選挙権剝奪
12月	ユダヤ人の医師、大学教授、教員などの職業禁止
1938年 4月	5000マルク以上の資産を持つユダヤ人に対して資産登録義務付け
11月	「水晶の夜」事件の引き金となった外交官暗殺の賠償金10億マルクをユダヤ人社会に課す
1939年 2月	ユダヤ人の所有する一切の貴金属拠出令

いったのか、その関係性を次に論じる。

10 ユダヤ人追放政策は限界にきた

サルトルはユダヤ人問題を、現代人すべてに通ずる問題として考察した。その著『ユダヤ人』は母国フランスにおける反ユダヤ主義をモチーフとしているが、そのなかで「反ユダヤ主義は、反民主主義でありながら、民主主義の自然な産物で、共和国という枠の中にしかあらわれ得ない[87]」と逆説的な言い方をする。これはどういうことなのか。ユダヤ人がいなければ、それに代わる人種を見つけ出すのが近代の市民社会でもあるということも述べている。近代社会において広く人種主義が受け入れられたのはなぜなのか、その理論から現代人が人種差別に走る心理を解明したい。

まずは、ナチ政権下でのドイツ社会におけるユダヤ人排斥の過程を辿ってみよう。

ナチの政権獲得当時、ドイツ国内のユダヤ人は約五十万人と、総人口の一%にも満たない。しかし、ナチは政権獲得から二カ月後の一九三三年三月に政府に立法権を委ねる「全権委任法」（授権法）を国会で成立させると、前節でみた各階層に向けた施策とともに反ユダヤ政策への動きも急旋回をみせた。ユダヤ人が大挙して国外逃亡へとなだれ込む引き金となった三八年一一月の「水晶の夜」事件までに、反ユダヤ的な立法・規定は千件以上に上った。

ナチの反ユダヤ政策はユダヤ人とは何者かを定義し、職業を取り上げて市民権そのものを剝奪し、財産を没収したうえで海外への追放を促したものの、それが限界を迎えたことで絶滅政策に踏み切ったという経過を辿る。

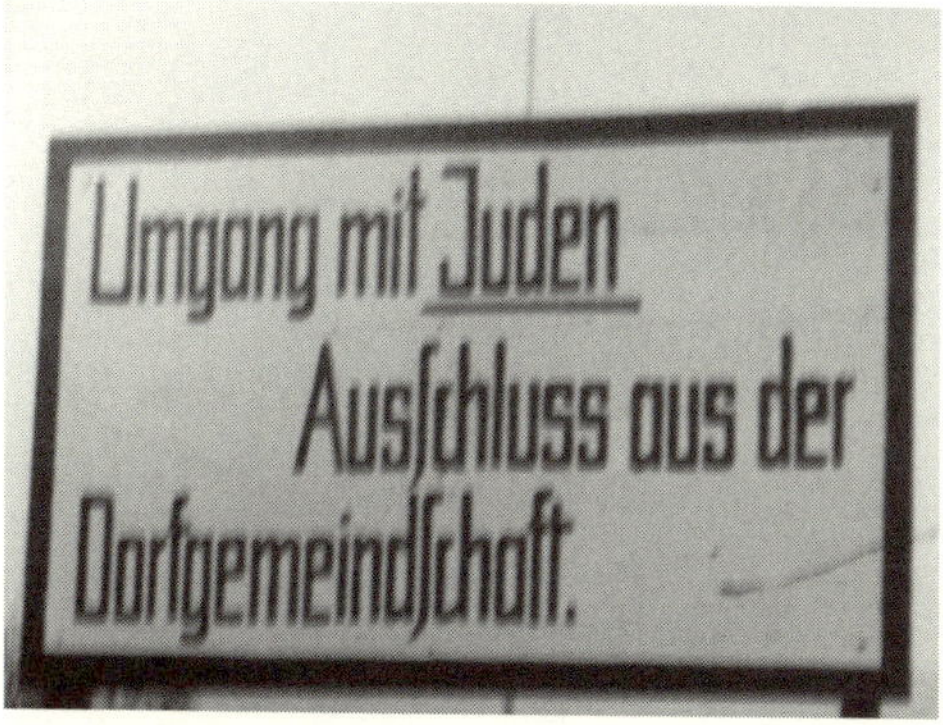

ユダヤ人排斥の看板。「村の共同体からユダヤ人との交際を排除」（ベルリン・ユダヤ博物館）＝筆者撮影

ナチの反ユダヤ政策を年表にまとめると、表2－fのようになる。

反ユダヤ政策の一つの柱は、多くの職業からの締め出しだった。三三年四月の「職業公務員再建法」により非アーリア系の官吏を強制退職させ、弁護士、医師、大学教授、教員、ジャーナリストなどになる道を閉ざし、軍役資格も剝奪した。文化面では三三年五月にユダヤ系と共産主義系の書物を焼却破棄し、同年中にユダヤ人を文化活動からも締め出した。

市民権の剝奪はまず東方ユダヤ人から始まり、ワイマール共和国成立以後にドイツ国籍を得たユダヤ人の市民権が三三年七月に剝奪され、三五年九月には有名なニュルンベルク法が成立し、ユダヤ人と定義された人間の市民権をすべて剝奪し、ドイツ人との結婚を含めた性交渉が禁止された(88)。

ニュルンベルク法制定以来、ドイツから海外へ移住するユダヤ人の数は増大した。イギリスの外相、アーサー・バルフォアが一九一七年にユダヤ民族にパレスチナでの建国支援を約束した(バルフォア宣言)ことにより、当初の移住先はパレスチナが主流だったが、当のイギリスがアラブ諸国にも配慮したため、中途からは追い返される羽目にもなった。アメリカやヨーロッパ諸国にも多くが向かったが、世界恐慌以来どこの国も大量の失業者を抱えていたうえ、ユダヤ人の移住制限を敢行していた国も多かった。海外移住には入国ビザを取得でき、受け入れ国に肉親・知人がいて、十分に所持金を有しているなどの条件が定められ、金持ちや早くに職場を追われた医師、弁護士、大学教授、教員などは早期に海外へ移住したものの、移住条件をクリアできずにドイツ国内に取り残されるユダヤ人も多かった。

ドイツ全土でシナゴーグやユダヤ人商店などが焼き打ちされ、多くの死者と逮捕者を出した一九三八年の「水晶の夜」事件後、海外へ逃亡・移住するユダヤ人は加速度的に増えた。しかし、ナチ政権成立当時にドイツ国内にいたユダヤ人約五十万人のうち半数程度は国内にとどめ置かれたという。それにもまして、第二次大戦勃発とともにドイツがヨーロッパ諸国に版図を拡大した結果、支配領域に数百万人のユダヤ人を抱え込むことになった。ここにユダヤ人の追放政策は限界を露呈し、逆にユダヤ人の移住を禁止し、域内での絶滅政策に移行することとなった。

開戦翌年の一九四〇年にはポーランドの諸都市に設置したゲットーにユダヤ人を強制移住させ、四一年六月のソ連侵攻に伴いユダヤ人の大量虐殺が始まった(第3章で詳述)。同年一〇月にはアウシュビッツをはじめポーランド国内の絶滅・強制収容所へのユダヤ人の大量強制輸送が始まり、ヒトラーのユダヤ人絶滅指令はこのころ出されたとみられている(89)。

以上みたように、ナチは当初、ユダヤ人をドイツとその支配地域から追放することに主眼を置いていたが、後年にはそれが絶滅政策へと転換した。ここで翻って、ドイツを含むヨーロッパにおけるユダヤ人の地位がどのように変遷したか、そのユダヤ人を当時のヨーロッパ人がどのようにみていたかを論じることで、ワイマール／ナチ期のドイツにおけるユダヤ人の置かれた立場を明らかにしたい。

11 国民国家からはじき出されたユダヤ人

ヨーロッパにおけるユダヤ人は近世の絶対君主への資金提供者として、宮廷内において特権を享受していた。H・アレントは『全体主義の起原』において、イギリスのエリザベス女王からオーストリアのハプスブルク家、フランスのルイ一四世の財務総監コルベール、ドイツのフリードリヒ大王に至るまで宮廷ユダヤ人の資本と信用を頼みにし、それに爵位を以って応えていたことを示している。ドイツを中心にプロテスタントとカトリックが激しく争い、ヨーロッパ中に戦禍の広がった三〇年戦争（一六一八-四八年）当時から、領邦の枠を超えて傭兵軍隊の給与を保証し、食糧を調達するなど、為政者からみてユダヤ人の存在価値はそのインターナショナル性にあった。

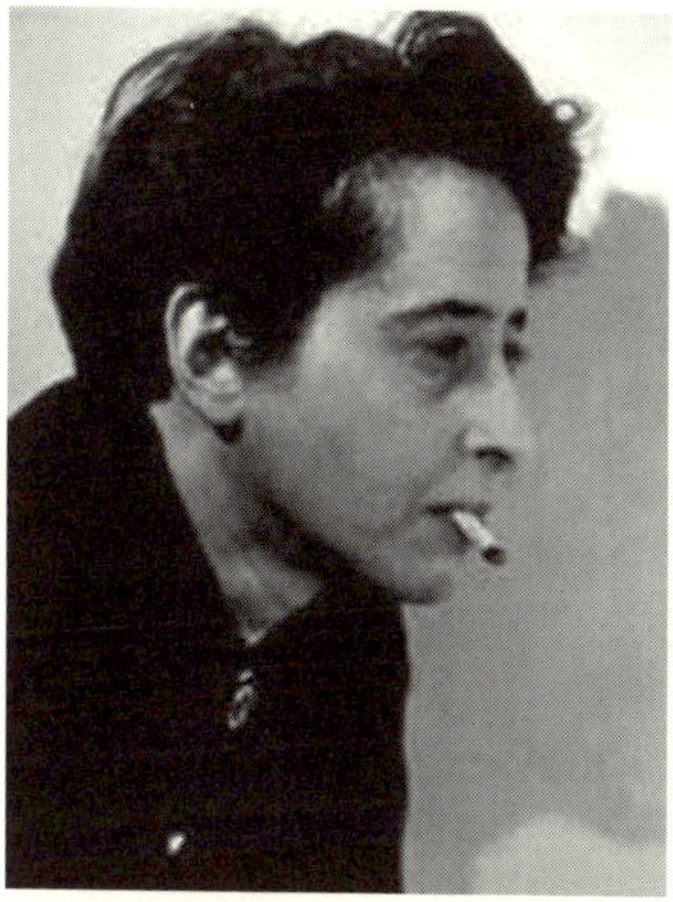
ハンナ・アレント

これは、一八世紀後半にヘッセン侯爵のもとフランクフルトにいた宮廷ユダヤ人のマイアー・アムシェル・ロスチャイルド（ドイツ語読みではロートシルト）が五人の息子をフランクフルト、ウィーン、ロンドン、ナポリ、パリにそれぞれ配置し、国際的な財閥を作り上げたことで一つの完成をみた。しかし、宮廷ユダヤ人は権力への関心は持たず、ある君主から別の君主へと資金提供を乗り換えることも厭わなかったから、その後の世界政治の黒幕としてのイメージも定着することとなった。

しかし、一九世紀を通じたヨーロッパにおける国民国家の形成が反ユダヤ主義を生み出した、とみるのがアレントの論調だ。アレントは「反ユダヤ主義とユダヤ人憎悪は同じものではない」と論じる。ポーランドやルーマニアなど東欧におけるユダヤ人憎悪ははるか昔から存在し、それは経済的要因であったが、「反ユダヤ主義はその政治的またイデオロギー的意味においては十九世紀の現象である」(90)とする。

まさに国民国家がその発展の頂点においてユダヤ人に法律上の同権を与えたという事実のなかには、すでに奇妙な矛盾がひそんでいたのである。なぜなら国民国家という政治体が他のすべての政治体と異なるところはまさに、その国家成員たるの資格としてはその国に生れていることが、その住民全体についてはその同質性が、決定的に重要視されているということにあったからである。同質的な住民の内部ではユダヤ人は疑もなく異分子であり、それ故、同権を認めてやろうとすればただちに同化させ、できることなら消滅させてしまわなければならない。(91)

つまり、自分たちの領土も政府も持たないユダヤ人は国民国家の枠外の民族であることは先に述べた通りで、国民国家のもとでも御用銀行家、軍需物資調達者、情報提供者としての役割を担い続けた。しかし、国民国家の形成過程において共和制への移行をもくろむ自由主義的な市民勢力が君主体制を守ろうとする貴族層とせめぎ合うなか、反発の対象としての国家の象徴的存在としてユダヤ人を捉えたというのが、アレントの主張だ。「ユダヤ人をかたづけることではなく（すくなくともそれだけではなく）、国民国家のうちに具体化させているような国家をかたづけるための〈反ユダヤ主義という道具〉[92]」としている。

特に、オーストリア＝ハンガリー二重帝国は国内に抱えた民族の多さから帝国に対する抵抗は強く、ユダヤ人への攻撃も激しかった。ヒトラーがウィーン時代に影響を受けたと『わが闘争』において告白している、大資本に侵されている手工業者や商店主を擁護する急進自由派としてのゲオルク・フォン・シェーネラーや、ウィーン市長のカール・ルエガー（キリスト教社会党）など、一九世紀後半を代表する反ユダヤ主義者を生み出している。アレントによると、シェーネラーが反ユダヤ主義者になったのは、ロスチャイルド家が支配していた鉄道の国有化を求めて帝国議会議員として活動したことに由来するという。

ドイツも一八七三年からの「大不況」時代に反ユダヤ主義を標榜する政党が次々に生まれ、議会に議席を占めるようになったのは象徴的である。ベルリンの宮廷牧師アドルフ・シュテッカーによる反ユダヤ主義運動もこの時代であり、自由主義勢力、次には保守主義勢力と結びついたビスマルク主導の政府にとっては社会批判の矛先がユダヤ人に向けられるのは好都合以外の何ものでもなく、中心スローガンはそうした権力エリート層が用意したものであった。

シュテッカーの掲げた反ユダヤ主義のプロパガンダに小市民階級が最も過敏に反応したことをアレントは挙げているが、一九世紀後半は大不況のなかでヨーロッパ各国に投機や詐欺が横行し、破産した小市民階級がユダヤ人にその矛先を向けたとしている。この際の小市民階級は職人や商人など旧中間層であり、この帝国主義時代にユダヤ人の占める位置が大きく変わってきたとアレントは論じる。

帝国主義時代になると国家財政の規模もユダヤ人資本家の財産の枠をはるかに超えるものとなり、それに従ってユダヤ人の国家経済における独占的地位は低下していった。一方で国民国家におけるユダヤ人の市民権は揺り戻しがありながらも拡大し、ユダヤ人の子弟たちは医師や弁護士といった自由業へも進出するとともに、新聞や出版、劇場、音楽といった文化産業の担い手ともなっていき、ワイマール時代には一級の知識人階級を形成することとなった。これには金融や商業、貿易などの業務を手がけるなかで培った合理主義的な学問が与かっていると言える。ナチの政権獲得時に弁護士の一六%、医師の一〇%、編集者や作家の五%をユダヤ人が占めていたという。

第1章第二節で述べたように近代ドイツは資格社会であり、ホワイトカラー層は良き職業を求めて資格試験にしのぎを削っていた。社会的地位の高い職業機会をユダヤ人に奪われることになったホワイトカラー層は、自らの経済的な没落をもともと裕福なイメージのユダヤ人と重ね合わせて恨みを溜め込んだのは想像に難くない。

サルトルの『ユダヤ人』では、ユダヤ人が歴史・宗教的経緯の中で自らの生業として関係を深めてきた貨幣経済は「抽象であり、理性の産物であって、ユダヤ人の抽象的知性と結びついたものである」[93]のに対して、風土に根差した反ユダヤ主義者の認めるのは、原始的な土地との結びつきだけであると論じる。ここに、感情vs.知性、個体vs.普遍、具体vs.抽象という基本的対立が生ずる。

高度に発達した産業社会では、金融や商業、都市の専門的な職業とそれを支える中央集権的な官僚機構が職業として中心的な役割を占める。しかし、そうした職業は前産業社会においては、奴隷や外国人といったマイノリティーが担っていた。前出のゲルナーも言うように、キリスト教の理念のもとでは金融業などは軽蔑されるべき職業であったし、国王の側近として官僚的機能を果たす人間（親族や有力者を含めて）に自由市民を登用するのは自分の立場を脅かす危険を帯びていたからだ。

ただ、アレントも指摘しているように、人種イデオロギーの基礎理論を打ち立てたのは貴族階級で、フランスのアルテュール・ド・ゴビノーが一八五三年に著した『人種不平等起源論』が二〇世紀を迎えて突如、脚光を浴びたことが注目される。ゴビノーは文明の滅亡を説く点でシュペングラーの『西洋の没落』を先取りしており、ゴビノーの場合は「貴族の没落を世界の滅亡とあっさり同一視[94]」している。その根拠を人種混合による人種退化に求め、劣等種が勝ち残ることを避けるために新しいエリート育成を唱える点で、ナチズムの教義とほぼつながっている。

12 優生学思想で不適格者を抹殺

一九世紀後半にヨーロッパを席巻した思想に、優生学がある。優生学はよき社会の建設のために肉体的、精神的な欠陥を持つ人間が生殖活動を行えないよう強制する断種政策を基本とするが、この政策は被支配民族にも援用され、ナチのユダヤ人絶滅政策はこの政策を模倣したことから始まった。その根底には、階級的偏見や人種差別意識を抱えている。

この優生学思想を生み出し、発展させたのはイギリスである。S・トロンブレイの『優生思想の歴史――生殖への権利』によると、「優生学」という言葉はフランシス・ゴールトン卿が一八八三年に用いたのが始まりという。同卿が一九〇七年に設立した優生学教育協会（後に優生学協会）は、「不適応性は遺伝するものであり、適応者の血統を繁殖させたり、不適応者の生殖を制限したり自制させたりするのはよき市民の義務である、というメッセージを広める」[95]目的を持っていた。

優生学の礎となったダーウィンの『種の起源』は、変異によって自然に適合した種だけが生き残るという自然選択のプロセスを通じて進化の過程に差が生じるという。ダーウィンはあくまで植物・動物に限定して論じていたものの、生物学の論理を社会学に援用したハーバート・スペンサーは、適者生存の原則に従って劣等種の自然淘汰が進むことを予見し、後年にはダーウィンもこの説を採り入れている。

ヨーロッパ人にとってみれば文明人たる自民族が優生種であることに疑いはないのだが、自然淘汰によって強者の生き残る未開社会と違い、文明社会は医術の進歩によって弱者も生き延びることができるようになった。おまけに国民国家の内部に「無軌道で低俗、不道徳な他民族」が蔓延し、自民族が社会的にも押され気味の現実を目の当たりにして、自民族の衰退を予感し始めた。自然がなかなか最適な人間を作り出せないとしたら、そうした人間を人間が手を貸すことによって意図的に作り出そうという発想が生まれた。そこで、有能な人間を人工的に育種し、生きるのに不適格な人間は断種に処すべきという優生学が生まれることとなった。

優良な遺伝子の持ち主との交配を奨励して優秀な子供を増やそうとする「積極的優生学」に対して、不適応者の生殖を制限して欠陥人間を作らないようにするのを「消極的優生学」と命名している。そして、欠陥のある人間を生殖できないように管理して隔離するための施設がイギリスやアメリカで発展したという。

断種政策はナチの専売特許ではなく、当時、英米諸国においても進んでいたことをトロンブレイは指摘する。アメリカでは一九世紀後半には犯罪者に対する懲罰的目的で州法が定められ、二〇世紀に入ると精管切除技術も加わって優生学的に不適と判断された人間を強制的に断種する法律が各州で制定された（連邦政府は法制化したことはない）。「優生記録局」や「米国遺伝子協会」の活動も伝えられる。イギリスでも第二次大戦直前に自発的な断種を推奨する立法化の動きが盛り上がったが、戦争勃発とともに立ち消えとなったという(96)。

ナチによるホロコーストの起源は断種実験に求められる。一九三九年八月に三歳までの精神的、身体的欠陥のある乳幼児を施設に集め、致死薬の注射による安楽死が図られた。同年一〇月に命名した「T4作戦」によって年齢制限を外し、「ドイツ国民ではない、もしくはドイツまたは同族の血統ではない者」も対象に加えた。

そのために六カ所の殺人施設が設けられ、殺害には主に一酸化炭素ガスが用いられ、その後のアウシュビッツなど絶滅収容所での殺害方法につながった。四一年には「14 f 13作戦」のコードネームのもとに強制収容所でも展開され、トロンブレイは偽証や隠蔽工作、記録の破壊により正確な推定は困難なものの、両作戦による死者数は十万人以上に上るという説を紹介している。

優生学がナチばかりでなく世界的に一世を風靡したのは、それが「道徳に適うもの」として、多くの知識人層が考えたことによる。先進国においてもスラム街では大家族や貧困の問題が顕在化していたし、そうした下層社会の生殖を管理することは有効な社会政策との信念があった。それは社会を計画的に作り出そうという社会主義者も同様で、イギリスの社会主義団体、フェビアン協会の主要メンバーであるH・G・ウェルズやバーナード・ショーも断種政策を支持していたという。

トロンブレイは生殖の権利は個人にはなく、国家に属するという論調や、逆に断種は全国民の権利であり、富める者と違って貧しい人間は断種さえできないことに問題を見出す論調を取り上げている。トロンブレイは「優生学が科学的に見え、かつ困難な社会問題に合理的な解決の糸口を提供した[97]」とみる。人種理論を発展させたのはフランスやイギリスであったが、それが最も先鋭的に現れたのがドイツにおいてであったのはなぜか。すでにみたようにこの帝国主義時代は先行した英仏両国がアジア・アフリカ諸国を席巻したのに対し、遅れたドイツは第一次大戦の敗北もあり、ヨーロッパ以外に覇権を唱えることはできなかった。このためドイツは陸続きのヨーロッパ内での領土拡大を第一義とすることとなり、アレントはこれを英仏の「海外型帝国主義」に対して「大陸型帝国主義」と呼んだ。そのヨーロッパ領域には同じドイツ民族も数多《あまた》いることから、「一つの民族、一つの国家」という初期の国民国家の幻想に最後までしがみついた結果と言える。

一方の英仏は海外植民地を拡大していった結果、本国内の人口減も手伝って移民を受け入れるようになり、自ら国民国家の理念を放棄していった。フランスにおいてユダヤ系のアルフレッド・ドレフュス陸軍参謀本部大尉がスパイ容疑で逮捕された冤罪事件（一八九四年）のように、反ユダヤ主義は根強くあったし、犯罪者や障害者に対する抹殺意識は残しながらも、進化論に従って遅れた人種を先導しようという、当人たちからは「人道主義的な意識」があったことも見逃せない。

A・ポーターは『帝国主義』において、非キリスト教徒をキリスト教徒にしようという宗教的な欲望とともに、非ヨーロッパ人の境遇をよりよくしようという人道的な願望があったとする。「ヨーロッパの介入こそは弱体な非ヨーロッパの人びとを守り、かれらの役に立つのだ、とする博愛的な考え方がひろく打ち出され、だんだんに温情主義的な色彩を強めていった[98]」。

前出のJ・S・ミルにおいても『経済学原理』で、余剰の資本や人口のはけ口を海外への植民に求めることを「国民の永久的福祉」として、資源の有効活用を図る全体的な調整を国家に委ねることを推奨している。また、自律した個人を求めた『自由論』では、「その人種自体が未成年の状態にあると考えられる未発達の社会状態を考慮しないでよいであろう[99]」として、未開人を社会発展へと導くには専制政治のほうが正当な統治方法であるとさえ言っている。

このようにヨーロッパの国民国家において人種主義思想が発展してきたが、それはより良き社会を構築するという社会工学的な観点ばかりでなく、国民自身にとっても都合のよいものである。その恩恵を最も受けるのは中産階級だ、とサルトルは言う。それはどのような心情なのか。

13 人種主義における「架空の差異」

現代社会においては人種に代表される人間に対する差別についてそれを正当化する理論が事あるごとに頭をもたげるが、その言説と行動を支配するのは感情からくる信念である。

自らユダヤ人で、祖国チュニジアと移住先のフランスで二重に人種差別を味わった作家のA・メンミは、人種差別についての理論的考察に優れた業績を残している[100]。メンミは「人種差別とは、現実の、あるいは架空の差異に、一般的、決定的な価値づけをすることであり、この価値づけは、告白者が自分の攻撃を正当化するために、被害者を犠牲にして、自分の利益のために行うものである[101]」と定義する。

そこで言う「現実の、あるいは架空の差異」にはまず生物学的差異があり、人種による生物学的差異は実際に存在するのだが、自民族の優越性を証明しようと「純血種」という概念が生まれる。しかし、民族の生き残りのための人類の絶えざる戦争の帰結としての混血の歴史は、「純血種」がただの幻想にすぎないことを示している。

メンミはドイツが排除しようとしたユダヤ人について、「彼らの動乱の歴史は、彼らをこの地上でもっとも混血した民族の一つに仕立てたのだ。ユダヤ人すべてに共通する固有の解剖学的特徴など何一つない」[102]と喝破している。ユダヤ人の公民権を剝奪しようと定めたニュルンベルク法が実際問題として人種としてのユダヤ人を確定するのに無理があったように、ある社会的集団が生物学的に一つの特徴ある相貌を持つことはない。

「架空の差異」は生物学的差異に終わらない。「人種差別には情緒的・感情的な根があるが、その表現は社会的である」[103]と言うように、人種差別は文化的命題でもあり、社会化の過程を歩む。宗教であれ、風習、装束、言語に至るまで、差異を根拠にした異質性嫌悪の広がりをみせる。このさまざまに錯綜した優越性が、差別する側の支配と特権を正当化する。

メンミの言説で納得させられるのは「誰も自分を人種差別主義者だとは主張しない」という点にあり、「誰の中にも、あるいはほとんど誰の中にも、自覚していない人種差別主義者がいる」ことは見逃せない。ただ、「人種差別主義は個人の中にある以前に、諸制度とイデオロギーの中に、教育と文化の中にある」としているように、個人のなかに潜む欲望に火をつけるのは社会的事実であり、また社会全体に蔓延するところに特徴がある。[104]

そこには人種主義者の複雑な人間心理が読み取れる。その心理はメンミが「人種差別主義者の倫理的パラドックス」と呼ぶところのもので、「同一発言に表向きのメッセージと隠された意味とかが二重になっている」[105]のだ。人種差別の真の意味は隠されており、人種差別主義者は自らの不正を悟られたくないがために自らを正当化する言説を弄するに他ならない。したがって、人種差別は理性の次元の問題ではなく、その言説を支配する感情を引き出す必要がある。

その「真の意味」について、メンミは一般論として次のように分析する。

　われわれの特権、財産、あるいは安全が脅かされていると感じるたびに、人種差別主義者として行動する危険性がある。われわれは均衡を失った、あるいは、失いそうだと思うとき、その均衡を取り戻すために人種差別的行動に走る(106)。

　つまり、経済的困難が生じ、国際的な脅威が強まったりして、社会全般の規範が弱まったりした際に、自分の窮乏の原因を見つけ出してその脅威が増幅されるのだ。

　メンミが注目するのは、被抑圧者自身が自分より弱い者に対する差別に向かうことだ。植民地社会では西欧人の支配下にある現地人が、より下層の貧者を差別し、ヨーロッパ各国の貧者は、外国人労働者にその矛先を向けるという「差別のピラミッド構造」を見出す。「結局、誰もが一段下の段を探し、そこから自分が支配者で、相対的に立派に見えることを願う」ことにより、「彼は自慢する必要すらない。自分の引き立て役を務める他者の価値を減じるだけだ。彼の優越性は証明される必要すらない。他者の劣等性の中にすでにあるのだ(107)」。

　ワイマール期の中間層は失業やハイパー・インフレーションにより経済的に窮乏し、裕福なユダヤ人知識層が自分たちの職を奪っていく姿を目の当たりにするとともに、「得体の知れない」東方ユダヤ人が大量になだれ込んできて生命の危険さえ感じるようになった。この中間層にとって、ユダヤ人は近代理性を体現して成功した存在であるとともに、国民国家の枠にはまらない存在でもあるという二律背反性から、許しがたい存在となっていった。そうした群集が反ユダヤ主義に向かうのは、有産階級にとっては一つの安全弁であり、自分たちの拠って立つ社会制度に矛先が向かわぬよう、無害な集団に対する憎悪をそそのかすのである。

成功したユダヤ人と社会的弱者とは、特にホワイトカラー層の持つ特性の両面である。成功したユダヤ人は「なれなかった自分」であり、社会的弱者は「なりたくない自分」であるからだ。社会ダーウィニズムの「進化」「適者生存」の論理は、社会のなかでのし上がる自分の姿を夢見て、落ちこぼれていく自分の姿を極度に恐れる現代人を規定することとなった。そこには闘争を勧め、強者の勝利を祝福し、敗者にはその不可避性を納得させる宿命論が存在する。自らを「エリート」と信じ込ませるために、生物学や歴史学など科学の力を借りて、合理的保証を得ようとの心理が働いている。

それがホロコーストという民族虐殺にまでつながることを、メンミは「他者性を前にした恐怖」に帰している。「われわれが警戒しているあの連中、われわれがあらかじめ断罪し、どうも好きにはなれないあのうさんくさい連中が、どうしてわれわれにお返しをしないわけがあるか」(108)という思いだ。メンミの言うように、人種差別は言説として発展し、それを自分の体験をもって増幅させ、神話にまで昇華する。それは相手の存在を徹底的に侮辱し、無に貶めることで、自己正当化を図ろうとする。そのなかには相手に対する恐怖が存在し、そうなると他の動物と同様に攻撃に転じることがままある、ということになる。

人種主義はかように、極めて観念的なものである。ヨーロッパは領土と民族を自然のものとみる一八世紀後半以来の国民国家の形成過程のもとで、民族内部の言語や教育、文化といった同質性を求める一方、対外的には民族同士の対立が深まり、海外に植民地を広げる帝国主義も手伝い排外的な性格を強めていった。その過程で、自民族を太古から連綿と続く固有の特別な存在とみるナショナリズムを発展させ、国家の理念を求める意識とともに、歴史のなかに生きる人間としてその歴史を真摯に受け止めて積極的に社会と対峙しようとする。それは思想家レベルでの観念的な発展でしかないのだが、大衆社会においてはそれを実践的に受け継いだナチ党によってイデオロギーが形を変えて国民全体に降りてくる。

ホワイトカラー層にとっては、自分たちがなろうとする知識的な職業をユダヤ人に奪われているという現実もあるので、それを排除できる人種主義は願ってもない思想である。当時のドイツ人にとって成功したユダヤ人は近代理性を体現した妬みとしての存在であり、一方で国民国家の枠にはまらない近代理性から逸脱した存在にも思えた。国民国家の理念を受け取ったホワイトカラー層は極めて土地に密着した自国主義的な存在であり、その意味で国際主義的なユダヤ人も、共産主義者も思想的に受けつけない。いったんは近代理性を体現しようとし、その矛盾に直面すると、それを乗り越えようとあがいたドイツ人は、ユダヤ人に対する二律背反的な感情を育み、これに決着をつけるべくユダヤ人一般を敵視するイデオロギーへと〝昇華〟させていったのである。ユダヤ人は鏡に映ったもう一つの自分の姿であり、その破壊によって現実の自分を正当化しようとする試みであった。

民主主義社会においては自由を保障されるとともに、市民社会の一員としての責任を伴う。しかし、個人としての自覚に目覚めたとしても政治・経済的な挫折を味わったときに、責任からは逃れようとし、自由の保障だけは守ろうとする。そこに国民国家とそこから派生するイデオロギーが加わると、そのイデオロギーを守るための社会秩序を守ろうと、ままならない現実を壊そうとする衝動を生み出す。サルトルは『ユダヤ人』において、「他人に対して厳格な秩序を要求しながら、自分に対しては、責任のない無秩序を求めているのである。彼は、自由と孤独の自覚から逃げ出しながら、しかも法律を越えていようというのである」[109]という表現をとる。

そして、サルトルは「彼等は、善を決定せずにすませるために、悪を決定したのである。悪と戦うことに夢中になればなる程、善を問題にしようという気は失われる」と反ユダヤ主義に走った人間の心理を暴く。「問題は悪を追放することであるといえば、善が既に与えられていることになる。苦しんでそれを探す必要がなくなる」ので、「善のために悪をなす」論理を組み立てることができる。[110]

この章では、第二次大戦に至るまでのドイツを中心としたヨーロッパの国民国家形成に絡む思想の展開をみることで、現代人とイデオロギーの関係を論じた。その過程で、当時のドイツのホワイトカラー層が時代精神をどう内面に取り込み、ユダヤ人に対する排斥感情を強めていったかを明らかにした。続いて第3章では、ナチ政権の組織とそのもとで実行されたホロコーストを検証することによって、現代社会における組織とそのなかにうごめく人間模様を捉えたい。そこでは、組織の意思決定の曖昧さと、ヒエラルキーのもとでの伝達過程においてトップの本来の意図とは離れた結果をもたらすことが明らかになるはずだ。

ミニコラム3

ナチ政権とメディア

弁舌の才に長けたヒトラーが宣伝を重視し、大衆動員のためにラジオと映画を存分に利用したことはよく知られている。ラジオと映画は、一九世紀の新聞と演劇に取って代わるメディア革命だった。宣伝相に就任した文人崩れのヨーゼフ・ゲッベルスによって進められたその国民の「同質化」は、具体的にどのような経緯を辿ったのか。

ラジオの前で演説するヒトラー

ナチは政権獲得から間もなくの一九三三年秋、帝国文化院法を制定し、文学から音楽に至るまですべての文化活動の一元管理に乗り出した。ラジオも映画も、すでに設置されていた国民啓蒙・宣伝省の監督下に置かれ、編集内容もチェックされた。メディアに関わる人間にもナチに迎合する者が次々と現れ、その集権体制に反対する人間は解任されるか、当局に目をつけられた者は国外へ逃亡を余儀なくされるケースも相次いだ。

ヒトラーは施政方針演説をラジオで行った最初の首相となった。ドイツでラジオ放送が開始されてから一〇年が経っていた。しかし、聴衆を前にした演説は得手でも、マイクだけを前にしたラジオ演説ではさしものヒトラーも最初は戸惑ったようだ。そこで、ヒトラーが演説している会場から実況中継するという方式を編み出し、首相になった三三年だけでもその数五十回以上に及んだという。しかし、当時はまだラジオの受信機の普及していない段階だったので、ナチは構造が簡便で、安い国民ラジオ受信機という一種の簡易ラジオを開発させた。そこから職場で皆で総統の演説をラジオで聴く風習となった。

ヒトラーの演説が声の抑揚や表情、身振りなどで大衆を魅了したのは有名だ。しかし、演説の中身となると、理論的な思考を必要とするようなテーマは決して語らない。また、大衆の生活に密着したことも語らない。それこそドイツの生存圏とか、反ユダヤ主義といった抽象的で、底の浅い演説に終始し、大衆の情感に訴える。理論的でないから、反論のしようもない。ヒトラーは『わが闘争』で、「宣伝は、宣伝によって教えられる各人の意義、かれらの才能、能力、理解力あるいは性格について頭を悩ます必要はない」と語っている。

しかし一方で、ナチのラジオ戦略はプロパガンダに終始したわけではなく、娯楽番組もふんだんに用意した。大衆を感化するに当たって、ゲッベルスはヒトラーよりもその手法を熟知していた。演説ばかりでは人間は疲れるし、演説から離れても大衆を何も考えない存在にしておかなければならないからだ。

映画は娯楽のなかにプロパガンダを巧妙に忍び込ませる最大の手法としてゲッベルスが最も精魂を傾けたものだった。W・ベンヤミンが「政治の芸術化」と評するものである。ナチ時代を通じて歴史物か戦争物が多く、そこには男気もロマンスもある。第二次世界大戦に入ると、暗に戦争遂行を唱え、ユダヤ人抹殺を主題にした映画まで出てくる。カール・リッター監督の『最後の一兵まで』（一九三七年）やファイト・ハーラン監督の『ユダヤ人ジュース』（四〇年）などに代表される。

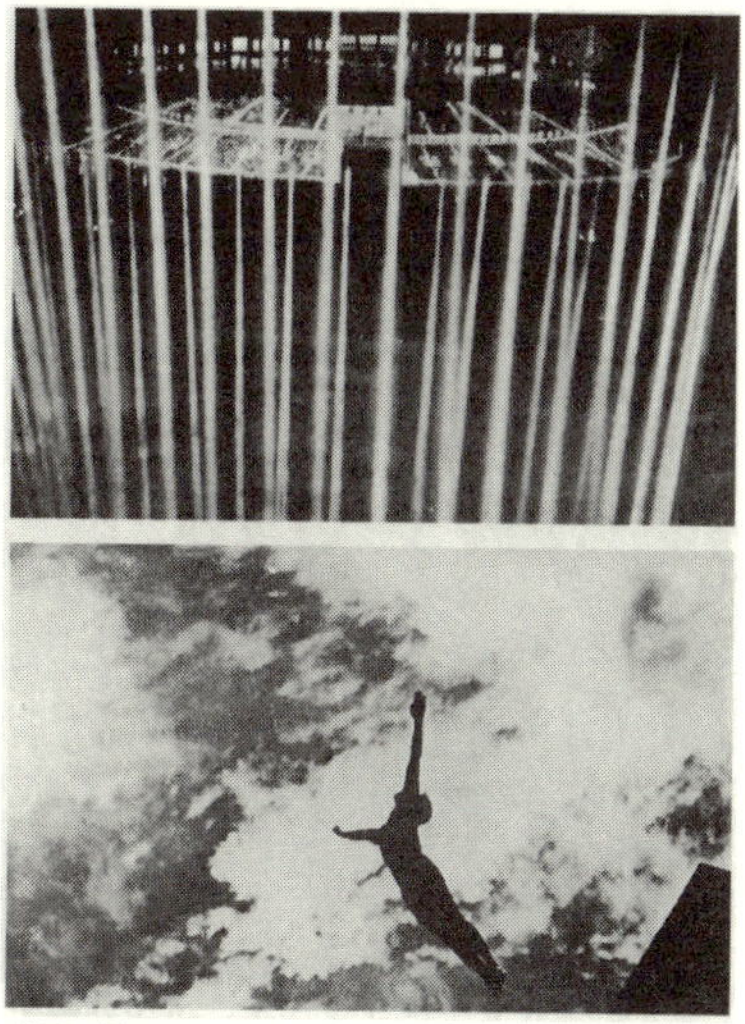

映画「オリンピア」

歴史物で飽きもせずに上映されたのは、一八世紀のフリードリヒ大王を扱ったもので、背後にヒトラーをこの英君になぞらえているのがミソだ。戦争物では第一次世界大戦下で英雄的な行動をする兵士に照準を合わせるのがお決まりで、視聴者は第一次大戦の屈辱を思い出し、今ある戦争に命を捧げようと奮い立つのだろう。国外のドイツ人が苦難を経て祖国に回帰したり、敵国に回ったロシアやイギリスを悪者に仕立て上げる映画も現れた。

第二次大戦の緒戦の勝利では戦線にまで映像カメラを出動させ、そうして出来上がった映画は観客を歓喜させた。それが敗色濃厚となると、映画にもペシミスティックな死の影が漂う。アメリカ映画に対抗心を抱くゲッベルスは何かに取り憑かれたように、戦況不利な状況にある軍部まで大量動員、巨額な製作費をかけた壮大なスペクタクル映画『コルベルク』(ファイト・ハーラン監督)を完成させた。一九世紀初頭にナポレオンに蹂躙されたプロイセンのコルベルクという都市が最後の抵抗を試みる物語だが、これが陥落寸前のベルリンと同時にフランス西岸のラ・ロシェルで連合軍に包囲されたドイツ軍部隊にパラシュートで投下されて公開された(四五年)というのは皮肉という他はない。

ナチ時代の映画は評価は低いものの、ワイマール時代以来の映像技術の遺産は残っていた。その結晶と言えるのが、女性映画監督レーニ・リーフェンシュタールによるベルリン五輪（三六年）の記録映画『オリンピア』（三八年）だった。ナチのプロパガンダの一環とはいえ、その映像美は高く評価されている。

ミニコラム4

ナチズムとセクシュアリティー

デカルト以来の心身二元論の哲学は精神を本質とみなし、身体は付随的なものとされてきた。一八世紀後半以降のドイツ・ロマン主義運動は現にあるものとしての身体の復権を促し、その環境としての自然を称揚する精神を育んでいった。それは「血と土」を愛し、男性原理が支配するナチズム精神とつながっている部分がある。

ナチは政権獲得後、動物愛護法や自然保護法といった現代を先取りした環境保護関連の法律を矢継ぎ早に成立させた。その過程で、ユダヤ人の宗教的な儀式での供物の屠殺方法も問題とされた。その人間中心的でない、生命中心主義的な発想が、ユダヤ人やマイノリティーの虐殺とどう論理的な整合性が存在するのか？　そこには、本論で示した優生思想が絡み合っていると考えられる。すなわち「環境保護の観点からユダヤ人は抹殺すべきである」という倒錯した論理である。

一九世紀初め、ナポレオンに国土を蹂躙されたドイツでは、自国の若者が祖国の誇りを取り戻すべく身体を鍛えることが奨励された。「体操の父ヤーン」と呼ばれる教育者フリードリヒ・ルート

20世紀前半のワンダーフォーゲル運動

ヴィ・ヤーンは、器械体操を取り入れた運動を奨励しようと学生組合を組織した。その発想は、民族の拠って立つ土地と自然に対する執着とゲルマン古来の文化に対する覚醒を呼び起こした。その後、一八四八年の自由主義的な「三月革命」で挫折した若者の精神は、再び民族精神に回帰していく。そこには近代文明を魂のなき俗物根性として、素朴な自然を愛する超俗的な精神への志向があった。

その強いドイツの再建は高貴な男が集まって、ストイックな生活を送ってこそ成し遂げられるという精神へと向かう。師は独裁的であり、そこにはカルト的な要素も存在する。詩人シュテファン・ゲオルゲのもとには彼を神格化する若者が集まった。彼等の多くは、端麗で教養も豊かな中産ブルジョア階級の子弟たちである。女人禁制の、男同士のエロスで結ばれた秘密結社的性格を併せ持つ。酒や煙草はもっての外で、共同体組織の中で精神を高め合う。

一九世紀末から二〇世紀初めにかけてドイツで盛んになったワンダーフォーゲル運動も、そうしたロマン主義精神を受け継ぐものだ。半ズボンにリュックを背負い、歌を歌いながら北部ドイツの厳しい自然の中を逍遥する。運動の推進者であったハンス・ブリューアーは幼少期から体が弱く、逆に自ら厳しい鍛錬を課して強い男を目指した。当時、ワンダーフォーゲル運動は同性愛者の溜まり場との風聞が絶えなかったが、それは良家の子弟の通うギムナジウム全般にもみられた現象であった。

　戦争は男女の性的分業を加速させる。第一次世界大戦後には、戦線に立ったかどうかで男らしさが誇示された。塹壕の中での兵士間での戦友愛が神話となって語られ続けた。片や、女性は銃後を守る身として、国民を守護する献身的な聖母として神格化された。ワイマール期以降は絵画や彫刻でも、ゲルマン人としての理想的な男女の裸体像が次々と示されている。裸体は自然に回帰するものであり、民族の力強さを表すものであった。

　ただ、ナチズムは優秀なドイツ人を再生産するという使命から、同性愛は唾棄すべき存在であった。しかし、根底にあるのは男性共同体のもとでの規律ある生活であった。突撃隊（ＳＳ）幕僚長のエルンスト・レームなどナチ党員にも多くの同性愛者がいたとされる。しかし、ナチを男性文化としてのみ捉えることはできないだろう。現にヒトラーは女性にも人気があったとされる。ドイツは一九一九年のワイマール憲法のもとで、英米仏よりも早く二〇歳以上の男女全員に参政権を与えている。二〇年代後半に議会勢力を伸ばしたナチ党は、女性票にかなりの程度支えられていたことが分かる。男らしさを象徴する戦争の遂行に、女性も賛意を示していたのか。この点については見方も分かれる部分があり、ナチズムに果たした女性の役割は今後の研究課題でもある。

第3章

組織論からみたホロコースト

第一節　組織ヒエラルキーの生む暴走

1　ソ連侵攻でユダヤ人を追いかけ回す

第二次世界大戦は、ナチ・ドイツのポーランド侵攻で幕を開けた（一九三九年九月一日）。ドイツはその直前、ソ連との間に独ソ不可侵条約を締結しており、ソ連もドイツに倣って東部ポーランドに侵攻。ポーランドは一カ月ほどで降伏、独ソ両国によって分割占領された（ポーランドはその後、ロンドンに亡命政権を樹立し、ポーランド国内には地下抵抗組織を発足させる。独ソ戦開始に伴い、ソ連の支援を得て対独闘争を繰り広げる）。ドイツはヴェルサイユ条約によって失ったダンツィヒ（グダニスク）とポーランド回廊（ドイツとダンツィヒに挟まれたバルト海に至る長さ四〇〇キロ、幅一二八キロに及ぶ地域）を奪い返すことができた。中世以来、十字軍の一環としてドイツ騎士団がバルト海沿岸に東方植民を進めていたが、ヴェルサイユ条約によってポーランド回廊を失った結果、ドイツ系住民が多く居住する東プロイセンが飛び地として残されていた。ポーランド回廊の奪回によって、ドイツは再び領土の一体化を図ることができた（第二次大戦後、東プロイセンはソ連とポーランドに分割併合される）。

これより以前、ナチ・ドイツはウィルソンの民族自決の原則を逆手にとって、中欧への領土拡大を進めていた。第一次世界大戦前には多民族国家であったオーストリアは統一ドイツ国家の枠組みから外さ

N
ノルウェー
(1940.4侵攻)
スウェーデン
フィンランド
エストニア
ラトビア
リトアニア
デンマーク
(1940.4侵攻)
イギリス
(1940.5侵攻)
ベルギー
エール
ロンドン
(1940.7~41.5大空襲)
ダンケルク
ノルマンディー
フランス
パリ
(1940.6陥落)
(1944.8解放)
ヴィシー
(1940.7政権樹立)
オランダ
(1940.5侵攻)
アルデンヌの森
ドイツ
ベルリン
(1945.5陥落)
ポーランド
(1939.9侵攻)
ズデーテン
(1938.9併合)
チェコスロバキア
(1939.3解体)
スイス
オーストリア
(1938.3併合)
ハンガリー
ルーマニア
ユーゴスラビア
(1941.4占領)
ブルガリア
アルバニア
ギリシャ
(1941.4占領)
イタリア
(1940.6参戦)
(1943.9降伏)
ポルトガル
スペイン
モロッコ
アルジェリア
チュニス
(1943.5北アフリカ戦線敗退)
チュニジア
イタリア領リビア
レニングラード
(1941.9~44.1包囲)
モスクワ
(1941.10~42.1包囲)
キエフ
(1941.9陥落)
ヤルタ
(1945.2会談)
スターリングラード
(1942.8~43.2攻防戦)
ソ連
(1941.6侵攻)

第二次世界大戦概略図

れた格好だったが、敗戦によってハンガリーやチェコスロバキアが独立したためドイツ人国家に逆戻りしていた。そこでオーストリア国内からもドイツと一体となることを望む声が強まっていた。もともとオーストリア人であるヒトラーの支援のもとオーストリア・ナチ党も勢力を伸ばし、紆余曲折はあったものの一九三八年三月にドイツに併合された。直後のオーストリア国内での国民投票でも九九％が賛意を表した。

チェコスロバキアは工業地帯である西部のズデーテン地方にドイツ系住民が約四分の一を占め、ドイツへの併合を望んでいた。ヒトラーはその機会を虎視眈々と狙っていた（ズデーテン危機）が、ドイツとの宥和政策をとっていたイギリスのネヴィル・チェンバレン首相など列国がミュンヘン会談（三八年九月）においてヒトラーに併合を容認してしまった。協定ではドイツはそれ以上の領土要求を求めないことを条件にしたものの、列国の弱腰をなめきったヒトラーはプラハに侵攻（三九年三月）、チェコをベーメン・メーレン保護区として第三帝国に組み入れるとともに、スロバキアはドイツの圧力のもとで独立させた（チェコスロバキア解体）。ここに至って英仏両国は態度を硬化させ、半年後にポーランド侵攻するに及んでドイツに宣戦布告した。

四〇年に入るとドイツはデンマークとノルウェーを急襲したのに続き、中立国のベルギーとオランダに奇襲攻撃を仕掛け、西部戦線での戦闘も始まった（四〇年五月）。第一次大戦での経験からフランスは独仏国境に沿って長大な要塞線（マジノ線）を構築していたが、ドイツ軍はフランス側が〝自然の要塞〟として、すっかり信頼し切っていたため防御の手薄だったアルデンヌの森でマジノ線を突破、英仏連合軍を海岸沿いのダンケルクまで追い詰めた。イギリス軍はドーバー海峡を辛くも逃げ、フランスは降伏した。ドイツは制空権確保のため、ロンドンを中心に都市爆撃に移り、多くの市民が犠牲になった。第二次大戦は第一次大戦と違って空母と航空機が主力となったことで、前線を飛び越えて都市爆撃が恒常的となり、一般市民の犠牲も増えることとなる。

この間、イギリスではウィンストン・チャーチルが首相に就任し挙国一致内閣を成立。降伏したフランスには南部にドイツに協力的なヴィシー政権が成立、当時陸軍少将だったシャルル・ド・ゴールはロンドンに亡命してレジスタンスを指揮した。片や、当初は参戦を渋っていたベニト・ムッソリーニ率いるイタリアが四〇年六月になって英仏に宣戦布告、同年九月には日本も含めた三国同盟が締結された。

そうした間隙を突いて、ソ連は革命直後の混乱時に失った領土を回復しようと躍起になり、バルト三国やルーマニア、フィンランドなどに盛んに侵攻していた。極東では日本軍と軍事衝突を起こした(三九年のノモンハン事件)こともあり、日独双方からの挟撃を恐れて独ソ不可侵条約を締結したソ連であったが、そもそも東方に「生存圏」を確保しようとするナチ・ドイツとの激突は時間の問題だった。

一九四一年六月二二日、ドイツは不可侵条約を破って突如としてソ連に侵攻した。三百万人以上を動員した兵力は、ドイツ史上最大のものだ。ソ連の北部、中部、南部に分かれて侵攻、「バルバロッサ作戦」と名づけられた。「バルバロッサ」はイタリア語で「赤ひげ」を指し、一二世紀の神聖ローマ皇帝であるフリードリヒ一世が赤みがかったひげを蓄えていたことからそう呼んだ。フリードリヒ一世は第三回十字軍に向かう途中で不慮の事故で命を落としたが、不死鳥のごとく蘇ってドイツに舞い戻り帝国を再建したという伝説の持ち主だ。「バルバロッサ作戦」という命名に、ナチの意気込みがうかがえる。

ドイツの侵攻を聞いたヨシフ・スターリンは事態をなかなか信じようとせず、動揺を隠せなかったと伝えられる。九月にはレニングラードが包囲され、キエフは陥落、一〇月には首都モスクワへの攻撃も

ドイツによるソ連侵攻の際のポグロム（1942年）

始まった。ナチ・ドイツにとって対ソ戦は東方への「生存圏」確保とともに、反共産主義と反ユダヤ主義というイデオロギー闘争の面も有していたため、勢い殲滅戦の様相を呈した。

ヒトラーの思惑としては、ウラル山脈の西側を席巻し、最大の敵であるソ連国民＝ボルシェビキをウラル東方に追いやるか、抵抗すればすべて殲滅する作戦であった。そのために戦時国際法をも無視して殺戮した兵士と民間人を合わせたソ連人の数は、ナチによって殺されたユダヤ人の総数を上回るという（捕虜への残忍な扱いから死亡した兵士も多い）。そのあおりで、パルチザンも含めてだが、その地に住んでいたというだけでユダヤ人も殲滅の標的にされた。ソ連のユダヤ人の大多数は同国西部に集中して居住しており、ポーランドやバルト諸国、ウクライナ、ベラルーシなどドイツ軍が席巻した地域には約四百万人のユダヤ人が住んでいたという。しかも戦線の硬直化に連れ、その標的の重心がユダヤ人にシフトしていったことが多くの文献からうかがえる。

独ソ戦の進展に伴ってなぜ執拗なまでにユダヤ人虐殺を行ったか、これにも歴史学者に諸説がある。栗原優は『ナチズムとユダヤ人絶滅政策——ホロコーストの起源と実態』において、戦争の硬直に伴ってドイツの食糧危機が深刻となり、ユダヤ人の効率管理のために隔離を進めたポーランドなどでのゲットー運営が立ちいかなくなった戦時経済としての合理性にその主因を求めている。つまり、食糧配給の道を閉ざされたユダヤ人を飢餓状況に追い込んで路上で野たれ死にさせるよりは、一気に殺してしまったほうがどれほど「人道的な行為」か、という奇妙な合理性論理である。

一方、独ソ戦とホロコーストの関係を中心に論じた永岑三千輝は『独ソ戦とホロコースト』において、ポーランドやソ連領内での軍事行動を詳細に分析し、ナチの東方占領地とその抵抗勢力のせめぎ合いのなかで、当初の目的から離れて虐殺がエスカレートしていく姿を捉えていた、つまり、ソ連領内に深く入り込んでの戦争の硬直化に直面した際に、すでに占領した後背地ではパルチザンなど抵抗勢力の反撃が相次ぎ、その反攻を恐れて地域住民の殺戮に踏み切った点を強調する。特にウクライナやベラルーシなどソ連西部にはユダヤ人比率が高く、ユダヤ人をボルシェビキと同一視するイデオロギーが強く介在したことと思われる。

ただ、現に戦争状態にある地域で、占領地域といっても各所に点在しているユダヤ人を追いかけ回して射殺する必然性がどこまであったか？　たとえ絶滅政策の過渡期といえども疑問の残るところである。独ソ戦で注目されるのは、ナチ親衛隊（SS）から組織した行動部隊（Einsatzgruppen）である。行動部隊は戦争遂行のために前線にあった国防軍とは別に、占領地域の治安に当たる特別任務を与えられた。約三千人で構成され、四グループに分かれて進軍、独ソ戦を通じて殺したユダヤ人は非戦闘員を中心に二百二十万人にも上るという。キエフに入城すると近くの峡谷、バービー・ヤールにユダヤ人市民を集め、二日間で三万人以上を銃殺した大虐殺（四一年九月二九―三〇日）はその象徴として語られる。

独ソ戦におけるユダヤ人虐殺の経緯を辿ると、その後の絶滅収容所での計画的な殺戮と比べて政策のなし崩し的な実行の跡がみて取れる。この時点でのソ連領内での殺戮方法は銃殺が中心で、人間の斃れ行く姿を目の当たりにすることに動揺をきたす兵士も多かったようだ。芝健介の著書『武装親衛隊とジェノサイド――暴力装置のメタモルフォーゼ』は、この行動部隊の展開を細かく描写している。そこでは、ヒエラルキー構造における上官から下士官に向けての情報伝達過程の奇妙な流れがみてとれる。同書からその概要を示す(1)。

2 女性・子供までエスカレートするユダヤ人虐殺の組織論理

「ユダヤ人問題の最終解決」の全権を委任されたSS組織内の国家保安本部長官、ラインハルト・ハイドリヒがSS指導者たちに出した一九四一年七月二日の指令書では、その処刑対象は共産党の関係者のほかは「党や国家に職を持ったユダヤ人」と挙げているだけである。しかし、住民がゲリラとして抵抗すれば報復するのは当然の行為として、国防軍も含めて「住民の射殺もやむを得ない」との空気は蔓延していたという。

『武装親衛隊とジェノサイド』によると、東方占領地域の治安権限を与えられたSS全国指導者のハインリヒ・ヒムラーはロシア中部に侵攻していた行動部隊のいるプリピャチ湿地帯近辺に到着、追加投入された親衛隊騎兵旅団に「パルチザンを支援する疑いのある者は全て射殺しなければならない。女性と子どもは搬送、家畜・食糧は差押え安全な場所に移すこと、村は徹底的に焼き払うこと」という命令が伝えられた。このとき、指揮下にあった騎兵旅団長のヘルマン・フェーゲライン（SS中将＝ヒトラーの愛人、エヴァ・ブラウンの妹と結婚）の指令は「元犯罪者から成る村・村落は容赦せず全て根絶する。ユダヤ人の大部分は掠奪者として扱う。……女・子どもは家畜とともに廃墟となった村から駆逐しなければならない」とユダヤ人を名指ししたものに変わっている。

さらに、ヒムラーの「全てのユダヤ人男性を射殺し、ユダヤ人女性は沼（引用者注：プリピャチ沼沢地）へ駆り立てなければならない」との命令が伝えられると、フェーゲライン指揮下のグスタフ・ロンバルト（SS少将）は女性、子供を含めてすべてのユダヤ人を根絶するよう拡大解釈して受け取ったという。結局、子供を抱えて逃げる母親をもろとも撃ち殺すといった惨劇が相次ぎ、その殺戮した人数をドイツ人将校は上官への報告において誇示し合ったとしている。

ここにおいて重要なのは、SS最高権威のヒムラーが当初はユダヤ人の射殺を命令していないにも関わらず（たとえ彼が明確な反ユダヤ主義者であったとしても）、フェーゲラインはユダヤ人＝パルチザンと解釈しており、ロンバルトに至っては避難・追放を命じられた女性と子供まで射殺の対象を広げたことにある。さらに、意思決定から情報伝達に至る曖昧さとして次のことが指摘できる。

(a)そもそもヒムラーの指示自体が、短期間の間に大きく変わっている。射殺の対象が当初は「パルチザンを支援する疑いのある者は全て」だったのが、後には「全てのユダヤ人男性」となっている。さらに、「パルチザンを支援する疑いのある者は全て」とはユダヤ人の射殺を容認しているようでもある。トップの命令としてかなり控えめな、抽象的な表現がなされている。

(b)フェーゲラインは最高権威の言葉を都合のいいように歪めて部下に伝えている。上司の抽象的な表現のなかに期待値をみてとり、上司の満足を得てそれを自らの評価につなげようと、期待以上の働きを試みたと考えられる。

(c)実行部隊としてのロンバルトがヒムラーから直接に命令を受け取ったかどうかは不明だが、常に接していない、はるかな上位者の真意は推し測りようがない。曖昧な部分は裁量の範囲として、状況に合わせた判断をとることとなる。フェーゲラインの女性と子供を「駆逐しなければならない」という表現も、取りようによっては射殺しても構わないという解釈にもなる。

この経緯のなかに、ヒトラー自身の言動は見られない。ヒトラーから何ら特別の指示がなくとも、彼の真意を汲み取ってか、ヒエラルキー構造のもとでは組織下部の中間管理職が自動的に動いていく。しかし、その結果はヒトラー自身の思惑以上の効果を上げることとなる。

ホロコーストの歴史においては、ヒトラーなどナチ幹部がどの時点で全ユダヤ人の殺戮を決断したか、そしてその命令がどのように伝達され、具体的な殺戮へとつながったかが長く論議の的となった。それは、ホロコーストが当初からナチの意図するものであったか、あるいは別に意図した政治・社会情勢がうまくいかずに流れとしてそうなったものかによって、ナチ犯罪の恣意性の程度が明確になるからである。

残された公的・私的な文書とニュルンベルク軍事裁判などを通じた被告人の証言をもとに歴史学者は検証を重ねてきたが、ユダヤ人殺戮命令を決定づける文書が残されていないこと、また裁判においては人によって証言が食い違ったり、あるいは刑を軽減するために自らに都合のよい証言をしたりするためか、明確な結論には達していないのが現状である。

まず、「ヒトラーの命令は文書になって残っていない」という事実がある。前出の栗原が指摘しているように、「ヒトラーを含めての最高責任者の発言が一致して、ヒトラーの絶滅命令があったことを明らかにしている」だけで、「ヒトラーの命令は口頭でなされたのであろう」というのが一般的な見解だ。[2]

ユダヤ人絶滅政策を示した文書としてよく挙げられるのが、バルバロッサ作戦の開始から間もなくナチのナンバー2、ヘルマン・ゲーリングが国家保安本部長官のハイドリヒに宛てた命令文書である。そこには、「私はさらに貴官にたいして、懸案となっているユダヤ人問題の最終的解決実行のための組織的、実際的、物質的前提にかんする全体的計画を早急に提出することを命令する」[3]とある。そこに盛られている「最終的解決」という言葉が何を意味するのか——単にドイツ占領地域からのユダヤ人の追放を意味するのか、あるいは大量殺戮の表現としての絶滅を意味するのか、従来の論議も分かれている。

もう一つ、一九四二年一月に開催された「ヴァンゼー会議」でユダヤ人絶滅が最終決定されたという説も有力だ。ベルリン郊外の別荘地、ヴァンゼー湖畔に政府高官一五人が集まり、ユダヤ人移送や殺害の具体的方策が話し合われたとするものだ。ただ、その主宰者はハイドリヒであり、ヒトラー自身は出席していない（議事録は事後に大幅修正されたとされ、その中の「最終的解決」という言葉の意味も明らかにされていない）。

そもそもヒトラー自身の著『我が闘争』においても「ユダヤ人絶滅」という言葉は明確には出てこないが、文脈からはその意思があることはみてとれる。もともとソ連への侵攻はソ連の共産党政権を打倒し、住民をウラル山脈の東方へと追いやり、そこにドイツ人を移住させて「大ゲルマン帝国」を建設することでドイツ民族の「生存圏」を確保することに主眼があった。ヒトラーとその側近にとって最大の敵はソ連の共産党員であり、彼らは表現上では「ユダヤ的ボルシェビキ的知識人の除去」といった慎重な言い回しをすることが多い。ロシアのロマノフ王朝は伝統的にユダヤ人弾圧政策を採り、第一次大戦時にはユダヤ人はスパイ嫌疑もかけられ、大量の難民を生み出していた。このため、ユダヤ人はロシア革命を積極的に支援したという経緯がある。ユダヤ人が当時のソ連政府内に重きをなしていたという事実があったとしても、ユダヤ人とボルシェビキを同一視する理屈には恣意性が感じられる。従って、ヒトラーが口頭であったとしても、ある時点で何らかの絶滅指令を下しただろうと一般には考えられている。

3 業績重視のナチ理論が中間層の心を捕えた

現代の巨大組織にはそうしたトップの意思決定の曖昧さとともに、その下に位置する実務専門家の裁量、そしてその命令を忠実に実行する下部組織という構造が少なからず認められ、それは、このナチ・ドイツのバルバロッサ作戦におけるユダヤ人虐殺の経緯からもみてとれる。では、ナチ党の組織原理とは何なのか。

ナチズムの組織理念としてよく挙げられるのは、独特の指導者理論である。ナチズムは人間相互間の不平等を基本としており、民主主義的な多数決による妥協よりも、優れたエリートによる決断によってしか現代の危機は乗り切れないと説く。しかし、その選別は伝統的権威に縛られることなく、能力や業績によって達成が可能であるという「開かれたエリート理論」であり、「社会で不当な差別を受けている」と感じる中間層を中心とした層に訴えて党員を拡大していった。ホワイトカラー層は企業など現代の巨大組織にあってすでに「市民個人の自由と平等」という崇高な理念はどこかに追いやり、原子化社会の中で孤立した人間が世俗の欲望だけを求めて指導者と抽象的な感情で結びついていた姿がみてとれる。

従って、その支配形態は法や合議によるよりも、上位者から下位者に対する一方的な命令となって現れる。組織内の人間にとって関係するのは直接の上位者であり、最高指導者は神格化されてしまうという点で、ホワイトカラー層がこれまで辿ってきた企業などでの組織原理と実はほとんど変わるところがない。しかも、反ユダヤ主義や民族共同体思想といったイデオロギーは無批判にお題目として唱えられるだけで、彼らに対しては東方植民やユダヤ人抹殺など具体的な指令としてやってくるだけだった。

一方で、協働的な業務が中心となった現代組織として、その円滑な遂行のために構成員同士の横の連帯を強調して一体感を醸成する必要に迫られる。ナチが労働者の余暇を組織した「歓喜力行団」は、前述の通り国家全体に広がった上下の直接の結びつきが必然的に共同体的な横の人間関係を希薄化した裏返しの政策と言える。そこでは組織の指導者層から被管理者層まで上下の分け隔てなく、旅行や芸術、スポーツなどの文化的催しを通じて疑似的な共同体社会を演出した。ナチがスローガンとして掲げたドイツ・ロマン主義や北方神話、「血と大地」といった幻想的な共同体思想も、そうした上意下達式の支配構造を隠蔽する裏の論理と言える。

D・ポイカートが『ナチス・ドイツ――ある近代の社会史』で言うように、「民族共同体のプロパガンダは、全体として社会格差の水平化、平等化を目ざしたのではなくて、業績による身分序列の新編成を目的とした[4]」ものと言える。しかし、彼らが望んだ競争社会の実現によって恩恵を被ったのはごく一部の層であり、大半の人間は取り残されて失望を味わうことになった。

ポイカートはナチ党内部の地位争いについて次のように語っている。「かなり多くのナチ党員が、権力掌握の変動を利用して地位をせしめ、自己の野心を満足させ、あるいは少なくとも確実な職場と生活保証を得たのは事実であった。しかし、失望したナチ党員、とりわけ失望した突撃隊員もまた多かった[5]」という。

このように、ナチ党は現代組織の特性を十分に備えていることが判明した。そこで、現代組織の特性とともに、そのなかで動く構成員相互の人間関係を一般論として明らかにすることで、現代組織全体が抱える危うさを導き出してみよう。

4　カリスマ的支配と官僚制的支配の融合したナチズム

M・ウェーバーは『支配の社会学』において、支配類型を伝統的支配、カリスマ的支配、官僚制的支配とに分けている。現代組織は一般に、官僚制的支配として類型化される。ヒエラルキー構造のもとで職務は専門分化され、形式的な規則に従って上意下達の命令系統のもと非人格的に粛々と業務が進められていく。しかし、現代組織といえどもそうした非人格的な機能だけで成り立っているわけではなく、創業者や業績に寄与しているトップを英雄視するカリスマ的支配も巧妙に忍び込んでおり、それはヒエラルキーの階層ごとにミニカリスマをも抱えている。そして、組織が伝統を持つようになれば、その歴史を強調して権威主義的な硬直した支配形態ともなりかねない。それは、前例を踏襲することに価値を見出す伝統的支配である。

ウェーバーによれば、カリスマ的支配と官僚制的支配は対極をなすが、現実社会は伝統的支配をも含めて三つの支配形態が相互に複雑に絡み合って現出するとしている。目的合理性に支配されない組織のトップは、設定した目的をまずはカリスマ的魅力でもって信じ込ませることが必要であり、それさえ満たせば後は、制定された規則に従って官僚制システムが自動的に動いていく。それを繰り返すうちに、それが当たり前となって誰も疑問を抱かないまま物事が進んでいく構造だ。

ウェーバーはカリスマ的支配について、歴史上は超越的な能力を持つ軍事的英雄やシャーマンにその起源を求めるが、「カリスマの日常化」に伴って、個人の特性を離れた別の構造原理としての合理性支配（＝没主観化）が進むとしている。しかし、大衆基盤を持つ現代の政党政治も情緒的なカリスマ的支配に支えられている部分が大きいし、合理性支配の権化とも言える近代の軍隊や企業においても、その効率的な運営のためにはある程度のカリスマ的要素が不可欠という。

しかし、いったんカリスマ性を認められた支配者は、逆に不安定な立場に置かれることにもなる。なぜなら、カリスマ的権威はその個人的資質に支配の正当性を負っているため、被支配者から見捨てられぬよう折に触れて自らの力を誇示しなければならないからである。「現存の政治的・社会的および経済的秩序によって特権的地位に置かれている階層は、彼らの社会的・経済的地位を『正当化』したいという欲求、換言すれば、純事実的な力関係の現状を既得権の秩序に転化し、神聖化しようとする欲求を感ずるものである」[6]とする。

一方、近代組織の基盤としての官僚制的組織は、各成員が規則によって明確な権限を付与した職責に任じられ、義務の履行に必要な命令権力がピラミッド形式で張り巡らされる単一支配的な秩序を特徴とする。仕事は非人格的・即対象的であり、文書を扱う書記としての徹底的な専門的訓練が前提となる。被支配者に対して常に高い「身分的」社会的評価を得ようとし、「官僚は、官庁の階層制的秩序に対応して、重要性が少く給料の安い下の地位から上の地位への『昇進』を目指している」[7]。しかし、そうした野心は表面上は隠されており、国家や経営といった「文化的価値理念」がこの目的をイデオロギー的に神化するとしている。

官僚制的支配形態をとる近代の巨大組織では、合理的支配に基づいた人間関係ができ上がり、それにふさわしい性格を持つ人間が重きをなす。しかし、そうした支配も合理性一辺倒ではあり得ず、その役割に応じた非合理的な反応を示し、組織全体として誰の意図かは分からぬ不思議な意思決定過程を辿ることともなる。

ナチ党はその大衆を基盤とした全体主義支配のために、党の分肢組織や付属団体を次々とつくり、既存の社会とは独立した巨大なヒエラルキーを生み出した。ナチの政権獲得直前には党員数が約一三八万人に膨れ上がっており、各階層から便乗組の入党が相次いだことで党とその下部組織の運営は混乱を極めていたという。

ナチは総統ヒトラーの先鋭的な思想と弁舌の才をもって大衆を惹きつけた事実からすると、ウェーバーの支配類型としてはカリスマ的支配の典型にみえる。他方では党の組織が複雑多岐に亘るうえ、国家組織との二重性によって幾重にも折り重なったピラミッド的な支配構造からすると、官僚制的支配の要素をも多く含む。その意味で、ナチ支配はカリスマ的支配と官僚制的支配の融合した性格と言えそうで、ナチが政権を獲得する前に死去したウェーバーは、現代におけるそうした大衆支配の可能性を見越していたようにもみえる。

では、大規模複合組織が生み出す意思決定の曖昧さと、その決定が下部組織に次々と伝達される時点でトップの本来の意図と離れて行動が思わぬ方向へと向かう構造を現代の組織論から一般定理を導き、そこからナチの組織構造との類似性を論じ、その現代組織の特性がホロコーストにどう関連するかを検証する。

5　抽象的な目的設定と伝達過程での歪み

まず経営学者で、アメリカの電話会社の社長でもあったC・バーナードの組織の基礎理論としての古典『経営者の役割――その職能と組織』から組織の本質を明らかにし、組織管理の抱える矛盾を探ってみる。

バーナードは組織＝協働体系を「少なくとも一つの明確な目的のために、二人以上の人々が協働することによって特定の秩序ある関係のもとにおかれている物的・生物的・個人的・社会的構成要素の複合体」(8)と定義する。組織がそうした複数の人間が集まって一つの目標のもとに意図的な活動を行う場とすれば、技術が高度化し、社会の構造が複雑化するなかで医療や教育、研究など従来は個人的な成果のみられた分野においても組織化が避けられなくなっている。従って、個人では達成できない仕事が社会の大半を占めるにつれて、組織の数は無数に増え、それがピラミッド状に折り重なり、現代人は組織を離れては存在できなくなっている。

現代の企業においては高度な設備を備えて生産を行い、その生産物を販売するためのサービス活動を充実させ、それにふさわしい専門的な人材を確保しなければならず、そのためには組織のなかにさまざまな機能を分化させ、またそれを統合するマネジメント機能を備えなければならない。そうした巨大組織の誕生は、組織人としての人間の行動や価値観、さらに生活スタイルにまで広範な影響を及ぼしている。

バーナードによると、一つの作業単位は一五人以下が限度であり、その作業単位の管理者が集まってまた上部の作業単位を形づくり、一つの組織は少人数の作業単位が集合してピラミッド型に構成されたものである。また、それぞれの組織は上部団体に属していたり、幾つもの下部組織を抱えていたり、相互に組織存立の制約要因となっている。現代においてはその頂点が国家であり、現代は国家を頂点としてクモの巣状に組織の網が張り巡らされた大規模複合組織と捉えることができる。

組織人は個人として目的の設定がまずあり、心理的要因が加わって選択を行い、行為として現れるわけだが、その人間同士の相互作用という社会的関係が組織の神髄と言える。バーナードは組織の要素として、①伝達 ②貢献意欲 ③共通の目的——を挙げる。

トップレベルでひとたび目的が設定されると、その命令を受けた下部組織がどのような具体的手順を採っていくかは論理的過程を辿る。バーナードに言わせれば、目的の設定自体は必ずしも論理的に帰結されるものではないという。それは組織全体としても法律や物財の面など制約が多々あり、先に述べた上位組織や関係する他の組織も制約要件となり得ることから、選択肢は意外に限られたものとなる。

それが現代企業である場合は、継続的に利潤を生み出すことが組織存続の前提条件となることから、やはり目的設定の選択肢は限定され、組織の構成員が望まぬものとなることも十分あり得る。貢献意欲という観点からすれば、それは「個人的欲求と嫌悪との合成結果」であることから、「貢献者となりうる人々のうちでも実際にはほんの少数の者だけが積極的意欲を持つにすぎない」という脆弱性を抱える(9)。

組織における伝達＝コミュニケーション体系は、最も矛盾をはらむものである。例えば経営者から局、部、課と命令が降りてくるに従い、伝達は一般的なものから特殊的なものとなる。総括的な経営トップは抽象的な目標を示すだけでよいが、下位の組織はそれぞれが抱える制約条件のもとで具体的な方策を生み出さなければならない。

る。伝達過程の各段階で伝送することによってなにかが失われ、あるいは加えられるということになる。伝達が口頭による場合とか、あるいは各段階でいくつかの伝達の組合せがある場合など、とくにそうである。(10)

多くの命令はきわめて理解しがたいものである。それらはどうしても一般的な表現で述べられることが多く、発令者自身でさえ、命令を適用し得ないような場合が多い。命令は解釈されるまで意味を持たないで、受令者は命令を無視するか、あるいは単にそれが命令に従っていることを希望して、なんでもするに違いない。

かように管理作業の相当部分は、初めに考慮されなかった、あるいは考慮できなかった具体的状況に命令を適用するに当って、命令を解釈し、また再解釈することにある。(11)

6 組織の目的が正しいとは限らない

そうした矛盾に満ちた組織のなかで働く構成員について、バーナードは組織的人格と個人的人格という二重人格にさいなまされる心理的側面に注目する。非個人的・客観的な組織の目的と、個人的・主観的な個人の動機は往々にして対立関係にある。世間一般に共通の道徳準則があり、自らの性向に一致する行為に忠実たらんとする道徳準則もあるとすれば、組織の論理との整合性をどうとるかは組織人にとって大きな問題として立ちはだかることがある。二人の人間が同じ準則を持っていたとしても別次元の行動として現れるのは、責任能力の問題でもある。

また、現代人は職場においては専門的な能力をもって貢献し、国家との関係においては市民としての義務を果たし、家庭や地域社会でも求められる役割をこなしていくように、多くの組織人としての関係を持っている。「原始的な孤立社会以外には支配的な単一の公式組織というものは存在しない」[12]。このため、組織に属するものとしての道徳的な準則が幾つも存在し、ときに双方の準則がぶつかり合ってどう行動すればいいかパニックを起こすことにもなる。

組織としては構成員が組織の目的に納得して業務に励むよう、インセンティブを作り出さなければならない。バーナードは俸給や労働条件といった客観的要因と、働く者の誇りといった主観的要因に分けて考えている。そのために命令を拒んだ場合にはさまざまな排除＝制裁のレベルを用意し、組織の論理を教育、説得していかなければならないが、組織の数だけ各人に道徳準則があるなら、組織の目的と個人の動機がぶつかった場合に組織人はぎりぎりの選択を迫られることになる[13]。

第1章で取り上げた第一〇一警察予備大隊の隊員たちが上官からユダヤ人の射殺を命じられた際に、さまざまな反応と行動をみせたことは組織人としての葛藤を如実に表している。任務に耐えられない隊員は申し出により外してもらうことができたとしても、命令に単純に逆らうことがその後の自分のキャリアにどう響くかを考えると、逡巡せざるを得ないのは普通の感覚と言える。だからこそ、途中でこっそり抜け出したり、的をはずして撃ったりする隊員もいたのだろう。

バーナードの組織論からは、組織の最上位が目的を設定してそれが末端に伝わるまでに、次のような力学が働くことが予想される。

(a)組織目的はたとえ私的動機に属していても、常に公的な目的として掲げられる。少なくとも外部に対しては利潤の最大化といった私的動機は言われず、「業務を通じて公共の利益に資する」といった誰も反論することのできない目的へと合理化される。従って、下位の人間は利潤の最大化はもとより、合理化された目的に対しての反論は無駄と諦めることとなる。
(b)組織目的からくる意思決定はさまざまな代替的な選択肢があるはずだが、外部／内部環境からくる条件は選択肢を狭め、組織目標との整合性からすると無理難題とも言える意思決定がそのまま下まで降ろされることもまま出てくる。
(c)組織内の小集団間において自らの集団の業績達成には他の集団が成し得る前提を与件としなければならず、そのために集団間で国家間にみられるような政治的駆け引きが生じる。相手を論破、説得、懐柔し、上位の権威にも訴える術を心得るようになる。
(d)下位の小集団においてはまず中間管理職が協力要請という形式を採るが、反論を続ける人間は次第に遠ざけられる。その小集団より上位の権威が出席した会議などでは、その存在を意識して業務命令が当然であることを声高に主張する人間も現れる。

つまり、組織のトップが設定した目的が妥当であるかどうかの保証はなく、それを受け取った下部の管理者層は目的達成のための具体的な手段を論理的に導き出して底辺にまで意思決定を浸透させる。各階層における管理職は下部の構成員にスムーズに業務を実行させるのが最大の任務であり、説得を中心とした技術を駆使して集団全体としてその業務に迷いなく突き進んでいるかのような雰囲気をつくり上げる。現代の大規模複合組織において、最も重要な役割を果たすのは中間管理職である。

前述したフランクフルト学派のM・ホルクハイマーは『理性の腐蝕』において理性を「主観的理性」と「客観的理性」とに分けて論じており、現代組織では「客観的理性」は問題とならず、「主観的理性」だけが求められるということである。分類し、推理し、演繹する能力としての「主観的理性」は「自明のものと考えられている目的に対する手続きが妥当であるか否かに関心をもつが、目的自体が合理的であるか否かはほとんど問題にしない(14)」。「客観的理性」は西洋哲学に長く根差していたものであるが、その目的合理性は現実への「適応の原理」に完全に道を譲ったようだ。

7　意思決定過程で実務専門家の持つ裁量

バーナードはあくまで組織の理想的なあり方を求めているが、ドイツの社会学者で社会システム理論を唱えるN・ルーマンは『公式組織の機能とその派生的問題』において、現代のヒエラルキー組織における意思決定過程の奇妙さを論じており、これに準拠して上下の成員間のそれぞれの戦略を検討する。

古典的な組織論においては、組織全体の成果向上のためには労働に対する成員の動機づけが第一との観点から論じることに精力を費やしているのに対して、ルーマンは組織目的と個人の動機の分離した現代の巨大システムにおいては「組織の目的は私的な目的を達成するための手段であるという理解が一般化(15)」すると言う。なぜなら、組織の目的は外部環境の変化によって常に修正を加えねばならず、組織目的を第一義の問題とすると成員間の批判的議論が避けられなくなるからである。

つまり、具体的な組織目的を掲げてしまうとそれに拘束されてしまうので、構成員それぞれの私的目的を全体として目指すという暗黙の了解が組織内にできているということだ。従って、「さまざまな動機をもった成員をできるだけ多く受け入れられるようにするために、組織はとりわけその目的をゆるやかに、無規定的にそして多義的に定式化しなければならないようになる」[16]。

これに関連して、ヒエラルキーの上位者の責任は包括的なものであることから生じる問題が出てくる。上位者は一応は組織目的を振りかざして多様な決定プログラムを出すが、それは必ずしも合理的判断に基づくものでなく、自らのカリスマ性を維持するための非合理的な指示を下すこともままあり、往々にして矛盾した言動をもたらすこととなる。

すると、ヒエラルキーにおける下位への情報伝達過程において重要になってくるのが、上位者の側近や各部局の長たる存在である。トップの包括性を逆手にとって存在価値を増す実務の専門家がいる。トップに君臨する者にとってはカリスマ性の維持のためにはその方が都合がよいし、失敗した際に自らの権威が傷つけられることなく責任を引き受けてくれる人間が欲しいのである。

実務に長けた人間は「主唱者や責任者として特定されることなしに、案件を提出し、関係書類に一定の力点をあたえ、決定の際の状況を一定方向に誘導して他の可能性を消去できるか知っている」[17]。つまり、実務家としての知識をもとにトップの決定を誘導し、こちらもたとえ失敗に終わったとしても責任を免れるよう差配している。

そうした情報を伝達された下位者はまた、自らの意思を離れた動きをする。システム分化が進んだ現代の組織においては、個人的な感情のやり取りで成員の動機づけがなされるのではなく、前述したように組織目的としての抽象的なシンボルだけを受けとればいい。各成員は私的な目的の手段として個別の仕事に当たればよいのであり、システムの機能として組み込まれる結果、個人的感情とはかけ離れたシステムの抽象的論理が支配するようになる。

つまり、成員は上司からある情報が与えられれば、自ら判断することなく一定の決定を下すことが義務づけられる。ルーマンが言うところの「部下の決定の条件プログラム化」を組織運営の前提とする。従って、システムの中の成員は「公的な場での追従主義的行為や自分の行動に対する醒めた態度[18]」に終始する。

上位から下位に至るそうした成員からなる構造は、巨大システムならではの独特の意思決定構造を生む。ヒエラルキー構造の中での成員同士の接触度合いと、その中での情報の偏在とがこれを助長する。

各成員は直属の上司からの指示をもとに仕事をするので、より上位の者からは公式的な文書や演説にしか触れられず、組織の本当の、あるいは裏に隠された意図というものは見えなくなる。ヒエラルキーの下部にいる者にとって、上司からの指示と体系化された情報処理技術に従って業務を遂行すればよいから、高度の思考と判断は全く必要なくなる。

ルーマンは加えて、組織の意思決定の際の「社会過程としての不確実性の吸収の問題」を挙げる。システム分化に伴い、内部の専門的な情報もそれぞれに分散されるため、特定の部局である意思決定をなす際にそうした情報をかき集めて判断が下されるのだが、常に「その情報は正しいという擬制的な前提[19]」が存在する。従って、それぞれの決定を無批判に受け入れる事態が積み重なる結果、思わぬ状況が生じた際には責任の転嫁が常に起こることとなる。

8　現代組織の四階層

以上のことから、現代組織全般に通じる概念化としては、ヒエラルキーにおける役割分化は大別して図3－aのような四つのタイプに分けられる。

図3－a　現代組織の４階層

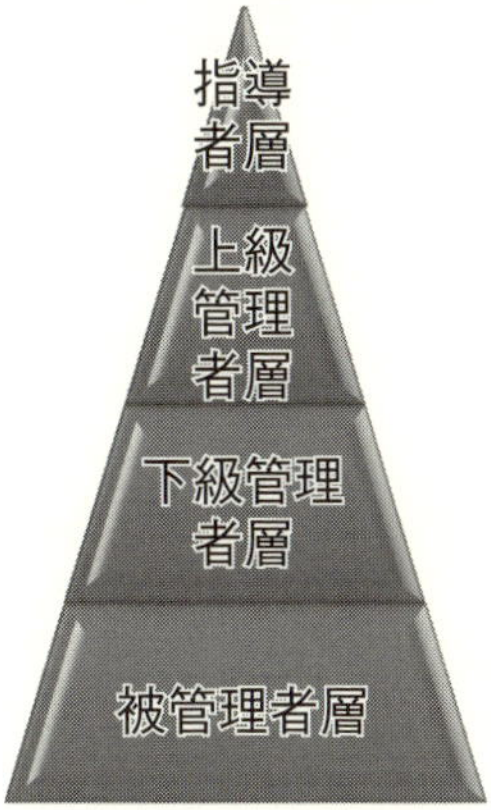

【指導者層】 人を惹きつける能力に優れ、目標設定を行う。イデオロギー的側面が強いが、矛盾した言動も目立つ。

【上級管理者層】 自らの社会的上昇志向のために組織と上司を利用する。高い教育水準を前提とし、組織の技術的管理に長けている。

【下級管理者層】 上昇志向はあるが、弱い。保身の意識の方が強い。上級管理者層の忠実な手足となって働く。

【被管理者層】 上昇志向なし。組織に忠誠心は薄いが、周囲に流されるため組織から逸脱もしない。

ホワイトカラーという観点からは、現代社会においてはヒエラルキーの最上層から最下層まで分布しているところに特徴がある。企業も資本と経営の分離が進むなかで、経営トップといえどもホワイトカラー中心のヒエラルキー構造を逃れられない。ホワイトカラー層も若い時分は底辺から出発するのが一般的で、いずれはその個人的性格に見合った階層へと上り詰めていく。

指導者層はその構想力と人間を惹きつける能力でもって組織をまとめ上げる才覚を持つが、極度の思い込みが浅薄ながら一つの思想を形づくって組織全体を奈落の底へと引き込む危険性も秘める。このタイプはトップに立たなければ、ドロップアウトする可能性も強い。

社会に何らかの権限を持つ中間層は二つのタイプに大別される。社会における上昇志向はいずれも有するが、一方は権威のなかに安住する自己保身的な人間（下級管理者層）であり、もう一方は管理・技術を身につけた教養あるテクノクラート（上級管理者層）である。

前者はまさにＥ・フロムが言うところの下層中産階級であり、後者はいずれの時代にも社会の上層部には存在したが、近代において社会全般に広がった精神状況であり、官僚制的な機構の特性を利用して組織のなかでのあくなき上昇を目指すものである。能力だけを頼りに生きていかなければならない競争社会に投げ込まれた個々人は、社会にうまく適合する者と、意志はありながらもそこから落ちこぼれていく者とを次第に分離させていく。

前章で取り上げたK・ヤスパースの『現代の精神的状況』では、上昇志向に生きる者とルサンチマンで生きる者とを区別している。

まごまごしている大衆は、遠慮会釈もなく人を押しわけて出る少数者から切り離される。前者に属する人々は受動的であり、彼らがちょうどいま立っているその場所から動こうとせず、彼らは労働し、それから自由時間を享楽する。だが、後者に属する人々は功名欲と権勢欲とによって、能動的であり、チャンスを案出することと、あらんかぎりの力をふりしぼって奮励することとに浮き身をやつすのである。(20)

ヒエラルキー構造のもとで組織目的を示す指導者層から末端の業務を行う被管理者層に至る命令系統において、中間管理者層を経由する過程で指導者層の意思が歪められる。つまり、指導者層の掲げるイデオロギーは緩く規定され、時には矛盾を示すことから、その下の実務家の裁量を増すことになる。指導者に近い立場の上昇志向の強い上級管理者が指導者の意を汲んで計画を立て、保身が本分の下級管理者が集団同調性のさらに強い被管理者を通じて実行に当たらせる。個々の成員は私的目的にしか関心がないから、業務においては自動装置と化して、その意思とは裏腹に抽象的に形づくられた組織の論理だけが独り歩きしてしまうという構造ができ上がる。

イデオロギーを駆使して業績重視を打ち出す指導者層、指導者をうまく誘導して裁量を振るう上級管理者層、それを気真面目に実行する下級管理者層、集団に流されるままの被管理者層——という組織構造が生み出す異常な経緯と結果は、ホロコーストの実態に如実に現れている。

第1章第二節でみたように、現代の組織人にとっては、まず社会の一つの機能を担うことによって社会への帰属意識を確かめ、仕事を達成することによる自己実現欲求を満たし、他人に承認されることに喜びを感じることが重要である。ホロコースト研究の古典的名著であるR・ヒルバーグの『ヨーロッパ・ユダヤ人の絶滅』によると、バルバロッサ作戦における行動部隊の将校の大多数は医師や法律家といった専門職の人間で、「彼らが自分の新しい任務に、自分の持てるあらゆる技術と経験を提供した」[21]。しかし、巨大組織のもとでは一方でコミュニケーションの伝達に複雑な要素が絡み合い、それが組織の求める組織人像と個人としての人格との間に大きな葛藤を生み出すことにもなる。個人主義の時代には自らが属する組織との関係がますます重要となる。

次に、その組織の非合理性を生み出すもう一つの要因として、ヒエラルキーにおける個々の果たす役割によって醸成される歪んだパーソナリティーが関係していることを述べる。そのパーソナリティーのそれぞれは現代社会に顕著なものとみられ、ホロコーストに大きな役割を果たしたナチ親衛隊（SS）の主要メンバーの性格と行動からこれを証明する。

アウシュビッツに残る、焼却炉を併設したガス室＝筆者撮影

9 絶滅収容所でのシステム的抹殺の戦慄

ナチ・ドイツによるホロコーストの手法は、年々組織的に、そして効率的に実行されるようになった。開戦時のポーランド侵攻では獲得した領土をドイツ人の土地にしようとポーランド人やユダヤ人を追放したり、処刑したりしていたとしても、そこに統一的な意図は希薄であった。ソ連に電撃侵攻したバルバロッサ作戦は、ナチのユダヤ人政策の転換点でもあった。独ソ戦全体を通じて行動部隊が抹殺したユダヤ人は二百万人以上と言われる。この時点では殺戮方法は銃殺が中心で、さすがに死刑執行者側にも心理的な抵抗を引き起こしていたという。ナチ親衛隊は早速、他の殺害方法を検討、ガス殺がよかろうということになった。

ポーランドでユダヤ人を組織的にガス殺する絶滅収容所の建設に取りかかったのは、独ソ戦開始から

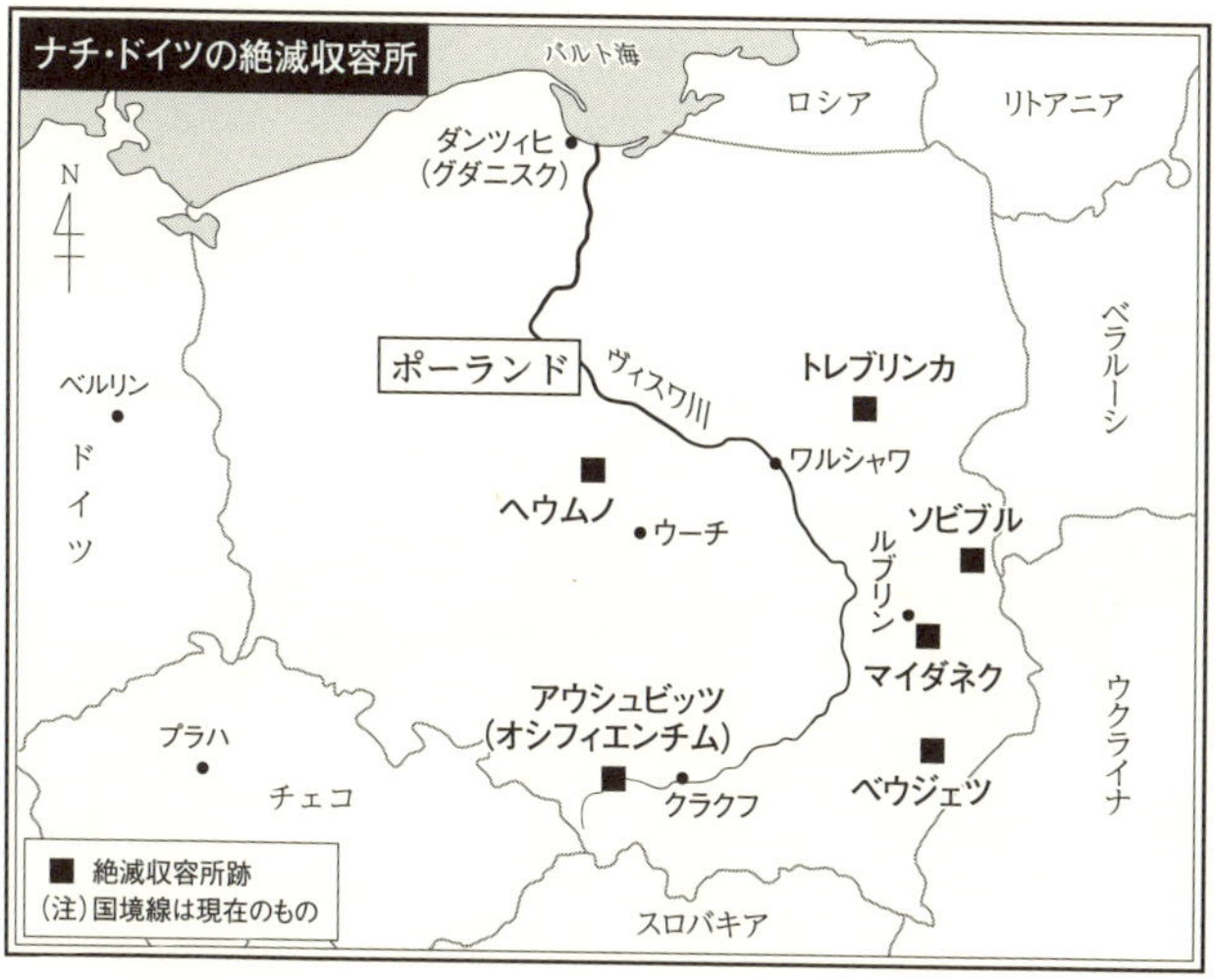

間もなくの四一年秋である。開戦当初の移動殺戮作戦は次第に、絶滅収容所におけるガス殺という、さらにシステム的なものへと中心を移していく。ガス殺は、閉鎖空間に閉じ込められたユダヤ人の死に至る様子を直視しなくとも済むという効果もあった。

法的手続きなしに人間を拘禁する収容所は、強制収容所と絶滅収容所とに分けられる。強制収容所はすでにナチ政権発足と同時に開設され、当初はナチ体制に批判的な政治的敵対者を主な対象としていた。それが次第にユダヤ人やロマ人など少数民族や、同性愛者や障害者など社会的マイノリティーに拡大していく。第二次大戦に突入すると占領地域で捕えた外国人捕虜などで膨れ上がり、敗戦時には基幹収容所だけで五二カ所、支所は千二百カ所にも及んだという。彼らはわずかな食糧の配給のもと強制労働を課され、ナチ・ドイツの戦争遂行のための軍需生産を下支えした。労働に耐えられない人間は処刑された。その被害を最も被ったのはイデオロギー的な

アウシュビッツに到着したユダヤ人たち

面からやはりユダヤ人だったという。
一方の絶滅収容所は、当初からユダヤ人の殺戮を目的としている。ドイツ人の生存圏確保のためにポーランドなどのユダヤ人はゲットーに一括収容されて管理されていたが、独ソ戦の硬直化に伴ってそれもままならず、処遇に困ってしまった結果だった。絶滅収容所はヘウムノに始まり、ベウジェツ、ソビブル、トレブリンカ、マイダネク、アウシュビッツと六カ所を数える（すべてポーランド国内＝前頁地図参照）。
ヘウムノはワルシャワの西の大都市、ウーチ・ゲットーのユダヤ人抹殺のために設立され、トラックの排気ガスを使って殺戮する方式を用いた。しかし、この手法では殺害できる人数は限られる。ベウジェツ以降は恒久施設としてのガス室を持つ。ベウジェツとソブビルはポーランド東部の中心都市ルブリン地区にあり、マイダネクはルブリン中心部から約四キロと近い。トレブリンカはヨーロッパ最大のゲットーのあるワルシャワから北東一二〇キロにある。

アウシュビッツはマイダネクと同様に、絶滅収容所と強制収容所を併せ持つ。ポーランドの古都クラクフの西五〇キロメートルに位置し、ヴィスワ川とソワ川の合流地点にある。ヴィスワ川はクラクフを経てワルシャワにつながっている。隣接地にアウシュビッツ第二収容所（ビルケナウ収容所）を建設、最終的に四十平方キロメートルの広大な敷地を持ち、規模はマイダネクの一五倍に及ぶ最大のものとなった。

ビルケナウでは木造のバラックが二五〇棟ほど並び、強制労働を科せられるとともに、ガス室と焼却炉が一体となった施設（クレマトリウム）が四カ所設けられていたという。毒ガスには従来の一酸化炭素ガスに代わって、青酸ガスの「ツィクロンＢ」が使われた。ドイツはヴェルサイユ条約によって化学兵器の製造が禁止されていたため、害虫駆除を目的と称して開発されたものだった。

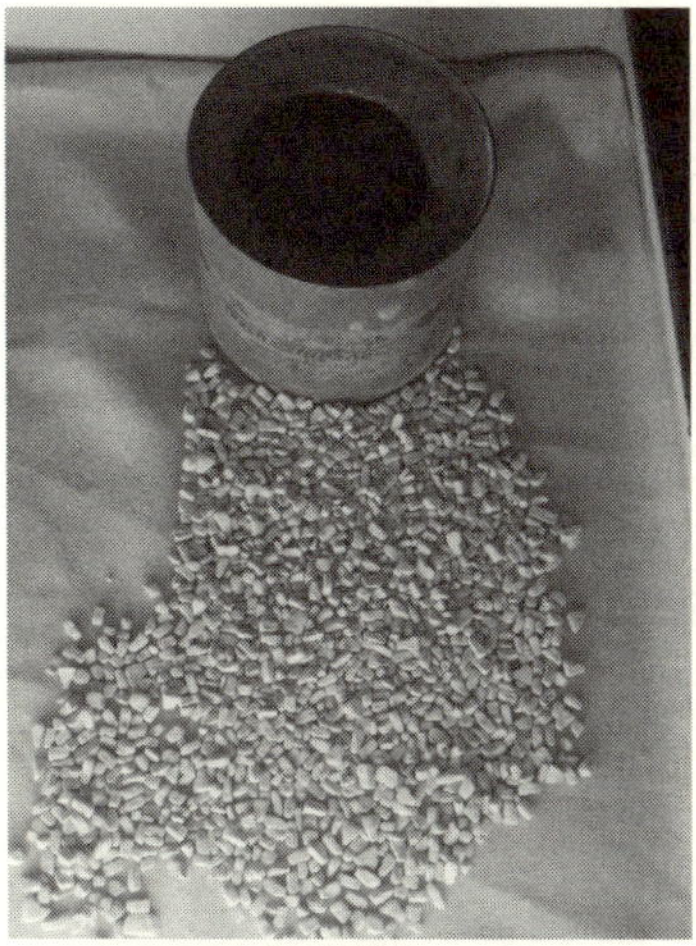

ツィクロンB=筆者撮影

ビルケナウには鉄道の引き込み線が伸び、ドイツが占領したヨーロッパ中からユダヤ人を満載した貨物列車がたどり着く。そのプラットホームで労働が可能な者と、不可能な者が選別される。家族も引き裂かれる。しかし、その時点で自分の生命が脅かされているとは誰も思っていない。残っている写真からも、列車を降りたユダヤ人たちは穏やかな表情をしている。返すことを前提に荷札を付けさせて荷物

ワルシャワ・ゲットー

を預かり（もちろん手荷物が戻ることは決してない）、労働不能な者は「シャワーを浴びさせる」と騙してガス室へ直行する。裸になって詰め込まれた部屋の上部の開口部から流れてくるのは、温水ならぬ毒ガスだった。ここで初めて自らの死を悟り、阿鼻叫喚のなかで息を引き取る。死体はそのまま隣の焼却炉へ直行。従来は収容所の近くに埋めていたが、この方式なら痕跡も残らず大量の殺戮が可能となる。ビルケナウでは一日に約八千人が焼却されたという。

絶滅収容所で殺害されたユダヤ人はアウシュビッツの百十万人を含め、三百万人前後と見積もられている。

10　官僚的冷徹さとサディズム

前出のR・ヒルバーグは『ヨーロッパ・ユダヤ人の絶滅』で、「近代社会における完成された形の絶滅過程の構造」として次の段階を示す。

定義→被雇用者の解雇と企業の接収→強制収容→労働力摂取と飢餓化措置→抹殺→個人所有物の押収(22)

ドイツ国内においては、まずユダヤ人の定義がニュルンベルク法(一九三五年)で示されたが、それ以前のナチが政権を獲得した時点から段階的に、官吏から始まって医者、学者、教員など幅広い職種へとユダヤ人の就業禁止の波が広がっていた。ニュルンベルク法制定後に起きたユダヤ人の組織的迫害の先駆けとなった「水晶の夜」事件(三八年)にかけて、ドイツ国内からはユダヤ人の国外脱出が相次いだが、それでも国内に約三十万人のユダヤ人が残った。第二次大戦の深化とともに四一年にはユダヤ人の海外移住が禁止され、彼らはポーランドなど東方へ強制輸送されることになる。そして労働力として使える者は各地の軍需工場などで働かされ、それ以外は絶滅収容所で殺害された。当然、強制輸送されるユダヤ人の財産は没収された。

一方、東方への支配領域拡大に伴い、ポーランドなどウラル山脈以西に住む数百万人に上るユダヤ人をどう強制移住させるか、ナチにとってはさらなる大きな「問題」として立ちはだかった。ナチはまず、占領地域となったポーランドやバルト三国、ソ連領内にコンクリートの高い塀で囲まれたユダヤ人ゲットーの建設に次々と取りかかった。ユダヤ人を一堂に集めれば管理が容易であり、そこから強制輸送するにも効率的だった。ポーランドのワルシャワ・ゲットー(四五万人収容)やウーチ・ゲットー(一五万人収容)が代表的だ。ゲットー内部での効率的な運営のため、ユダヤ人からなる自治機関も形成され、結果としてナチの手先となって同胞を売り渡したユダヤ人も多数いる。

しかし対ソ戦が硬直状態に陥ると、彼らをウラル山脈以東に追いやることもままならず、ゲットーに収容した膨大な人口を養うことは、ドイツ国内の食糧事情からしても重荷になってきた。すると、単に邪魔者になったユダヤ人は抹殺するしか手立てがなくなり、労働力として使える人間以外は絶滅収容所へと移送される。そこにベルトコンベアー式の効率的な強制移送で名を挙げたのが、ゲシュタポに属していたアドルフ・アイヒマンだった。

帝国とその保護領からユダヤ人を一掃しようと、ポーランドを中心とした収容所（強制収容所もしくは絶滅収容所）へ列車で移送する計画は、運輸省やドイツ帝国鉄道の巨大組織を利用した官僚制組織がいかに有効に機能したかを物語る。ユダヤ人の国外への強制移住政策（マダガスカル計画など）が紆余曲折を経て頓挫したことで持ち上がった苦肉の策ではあったが、いったん移送計画が動き出すと自動的に事が運ぶ姿をヒルバーグは伝えている。

移送計画の中心機関は、戦後のエルサレム裁判で有名になったアイヒマンを長とする国家保安本部第四局（ゲシュタポ）B―四課である。ゲシュタポ長官のハインリヒ・ミュラー（SS中将）は犯罪学を修め、「官僚的に行動し、あらゆることを書面に書き留め、数多くの部下と頻繁に会議を行った。自分に決定権を留保しておくことも行った」という。ミュラーは部下を自分の住まいに招くなど、密接な人間関係を築いていたと同書は続けている。

列車の出発地点と到着地点を指定する具体的な移送の手配を行ったのはアイヒマンの部下の禁欲的なギュンターSS少佐という人物であり、次第に「個々の収容所への距離とその収容所の収容人数で事が決まるようになった」[23]と、数学の公式に当てはめさえすれば完璧な時刻表ができ上がる仕組みとなったことを示している。

ビルケナウ収容所（アウシュビッツ第2収容所）の入口。貨車で移送されたユダヤ人たちはここで選別される=筆者撮影

アウシュビッツなどポーランドに六つあった絶滅収容所に入ってきたユダヤ人は、三年間に三百万人に達したという。朝に列車から降りると、白昼のうちに殺害され夕方には死体が焼かれ、衣服は船積みされてドイツに向けて運ばれるという手順で、収容所は「あらゆる専門集団がそれぞれの役割を果たしていた複雑な機構」であり、「近代工場における複雑な大量生産方法に似ている[24]」。ヒルバーグは官吏や技師、医師から、家系を決定する聖職者に至るまで、それぞれが確かな技術をもとに電報や書類のやり取りなど日常的な業務として進行させていたことを強調する。

収容所は古参の親衛隊員と行財政に習熟した官僚で構成されていたが、サディズムと汚職の蔓延が問題になっていたという。収容所では多くの拷問や、生きた人間に対する医学的実験が行われた。ヒルバーグは、アウシュビッツの女性看守がスタイルのよいユダヤ人女性を探し出しては彼女たちの胸を鞭打ちし、女性医師のもとへ連れて行って、苦痛を与える手術を施すのを興奮した顔で眺めていた事例を挙げている。しかし、そうしたサディズムは大目に見られる一方で、未来のドイツを担う意気込みを持った親衛隊にとって許されないのは汚職の方であって、執拗に取り調べが行われたという一般の倫理観とは逆転した発想に彩られていた。

ユダヤ人の絶滅政策はアーリア人種にとって好ましくない遺伝子を排除するのが趣旨であり、兵士であれ、官吏であれ、自らの成果を誇示しようと必要以上に業務を履行し、書面上での成果の水増し工作も頻繁に行われた。優性遺伝子の保存には精神異常者や身体障害者を安楽死させる計画も進められたことは前章で述べたが、栗原は『ナチズムとユダヤ人絶滅政策』で遺伝性の疾患を持って生まれた新生児(その後、成人にまで対象が拡大された)の安楽死のために考え出されたガス殺のその後の応用についても触れている。そこでは、ガス殺施設を伴う絶滅収容所の相次ぐ建設には「ヒトラーの寵愛を求めて相争う部下たちの『累積的急進化』のような事態があり、ヒトラーはこれに対応したにすぎない」[25]と、ヒトラーとその側近の関係を論じている。

ナチの戦場や収容所における蛮行はドイツ人の「生存圏」保障の思惑とそのための戦争の経過からすると必然的な帰結だったとはいえ、ナチの巨大なヒエラルキーのもとでの意思決定とその伝達過程をみると、なし崩し的な結果を招来した感は否めない。

ヒトラー自身に明確な意図はあったろうが、さすがに対外的な目も意識してか、ユダヤ人をはじめとする他民族の絶滅指示を明確な形では出しておらず、せいぜい側近に向けて口頭でなされたであろうことは推測できる。そこにヒムラーやハイドリヒなど有能な側近の裁量に任される部分が増大していく。

側近同士の生存競争に勝ち抜くべく、その成果を総統に誇示できるよう、また一方で総統の全体的な意図に違わぬ範囲で自己の影響力を拡大させようと、受けた指令を少しずつ拡大解釈してずらして下へ伝達していく。

ヒエラルキーを下に降り、中間管理職も同様の思惑のもとで言動を繰り返すことによって、当初の総統の指令は増幅して独り歩きしてしまう。独ソ戦のバルバロッサ作戦での指令の伝達過程において、絶えず効果が拡大され、目標自体が進化していく事例はそれを示している。加えて、ヒエラルキーの下部では与えられた指令を過不足なく遂行することに最大の生きがいを見出す、アイヒマンに代表される下級管理者層がその成果を確実なものとする。ユダヤ人の収容所への大量移送は流れ作業のように進み、収容所での必要以上の拷問や生体実験へと先鋭化する姿に、それがみてとれる。

そこでの意思決定と伝達の過程は、結果として現れる部分は大きく違うとしても、企業に代表される現代の大規模組織と構造としては極めて類似したものがある。いずれもカリスマ的支配と官僚制的支配の融合形式をとっているところに特徴がある。

バーナードやルーマンの唱える組織の一般論から整理すると、組織トップの意思決定はあるイデオロギーを前提としたもので、そのカリスマ性から組織の構成員はそれに臣従する傾向にあることから、その意思決定が問題視されることはない。また、トップからの命令は抽象的で曖昧なものにとどまることが多く、しかも細部の表現は必要に応じて変わるため、それをどう解釈するかは側近の裁量の余地を生み出し、実務家の能吏としての役割が広がる。従って、トップが想定した以上の結果をもたらすこともあり、トップのほうもそれを望んでいるような気配がある。

実務家グループが具体的な目標を設定すれば、そこからの手順については合理的に進められるため、見た目には巨大組織が一つの目標に向かって一丸となって動いている。巨大な官僚制機構のもとで事務的な作業がプログラム化されているためで、現代組織の抱える構造とそこにうごめく組織人が置かれた状況とが組織全体の意思とは離れて思わぬ結果をもたらすこととなる。

ホワイトカラー層の増大したワイマール共和国は企業を中心に巨大組織が一般的になった時代であり、共和国を引き継いだナチ政権も巨大組織の抱える恩恵とともに限界をも露呈した。そうした組織のヒエラルキーに見合う構成員の性格も醸成された。ただ、民主的な共和国にはカリスマ性はなく、右往左往を繰り返した共和国の住民は指針を明確に与えてくれる指導者を求めていたといえる。

ここまでの第一節では、組織を全体として捉え、そのヒエラルキーのなかで各階層がどのような行動をとるか、ナチのユダヤ人絶滅政策の過程とともに論じてきた。そこで取り上げたソ連侵攻におけるユダヤ人の大量射殺や、その後のポーランドの絶滅収容所でのユダヤ人ガス殺など、ナチの人種政策の中心的な役割を果たしたのは親衛隊（SS＝Schutzstaffel）であった。SSはナチの典型的な面を象徴するパーソナリティーを有しており、第二節ではSSの組織的特性とともにその中心メンバーについてのパーソナリティー（ナチ党員全般についても）を分析する。そこから現代の一般的な大規模組織におけるホワイトカラー層との類似性を述べ、ホロコーストを容認・関与する危険性を指摘したい。

第二節　ナチ首謀者・党員の性格はこう育まれた

1　ナチ党トップの失意の半生

山口定の『ファシズム』は、ファシズム指導者の類型として（1）軍事的無法者、（2）左翼くずれ、（3）新しいタイプのナショナリスト、（4）失意の文士・芸術家、（5）中間層団体の役員たち——の五つに分けている（II―3　ファシズムの「指導者」たち）。

山口によれば、「左翼くずれ」はドイツには少なく、イタリア社会党出身のベニト・ムッソリーニがその典型例として挙げられる。左右陣営は思想的にこそ違いはあっても、直接行動主義といった面で相通ずる点は確かにある。「新しいタイプのナショナリスト」は敗戦などの経験から、国民国家の形成へ民族共同体といった思想に向かう。「中間層団体の役員たち」は「さまざまの中間層の利益団体、圧力団体の役員たちが、彼らの利益政治の観点から、いわば便乗主義的に合流する」[26]タイプだ。ただ、トップに上り詰めることはなく、その下で能力を発揮するタイプという。そして、ナチ党のトップをみると、総統アドルフ・ヒトラーと宣伝相のヨーゼフ・ゲッベルスは「失意の文士・芸術家」に、党ナンバー2のヘルマン・ゲーリングは「軍事的無法者」に分類されるという。

ヒトラー（一八八九―一九四五）は税関官吏の息子として生まれ、美術の才能に恵まれていた。リンツ（オーストリア）の実科学校に入学したものの退学、ウィーンに出て造形美術大学の入学試験に二度失敗するという青年時代だった。失意のうちに建築にも興味を示していたヒトラーは、建築物のスケッチなどを通じて生計を維持するとともに、読書にも没頭したという。スケッチを通じて都市の改造計画に夢を馳せ、政治・経済から歴史・文化まで書物を読み漁って自らの思想を形作っていった姿は、芸術家としての資質とともに空想家のイメージを抱かせる。この時代のオーストリア＝ハンガリー二重帝国はドイツと同様、急増したユダヤ人が知的職業を席巻するとともに、貧困化したユダヤ人によって犯罪率も増加。ヒトラーも自身が社会に受け入れられないため現状に対する反発を強め、当時高まっていた反ユダヤ主義運動に共鳴していた姿がうかがえる。

兵役を忌避して浮浪者収容所などをさまよっていたと伝えられ、ミュンヘンに国外逃亡したものの発覚。暫くして起こった第一次世界大戦に自ら志願してドイツ軍に加わったが、オーストリア出身ということでさまざまな差別も受けたという。その行動は言い逃れを糊塗するためとも、他の熱狂的な青年たちと同様にドイツ民族精神のために感激して立ち上がったともいう。

戦後舞い戻ったミュンヘン（バイエルン州はワイマール共和国のもとでも歴史的経緯から自治的性格が強かった）では極左の革命政権が誕生したものの、そのバイエルン首相クルト・アイスナーが右翼青年に暗殺されるなど、極右と極左の両勢力が武力闘争を繰り返していた。ヒトラーはナチ党の前身であるドイツ労働者党に入党、啓発活動を任されたヒトラーが演説の才を発揮した最初だった。一九二〇年に「国家社会主義ドイツ労働者党」（ＮＳＤＡＰ）と改称し、党員を拡大していったものの、同党はまだ数多くある右翼団体の一つに過ぎなかった。ヒトラーは党の方針を巡って創立者のアントン・ドレクスラーと対立、その抗争を通じて党の独裁権を確立した。ヒトラーは大衆を組織するより、集権的な支配体制を求めていたと言われる。

時代はすでに、ワイマール共和国の矛盾が噴出し、敗戦の影響によるハイパーインフレーションで中間層を中心に国民は経済的窮乏に陥っていた。当初から共和国を敵対視していたナチ党は、ここで立ち上がった。ベルリンへ向けて進軍を開始したこのミュンヘン一揆（一九二三年）はしかし、あっけなくバイエルン軍に鎮圧され、ヒトラーは裁判の末、五年の禁固刑に処された。しかし、同党はその直後のバイエルン州議会選挙で大勝利を収めている。『わが闘争』はヒトラーのこの刑期中に書かれた。

ゲッベルス（一八九七－一九四五）は幼少時に小児麻痺を患ったため歩行が不自由で、他の子供たちと遊び回れず閉じこもって勉学に励んだ。歴史や文学に傾倒しハイデルベルク大学で博士号を取得、文筆によって身を立てようとしたが、ワイマール共和国初期の不況の影響で職を得ることはできなかった。しかし、ナチ党に入党すると宣伝や演説で頭角を現し、ナチ政権下ではその修辞に満ちたプロパガンダを駆使した。最期はベルリンの総統地下壕でヒトラーと運命を共にしている。

ゲーリング（一八九三－一九四六）は外交官の息子に生まれ、ナチ党首脳のなかでは裕福な部類に属する。第一次大戦で戦闘機パイロットして名を馳せた英雄で、戦後に入党したナチ党では突撃隊（ＳＡ）のトップに据えられたものの、ミュンヘン一揆で腰に被弾し国外に亡命、失意の日々を過ごした。恩赦で帰国後に国会議員となり、ナチ党と大企業との橋渡し役などに力を発揮した。ナチ政権下では航空大臣、空軍総司令官として再軍備に取り組み、第二次世界戦の開戦時にはヒトラーから総統後継者に指名されている。しかし、対外穏健派であったため戦争遂行にこだわるヒトラーと次第に距離ができ、戦況の悪化とともに政権中枢から遠ざけられていく。アメリカ軍に投降してニュルンベルク裁判にかけられ、絞首刑の判決を受けたが、その直前に独房で服毒自殺した。

ナチの指導者層は「自分は才能があるのに、世の中に認められていない」という気持ちが強く、深いルサンチマン（弱者の強者に対する憎悪・復讐心）をため込んでいた。ナチズムに明確な思想の基盤があるわけではなかったが、ナチ党の指導者層はその自らのルサンチマンを晴らそうと、自分に都合のよい当時有力な思想を取り込み、ホワイトカラー層をはじめ民衆の味方であることをアピールした。ヒトラーは初めから権力に固執していたわけではなく、自らの思うところに従って行動し続けたところが、たまたま時代状況に持ち上げられたと言うこともできる。

反ユダヤ主義や社会ダーウィン主義、民族共同体思想——などは理論自体としてはナチズムとは別個に出てきたものだが、共同体から排除されるべき敵を想定し、その敵を自分より劣ったものとして見下し、生存のために徹底的な抗戦を挑むことにより、自らを疑似的に高めてアイデンティティーを保とうとする「友敵論」にとっては、格好の思想的拠り所となる。

2 「新貴族」を目指すエリート親衛隊員

ここまでナチ党で特に有名な三人の人生からその性格類型を論じたが、ここで問題にしたいのはナチ親衛隊（SS）の面々の性格特性である。数多くあるナチ組織のなかでも、SSは異彩を放っている。ユダヤ人絶滅政策を垂範した暴力性を有するとともに、ホワイトカラー層と同様に最もエリート意識に支えられた集団だ。ここから先はSSの組織と、隊員の性格と行動に焦点を当てる。

ヒトラーの専属ボディーガード組織として発足（一九二二年）したSSはその後、反党分子を監視する情報活動と政治警察的な機能へとシフトしていく。さらに、内部に特務部隊や髑髏部隊といった武装組織を整えていき、両者が統合された武装親衛隊（Waffen-SS）はナチの暴力装置としての象徴となる。

SSは確かに一面では暴力団まがいの存在ではあったが、片や強烈なエリート意識にも支えられていた。黒い帽子と髑髏の記章は当時のドイツ人の憧れであり、「新しい貴族階級」を自認していた。ファシズムを大衆運動としてではなく、エリート主導による運動に活路を見出したところに特色がある。

『ナチ・エリート――第三帝国の権力構造』を書いた山口は、「親衛隊の指導者たちは、自分たちが選りぬかれた『エリート中のエリート』の集団であるという誇りに支えられ、独特の名誉法典への忠誠を媒介とする《騎士団》としての結束を維持していて、さまざまの部署にちらばっていても集団としての凝集力がきわめて高い[27]」としている。

エルンスト・レームが幕僚長を務める「突撃隊」（SA＝Sturmabteilung）が政治的反対派に対する街頭での示威行動と暴力行使という大衆運動を志向し、ナチの政権獲得時には予備役も含め四百五十万人に膨れ上がったのに対し、SSは五万二千人、その後も二十万人程度までしか膨らんでいない。ナチ党の政権掌握後の一九三四年、SA指導部の粛清（レーム事件）に主導的な役割を果たしたのを機に、SSは党内での権力基盤を拡大していく（レームの突撃隊を核とした大国民軍構想に、ヒトラーが国防軍との対立を回避しようと粛清を決意したと言われている）。

SSの入隊には厳格な人種的入隊基準があり、身長一七〇センチ以上、年齢三〇歳以下、血統や身体の適格を示した証明が必要（戦争末期には兵員補充がままならず外国人が六割を占めるに至ったが）だった。社会的構成としては「都市的中間層と官吏と未組織の下層労働者の連合体としての性格[28]」が強い。親衛

図３－b

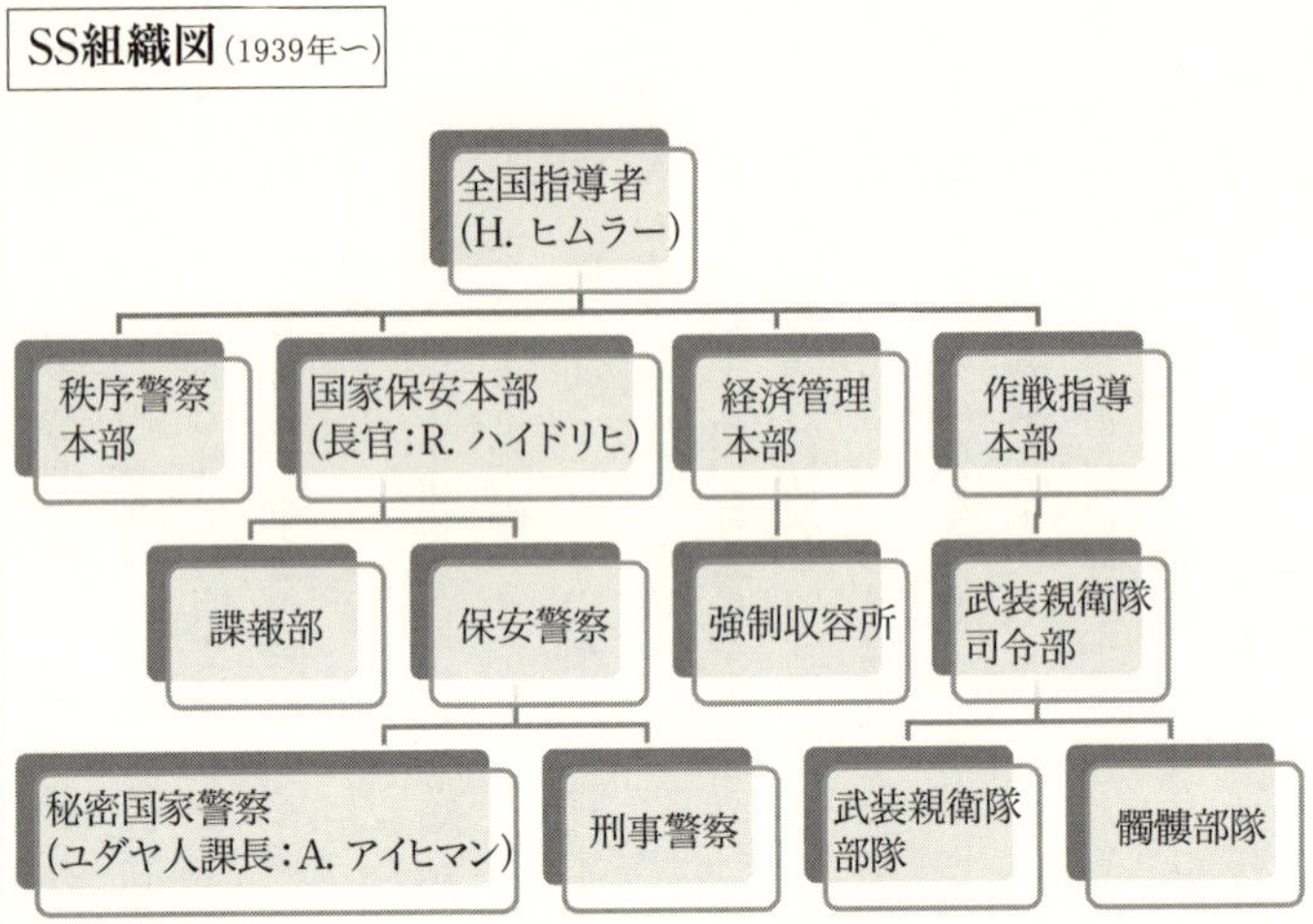

（H. ヘーネ『ＳＳの歴史』などから、ホロコーストに深く関わった部署だけを抜粋。実際には組織は複雑多岐に渡り、本部だけで12を数える）

隊内部においては、あくまで事務的に業務を遂行する官僚層と、直接的な暴力行為を任務とする軍人層とが明確に分かれていたと考えられる。

ヒトラーへの忠誠とその配下の上司に対する服従が組織の規範であり、第二次大戦では国防軍の一翼として果敢な戦いぶりを示す（将校の戦死が多い）話も伝わっている。一方では、「官僚的実務家と『権力の技術者』の性格を併せ持ち、もっぱら舞台裏の陰謀家的活動を通じて急速に出世した人々であり、注目すべきシニシズムを身につけている[29]」という分析もあり、明らかに組織内部に別種のキャラクターが同居していたことがうかがえる。

3　ナチ親衛隊三人、それぞれの特徴ある性格

ナチ党の組織と個人の関係は、親衛隊（ＳＳ）の主要メンバーの組織運営について違った役割とそれに見合った個人的性格から浮き彫りと

ラインハルト・ハイドリヒ

ハインリヒ・ヒムラー

アドルフ・アイヒマン

なってくる。ここではホロコーストに中心的な役割を果たし、戦後もその経歴や性格がさまざまに論じられ、分析されてきた三人――ハインリヒ・ヒムラー（一九〇〇－四五）、ラインハルト・ハイドリヒ（一九〇四－四二）、アドルフ・アイヒマン（一九〇六－六二）について検討したい。

SS全国指導者のヒムラー（一九二九年就任）の直属の部下が国家保安本部（三九年に保安警察から改称）長官のハイドリヒで、ハイドリヒのナチ党入党に際してはヒムラーが直接、面接に当たっている。ユダヤ人の絶滅収容所への効率的な輸送を担ったアイヒマンは国家保安本部傘下の秘密国家警察（ゲシュタポ＝Geheimestaatspolizei）のユダヤ人課長で、アイヒマンの能力を見出したのはハイドリヒである。三人の関係を単純化すると図３－ｂのようになる。

ヒムラーとハイドリヒの共通点は同じ上層中産階級の出身で、青年時代に第一次大戦を迎え、いずれも従軍を熱望していた。

ヒムラーの父親は貧しかったが、苦学してギムナジウム教師となり、バイエルン王室のハインリヒ王子の家庭教師にまでなった。王子が代父となり、名付け親となってハインリヒ・ヒムラーとなった（その後、戦死した王子から一千ライヒスマルクを遺贈される）。ヒムラー自身は将校になるのが夢で、第一次大戦時は従軍年齢に達しないのを父親に頼みこんで歩兵連隊に入隊したが、結局は実戦経験を持てなかった。戦後は反革命義勇軍に参加するも、ここでも参戦できなかった。

一方、ハイドリヒの父親はオペラの作曲家で、ザクセン王国宮廷の音楽教授の娘と結婚して音楽家としての名声を博す。ラインハルトもバイオリンなど音楽の才能を示したが、アビトゥーア（大学進学のための資格試験）修了後は海軍に入隊した。

しかし、両者はそれ以外は異質性のほうが際立ち、外見も性格も全く正反対である。「眼鏡の小男」

というイメージのヒムラーは元来病弱で、小学校時代は欠席が一六〇回に及んだ。したがって体育が苦手で、大学では胃弱のため男の象徴としての決闘に参加できず、ようやく医者から十分な体力を保持している旨の証明書をもらったが、誰も決闘の相手と認めてくれなかったという経験を持つ。

ヒムラーは実務や実戦には弱い側面を持つ半面、内省的で、イデオロギーに殉ずる人間だった。第二次大戦では西部戦線や東部戦線を率いたものの、まともな作戦指揮ができなかったと伝えられる。一方で、ファナティックな「血と大地」思想をそのまま受け取っており、ヒトラーと同様にナチの精神的支柱だったと言える。

幼少期のクラスメートで、後にアメリカで歴史学者となったG・ハルガルテンは、「想像できる限りの最も優しい子羊、ハエをも害しようとしない少年」[30]という言葉を残している。大学時代のヒムラーの日記からは、ボランティア的な活動を多く行っていることがうかがえる。ホロコーストを推進しながら、ロシアでのユダヤ人射殺の実見で気分が悪くなったという話も伝わる。

ヒムラーの思想を育んだのは、経済の混乱を予想した父親の勧めでミュンヘン工科大学で学んだ農学の勉強を通じてであった。東方に農家の二男以下を植民させる「生存圏」の主張は「血と大地」思想そのもので、必然的に反社会主義と反ユダヤ主義を標榜する。ドイツのジャーナリストで、『髑髏の結社――SSの歴史』で反響を呼んだH・ヘーネが取り上げる「六〇〇年来、ドイツ農民は、清く母なる大地にドイツ国民の世襲財産を守り、拡大するために、スラブ民族と戦うよう運命づけられてきたのだ」、「ユダヤ人は投機や市場操作によって、生産価格を下げたまま消費者価格を釣り上げ、……その中間の莫大な利益はユダヤ人とそれをめぐる業者が吸い上げている」といったヒムラーの発言は、ヒトラーの心酔者としての特徴をそのまま表している。[31]

一方、ハイドリヒは長身で北欧人種的な外見から「金髪の野獣」の異名をとり（「ハイドリヒ家にはユダヤの血が流れている」という流言に終生、悩まされたのは皮肉だが）、スポーツ万能で近代五種競技の五輪選手だったほか、フェンシング、乗馬、スキーと多才で、第二次大戦では空軍パイロットとしても出撃した。

ワイマール期の海軍では上司の娘との交際のもつれから軍法会議にかけられて除隊し、ナチ党入党（一九三一年）後は、実務家としての能力を発揮していく。ライバル党の調査など諜報活動を手掛け、国防軍を傀儡とするために国防相（W・ブロンベルク）や陸軍総司令官（W・フリッチュ）のスキャンダルを捏造して解任に追い込んだり、他国侵攻の口実をつくるための各種の対外工作を行ったりした。

ハイドリヒは活動家であるとともに、即物的人間を象徴する性格であり、実務に強い能吏として上司（ヒムラー）の意向を尊重する態度をとりながら、蔭では馬鹿にし、組織内での自らの野心を追求していった。誰とでもつき合いはするが、誰とも心を通わすことがない。前述のヘーネは「ヒムラーは彼（引用者注：ハイドリヒ）の性格が秘密警察に適していることは認めていたが、遠大な計算にもとづく政治的野心に欠けると確信していた。なぜならば、彼は怒りやすく、権力に飢え、常に隙をうかがっている一方、冷淡で、友情、忠誠心を理解していない[32]」と描写する。

ハイドリヒはヒムラーと違って思想的な基盤は全く持たず、功利主義の権化であり、自らの持つ技術を最大限に発揮して権力を手に入れようとする。つまり、「彼はユダヤ人に憎しみを抱いていなかった。彼にとってユダヤ人は計画遂行の過程で使われた題材にすぎず、国家が決定した大量の『粛清作業』の際の魂のない群像でしかなかった[33]」。

両者の人間関係には微妙なものがある。ヒムラーはナチ党入党（一九二三年）後しばらくエルンスト・

レームに従っていたため、レーム事件の際にはヒムラーはハイドリヒに説き伏せられて突撃隊を粛清したという経緯がある。ヘーネはヒムラーがハイドリヒの報告書と意見具申に圧倒されて打ちのめされるエピソードを紹介しながら、「ヒムラーとハイドリヒには二十世紀的な二つの人間の典型――空想家と技術家――が見出される」[34]としている。

この両者と比べると、アイヒマンは下層中産階級の出身で、知的水準も低い。父親は電気軌道会社の計理士で、勤務の都合でドイツからオーストリアに移住している。アドルフは五人兄弟で最も成績が悪く、職業訓練学校も中退。父親の人脈でなったセールスマンとしてもうまくいかず、三二年にオーストリア・ナチ党に入党した。新設された保安本部（SD）でハイドリヒの配下になったことで、特異な能力を発揮していく。

アイヒマンはユダヤ人担当課に配属され、オーストリア国内のユダヤ人の強制大量移住に流れ作業方式の官僚的な手続きを導入してユダヤ人問題の専門家としての地位を確立する。ユダヤ人絶滅政策の決定後は特別輸送列車を確保し、効率的にユダヤ人を絶滅収容所へ送る輸送調整役として評価をさらに高めたことは先にみた。

読書が嫌いで、浅薄皮相な考えしか持てないが、オーストリア時代はユダヤ人をパレスチナへ向かわせる近代シオニズム運動に共鳴し、ユダヤ人を強制移住させることは善行と信じていた。ただ、追い出した後に他国がユダヤ人の受け入れを好まなかったことには思いが至らず、強制収容所送りになったユダヤ人も多かった。『ナチス親衛隊』の著者であるG・グレーバーは「彼が考えるには、ウィーンでは交渉者としての腕を相当に発揮したし、二〇世紀最大のシオニズム擁護の功労者として顕彰されて然るべきなのであった。彼は、自分と〝交渉〟している人びとが絶体絶命の状況に追い詰められ強迫されて行動していることなど考えもしなかったようである[35]」と論じている。

戦後、イスラエル情報部に捕まったアイヒマンは、裁判を通じて彼が命令を忠実に実行することに最大の喜びを感じる性格であることは、アレント（『エルサレムのアイヒマン』）をはじめ多く論じられている。グレーバーも「システムを全体として検討し、上から受ける命令を吟味の対象にする作業は、全然やらなかった。アイヒマンにとってそれが命令であるという事実で充分であり、ＳＳの設けた枠のなかで、慈悲深く、かつまた一生懸命能率よく働いた[36]」としている。

アイヒマンは紆余曲折ののちにゲシュタポにおいて自分の能力を活かせる仕事にささやかな幸福を見出していたのだが、それが考えもしない方向へ向かった際には責任逃れの行動に終始している。先に述べたユダヤ人絶滅政策が決定的となった政府高官の居並ぶヴァンゼー会議（四二年一月）にも出席、絶滅政策への覚悟を決めるが、「教養豊かで実力者の政府高官が当たり前のごとく、あっけらかんと虐殺法を論じているのであり、それに反対するなら、そんな分際でよくものが言えるということにならないか？　この時点からアイヒマンは、言われたことをきちんとやり、自責の念から解放された[37]」。高遠な思想や能吏としての能力に憧れながらも、それを持ち得ず上位の人間に振り回されたのだった。

ここに掲げた三者三様の死に方にも特徴がある。ヒムラーは最終的にはヒトラーを裏切っている。ドイツの敗戦直前に独断で英米との部分工作に乗り出したことがヒトラーの知るところとなり、総統地下壕から脱走、逃亡中にイギリス軍に拘束され、収容所で自殺する。ホロコーストの実質的推進者だったハイドリヒは、併合したチェコスロバキアの行政に当たったが、四二年六月、イギリスの亡命政府から送り込まれた工作員にプラハで暗殺された。アイヒマンは戦後、偽造旅券を使って親ナチのペロン政権下にあるアルゼンチンに潜伏、執拗に追跡を続けたイスラエル諜報特務庁（モサド）によって発見されたのは一九六〇年のことだった。アイヒマンは翌六一年、エルサレムで「人道に対する罪」など一五の犯罪で起訴され、世界的に注目された。死刑判決を受け、六二年一月に絞首刑に処された。[38]

4　ナチ党員に特徴的な「集団同調性」と「指導者崇拝」

そうした指導者層のもとで、一般のナチ党員はどのようなパーソナリティーを育んでいったか。ナチ党員のユダヤ人への態度をみたP・H・マークル（第1章第一節）は、そこからその心理的特性も分析している。それをまとめると、表3－aのようになる。

それによると、ナチ党員の心理特性としては「高度の集団同調性」と「高度の指導者崇拝」の比率が圧倒的に高い。双方とも（第一次大戦）戦後世代が中心で、地域的には田舎と小さな町の出身が多い。「高度の指導者崇拝」の父親は軍人・公務員がほとんどで、都市の無産階級から階層の上方へのシフトを求めている。「高度の集団同調性」の父親は子供と同様の労働者、農業従事者か、あるいは職人だった。行動的で、暴力的な態度はこの二タイプに特徴的という。

「高度の文化的ショック」「高度の偏執狂」は一八九五年以前の生まれが中心という。農場をバックグラウンドとしながら、上昇志向をもって流動性の高い人間が「高度の文化的ショック」を受けている。「高度の偏執狂」も流動性が高いが、都市の無産階級出身の傾向にある。双方は出世の糸口として軍人・公務員を選ぶ割合が高い。

一方で、「高度のマゾヒズム、自己憐憫」「高度の個人的不安」「不合理、支離滅裂、大きな不均衡」といっ

表3-a　ナチ党員の心理的特性とその主な属性

高度の集団同調性	33.0%	労働者、農業従事者
高度の指導者崇拝	21.4%	ホワイトカラー
高度の文化的ショック	19.3%	軍人・公務員、ホワイトカラー、女性
高度の偏執狂	10.1%	軍人・公務員、実業家・専門職
高度のマゾヒズム、自己憐憫	8.9%	労働者、女性
高度の個人的不安	4.0%	
不合理、支離滅裂、大きな不均衡	3.3%	

（P. H.Merkl,1975,*Political Viorence under the Swastika*, 530p. の表と記述をもとに作成。回答者は581 人中 327 人としている）

た病理的な人間は意外に少ない。

以上から言えることは、まず労働者階級に顕著な「高度の集団同調性」は、上官の命令に従順に暴力装置の手先となりやすい。「高度の指導者崇拝」はホワイトカラー層のもう一つの側面と言える。権力志向の組織人は同僚との関係よりも上下の関係が基本となっているのはこれまでみてきた通りで、そのためには彼にとって組織の象徴である上司、あるいはさらに上位のトップに同化するのが得策である。

そこにはホワイトカラー層のイデオロギーに弱い体質がみてとれる。組織のトップは人心の収攬のために抽象論を振りかざす傾向にあり、そのために業務が社会貢献につながるという理想を喧伝する。これは「高度の文化的ショック」「高度の偏執狂」にもみられる。第一次大戦の敗戦による一九一八年の革命によりそれまでの価値観が一変し、しかもハイパーインフレーションによって生活が窮乏化するなか、その怒りの矛先をスケープゴートとして探し出し、それを正当化する理論を模索しようとの思いだ。この二タイプはイデオロギーに殉ずる面が強い分だけ指導的立場に上りやすく、より比率の多い「高度の集団同調性」「高度の指導者崇拝」の人間を一定の方向へ引っ張っていくことになる。

ここまでSSの組織特性とともに、その主要メンバーの性格特性、またナチ党員全体の性格特性を分析することで、ナチ組織のなかで生きる個人という存在に焦点を当てた。次には組織の各階層を個人の側面から眺め、各階層の特徴的な性格を社会学・心理学的な観点から敷衍させる。

個人の性格は本来有する素質がそれにふさわしい社会的地位を求める部分と、置かれた社会環境によって育まれる部分とがある。そこで、ホワイトカラー層の現代組織における個人の素質と環境との相互作用をみる。そこから、第一節で述べた各階層の記述と絡めて、組織のヒエラルキーにおける人間類型を探り出す。

社会学的な観点からは、第二次大戦後、いち早く高度産業社会を体現したアメリカにおいて、社会心理学の観点を採り入れた形で現代組織における人間性についての研究成果が次々と示された。組織人がどのような環境でどのような性格を育むかはもちろん時代や国民性によって異なるが、高度産業社会における組織人の性格はある程度、最大公約数を見出せるはずだ(39)。

5　労働観の変遷からみたホワイトカラー層の孤立

まず、近代社会がその典型的な人間像であるホワイトカラー層の性格にどのような影響を及ぼしたか、アメリカの社会学者、C・W・ミルスの著『ホワイト・カラー――中流階級の生活探究』で述べた西洋社会における労働観の変遷からみる。

それによると、旧約聖書の世界では労働は賤業であり、原始キリスト教においても労働はやはり原罪に対する罪ではあるが、人間の怠惰を防ぐものとして、肉体と魂の健康につながるとして、信仰生活を壊さない程度に適度な労働にとどめるのがよいとされたという。

近代に入ってルネサンスと宗教改革において労働観は一変した。ルネサンスは「技術的な意義と喜びとを見出す職人気質」を讃え、労働そのもののなかに価値を見出し、プロテスタンティズムは「労働自体には内在的価値はなく、労働のよろこびと価値は、その労働に対する宗教的報酬にある」と説いた。それが現代となると、労働は単に生きる手段としての「やむをえぬ必要悪であるとする消極的な哲学がはびこりつつある」としている[40]。ただ、現代のホワイトカラー層にとっては、労働における別の動機が主流を占めていることをミルスは強調する。

現代の労働においては、そこに直接に含まれる技術的な過程そのものは、労働者に対して意味を失い、かれらにとっては収入とか権力とか地位のごとき労働の付随的側面の方が、重要な意味を有する[41]。

つまり、失業や収入減に対する恐れや、病気、事故、老後の心配などが勤勉の基本的な動機としてあり、これに「労働における人間関係を基盤とする地位に伴う満足[42]」が要因として加わっている。経営者側も経済的動機だけでは恒常的な勤労意欲を維持させることはできないから、協調の倫理を利用して作業能率を上げることに腐心する。しかし、それは労働からの疎外を進めるだけのものであり、その労働によって楽しみ得る娯楽や消費に価値を求めるという「労働と生活の断絶」が深刻化する。

そのため、労働から疎外されてその楽しみは奪われているのではあるが、組織を離れては生きられないことを身を以って実感している。仕事を通じた業績によってしかアイデンティティーを保てないからであり、組織の論理にますますのめり込むこととなる。したがって、企業内のすべての人間と距離を置く一方で、表面的には仕事上の華やかな人間関係が浮かび上がる。

労働から疎外されたホワイトカラー層は、仕事を離れて余暇の世界へと逃げ込むが、近代社会においては彼らのよるべとなるべき共同体社会ももはや崩壊してしまっている。地域社会や宗教組織、さらに家族からさえも相互扶助や教育の機能が国家へと奪われ、社会と個人との紐帯となる集団の影響力が弱まるなかで、個人はますます原子化された社会において孤立を深めることとなった。彼らが最後に行き着く先は消費と娯楽である。消費は他人との差別化を図る唯一の指標となり、気を紛らわすために「近代的な娯楽のなかでもとくに空想的なものや馬鹿騒ぎをするものに慰安を求めるようになる(43)」。

同じアメリカの社会学者、W・コーンハウザーは『大衆社会の政治』において、そうした家族や地域社会を含めた社会関係の原子化、孤立化に大衆社会への道程をみてとっている。

民衆がその共同体と仕事から疎外されると、かれらは自由に新たな結合をつくりだす。そればかりか、仲間との間にさまざまな関係を失った人々は、愛着と帰順とを与えてくれる新しい、そしてときにははるか遠くのより所を求めようとする(44)。

コーンハウザーは、大衆社会と全体主義社会とは明確に区別している。近代民主主義は大衆政治に陥りやすいものの、大衆政治の極端なケースを全体主義政治と捉える。ただ、社会の原子化が強い疎外感を生み、その緊張から逃れようと極端な行動に走りやすい点で両者は共通点を持つ。大衆政治がどのような状況のもとで全体主義政治に転化するのか、これについてはコーンハウザーの見解を後述することとする。

6　社会工学的精神と集団回帰という二律背反性

近代組織におけるホワイトカラー層は、人間関係に気を配りながら業績を上げることにあくせくするという傾向を持つのだが、それは逆に社会における精神の孤立を深める原因となっている。一方で、科学が支配する時代に特有の社会通念も生まれてくる。アメリカのジャーナリストであるW・H・ホワイトは全人的に組織に献身する新たな人間類型を自身の著作の書名にもなった「オーガニゼーション・マン」と名づけたが、彼らの有するイデオロギーを近代的な精神と前近代的な精神との融合として捉えている。

ここで指摘されている「融合」にはいくつかの側面があり、一つには、人間の精神まで含めてすべてが自然科学によって測定できると考える科学主義であり、そこには自己の人生を計画的に設計し、社会全体も分析的、計量的なアプローチによって理想的に構築できるという社会工学的な精神がある。前述のC・I・バーナードから始まる現代の組織論の主流に、大規模組織においてその構成員のインセンティブを刺激し、いかに効率的な運営ができるかという論点があり、そこでは生きる組織人として自己演出の仕方や人の動かし方、有能なリーダー像などが科学的に語られる。

もう一つは、組織への帰属性についての評価である。人間は集団に組み込まれているからこそ情緒的な安らぎを感ずるものであり、組織人の置かれている本質的な孤独な立場から仕事に中世的な帰属性を求める精神がある。ホワイトは労働者が協働と参加の感情によって生産高の向上に資するという有名な実験（ホーソーン実験）を例に挙げて、労働者にとって労働組合でさえ帰属性への思慕なのだと言う。ただ、先に述べたように現代人は多くの組織に属しているから、完全な帰属を求めても、どの帰属も不完全であることが不幸の源泉とみている。

加えて、集団による全体は個人の総計より着想において優れているという論理が主流になった、とホワイトは論じている。今や科学の天才は不要で、共同研究こそ創造への道を切り拓く時代となった。一人の天才科学者と比べて「彼らはアイディアを実行に移す際には力強い。しかし、それを創りだす迫力は欠けている[45]」と言うように、本来は対象への関心から個人主義的な技術者も事務職と変わらない組織人として人間関係のなかで生きることになる。

7　人間関係重視のなかの「偽りの人格化」

高度産業社会においてそうした人間関係が仕事の中心となっている社会の人間像を、第二次大戦後に『孤独な群衆』を著して一世を風靡したアメリカの社会学者、D・リースマンは最大公約数的に「他人志向型」と名づけた。歴史段階として初期資本主義の段階ではそれまでの「伝統志向型」から離れて、フロンティア的志向を持った「内部志向型」人間が求められた。「内部志向型」というのは規範が自分のなかにあるということで、禁欲的なピューリタン的精神をもって仕事にあくなき夢を追い求めるタイプである。

内部志向型の人間は、自分を人間以外の対象物との関係において考える。そこでは人間も社会的組織も対象化して考えられるのだ。だがこれにひきかえ、他人志向型の人間は仕事というものを人びととの関係において考える。[46]

例えば、巨大組織において現場の長たる中間管理職は、自分の部下と上司との両面のコミュニケーション交通をこなさなければならず、企業の外部の人間との折衝も控えている。「ものを相手に働くのではなく、人間相手の仕事をせざるを得ないようになってくる」[47]。これは、企業の発展段階とも軌を一にする。企業がまだ小規模のときには外に向かうエネルギーが要求されるが、企業が成長し組織も大きくなれば組織を管理するための煩雑なコントロールシステムが避けられなくなり、その官僚制システムが繁文縟礼に陥って硬直化すると衰退へ向かうこともある。

そうした「他人指向型」人間は、現代産業社会の巨大組織の求める理想像であり、専門的な能力を持った人間には「内部指向型」の意識がないわけではない。内部志向的人間が組織の外へと野心が向かうのに比べて、他人志向的人間は組織の枠のなかでの競争に血道をあげることになる。「二つの生き方がぶつかりあうために、かれの中には緊張状態がうみ出される」[48]。

そこで、リースマンは現代産業社会におけるホワイトカラーは、「偽りの人格化」「強制的な私生活化」へ向かうとしている。人間関係が中心の社会でしきりと取り沙汰されるのは「人格」であり、ホワイトカラー層はそれに応えるべく「敵対的な協力」も辞さない。だから、周囲の仲間の動きも常にウオッチし、他人と差別化した人格をあえて作り上げなければならない。人間関係に過敏な中間層は私生活において他人と離れようと大衆文化のなかに逃げ込むのだが、一方で郊外型住宅でのホームパーティーに興じるように「孤独感をやわらげるためにかれは群衆の中にまぎれこむ[49]」というアンビバレントな感情に支配されている。

8 パラノイア性格に潜む他人への不信感

孤独感と協調性――職場における人間関係重視の生き方は、個人のどのような性格を育むのか。前述のミルスは経営者の言葉を借りて、その理想的な姿を模写する。

「慇懃であることは出世の役に立つだろう。冗談も言えるような面白みのある人間になることが必要であり、夜でもなるべく疲れた顔をせず、沢山友人を作って人気者になるのがよい。肉体的にも精神的にも敏捷であることを示せ。自信のほどを他人にも見せるようにせよ。いつでも心から微笑せよ。君の行動や言葉の一つ一つが、他人の君に対する印象の材料になることを忘れてはいけない。君は生まれてから死ぬまで、他の人々と協調して生きてゆかねばならないのだ。商品を売る販売原理も、君の観念や君自身を売る販売管理もかわりはないはずだ[50]。」

この説得はミルスにとっては皮肉でしかなく、「美徳ではなく策略を身につけることに汲々としている」組織人の姿を強調する。すなわち、「能力よりも機敏さが、また公開市場で身体を張って競争することよりも、同僚や上役とうまく折合ってゆくことが大切」であり、「競争とはいっても、他人の蔭口をきいたり重箱の隅をつつくようなけちくさい競争になりがち」としている。[51]

すなわち、表面上の柔和な顔の裏側に他人に対する猜疑心が隠されていて、その自己顕示欲がしばしば敵意となって顔を出すということだ。これは第1章でマークルがナチ党員の反ユダヤ主義への意識調査で示した、ホワイトカラー層（特に中年以上）に顕著にみられる偏執症（パラノイア）的性格と一致する。パラノイアは現代の組織人が基本的に抱え込んでいるパーソナリティーと言える。

パラノイアは日常生活や仕事の遂行にまで支障をきたすと妄想性パーソナリティー障害となるが、そのパーソナリティーを明確にするために妄想性パーソナリティー障害の特徴を取り上げる。米国精神医学会が精神医学の診断基準として発刊している『DSM－Ⅳ－TR　精神疾患の分類と診断の手引』によると、妄想性パーソナリティー障害についてまず「他人の動機を悪意のあるものと解釈するといった、広範な不信と疑い深さ」と定義している。その症状として挙げているのは次の七つである。[52]

(1)十分な根拠もないのに、他人が自分を利用する、危害を加える、またはだますという疑いをもつ

(2)友人または仲間の誠実さや信頼を不当に疑い、それに心を奪われている

(3)情報が自分に不利に用いられるという根拠のない恐れのために、他人に秘密を打ち明けたがらない

(4)悪意のない言葉や出来事の中に、自分をけなす、または脅す意味が隠されていると読む

(5)恨みをいだき続ける。つまり、侮辱されたこと、傷つけられたこと、または軽蔑されたことを許さない
(6)自分の性格または評判に対して他人にはわからないような攻撃を感じ取り、すぐに怒って反応する、または逆襲する
(7)配偶者または性的伴侶の貞節に対して、繰り返し道理に合わない疑念を持つ

リースマンの言うように現代産業社会においてホワイトカラー層の「偽りの人格化」が進むと、組織に同化した人格を無理につくり上げようと自らを抑圧するため、その補償としての反抗的な心理を常に抱え込むこととなる。

妄想性パーソナリティー障害は、何の変哲のないことでも他人から攻撃されているという不信感を抱き、一方でそれを受け入れたくないがために自らを特別な人間と思い込む過剰な自信に支えられている。したがって、普段は温厚であっても、ひとたび他人に理解されていないと感じたときには、自己防衛のために理屈を駆使して相手を屈服させようとし、衝動的に攻撃的になることも多い。相手が自分を攻撃してくるのではないかと、逆に攻撃的になる背景には相手に対する恐れが基本にあることは、当時のドイツ人ホワイトカラー層に広くみられる感情であり、これについては第2章ですでにみたところである。対人関係に過敏になるストレスが、逆に対人関係に支障をきたすというパラドックスを生むことになる。

妄想観念は、周囲に起こっていることを自分に関係づける関係妄想や、他人に監視されているといった追跡妄想などがあるが、すでに取り上げた精神分析学者でもあるK・ヤスパースは『精神病理学総論』

において「世界関係や哲学的問題や歴史的事件など、患者個人とは無関係な妄想[53]」も存在するとしている。現代のイデオロギーに対する要請はこれを助長している。この点で妄想性パーソナリティー障害はヒトラーのような独裁者に典型的にみられるが、現代人のホワイトカラーを中心とする組織人に潜在的に蔓延しているパーソナリティーであると考えられる。

ヤスパースは『精神病理学総論』で次のように指摘している。

あらゆる妄想は相反するものの間の緊張した軋轢関係に根ざし、それは了解可能である。フリードマンは、共同社会の全体意志によって患者個人の意志が圧迫されるという体験からきた反抗が妄想形成の基本になっているのを見た。現実と自己の欲望との間の葛藤、強制的要求と自己の願望との間の葛藤、屈服と向上との間の葛藤が妄想に現われる。なぜかというと、妄想は必ず両極を包含しているからである。即ち自己の人柄の高昇と低下、誇大妄想と被害妄想が、誇大妄想と追跡妄想が一緒になっている[54]。

妄想観念は他のパーソナリティー障害と併存することも認められており、症状として現れる部分は妄想性パーソナリティー障害の変形とみられる面も出てくる。

近年、新しい概念として取り沙汰されている自己愛性パーソナリティー障害が併存すると、カリスマ指導者にみられるファナティックな妄想が発達する。自己愛性パーソナリティーは称賛されたいという欲求が根底にあり、自分は特別な存在で限りない権力や成功を夢見ている。したがって、他人はあくまで自分を引き立たせる、利用すべき存在でしかなく、共感の感情は持ち合わせない。

一方、几帳面すぎて堅苦しい、秩序一辺倒の強迫性パーソナリティー障害と併存すると、潔癖症からくる集団や自己への罪悪感が妄想を生む。その根底には細部のことまで疎かにしない合理的な完全主義があり、周囲の人間は情緒的に触れ合うことがないから煙たがれて自然に離れていく。社会の価値観に極めて従順なパーソナリティーだ[55]。

9 権力志向の三タイプ

妄想性と自己愛性、強迫性の各パーソナリティー障害に共通してみられるのは、まず仕事に対しては忠実であり、それを通してふさわしい社会的地位を獲得しようという精神である。しかし一方では、自分自身に対する自信のなさと、他人への不信感から、それが見透かされた際の反抗的な精神が同居する。

仕事を通じて得られる社会的地位は、他人に影響を及ぼす「権力」と密接に結びつく。アメリカの政治学者、H・ラスウェルは『権力と人間』において権力と人格の相互作用を分析し、そこから他人との関係を論じている。ラスウェルによれば、「権力」とはある決定によって、他の人間がある範囲の価値についての影響を与えるものである。権力を行使される側は何らかの価値を剝奪されるわけで、ラスウェルは「権力追求者は価値剝奪に対する補完の一手段として権力を追求する[56]」のだと分析している。つまり、自我に対して低い評価がなされる価値剝奪を何よりも恐れて、尊敬への渇望という価値付与を求めるのだという。

ラスウェルはそこから権力志向の強い人間のタイプを「劇化的性格」「強迫的性格」「冷徹型性格」の三つに分けて論ずる。

「劇化的性格」は人間関係に鷹揚で、他人の情緒に訴え、驚くような発言も好む煽動家タイプである。「他人の情緒的動きの方向を察知する異常な鋭敏さをもっている[57]」のが特徴で、ヒトラーを例に挙げている。

これに対して、「強迫的性格」は人間をあくまで対象として考え、綿密に物事を運び、画一性を重んじる行政家タイプである。「ひとと交渉する場合他人を否応なく一定の鋳型にはめこんでしまって、そのひとを無視する[58]」傾向にある。しかし、仕事に忠実であるかに見えて、決定権を持ち権威を保つことには臆病すぎて、いざというときの責任回避が常套手段となる。

さらに「冷徹的性格」は表面的には「強迫的性格」に近いが、情念がすべて消え失せ、感動を覚えなくなっている。「自己の愛や怒に関して中途で構造的な変化を経験した結果、これらの情念の全範囲が意識の世界から姿をかくしてしまった[59]」と考えられる。科学者のような高度な知的技能を持った職業人も多いが、「無常な殺人者」にも転化する性格としている。

前節の組織のヒエラルキーと考え合わせると、他人を動かそうと腐心する「劇化的性格」が最も指導者層になることが多く、「冷徹型性格」は実務に長けた上級管理者層に、「強迫的性格」はその綿密さから下級管理者層に多いように見受けられる（実際は上下関係が逆になることは十分あり得る）。

10 組織上の「偽りの人格」の絡み合ったホロコーストへの道

先に挙げた親衛隊（SS）の三人は、現代組織における指導者層、上級管理者層、下級管理者層を代表する存在と言える。ラスウェルの権力人間タイプとして、ヒムラーの「劇化的性格」、ハイドリヒの「冷徹型性格」、アイヒマンの「強迫的性格」が如実にみて取れる。

イデオロギーに殉じるヒムラーはひ弱ながら、その空想力を活かして帝国の将来を構想し、他人を動かす力を持っていた。功利主義のハイドリヒは上司のヒムラーをうまく操縦し、実務能力をもって自らの思う方向へと物事を導いていく。生真面目なだけのアイヒマンは全体を見通す力はなく、仕事を完璧に遂行することだけに喜びを感じていた。三者三様に個々の抱え込んでいるルサンチマンが感じられ、人間味の欠如した三人にとってナチ党とSSはそれを晴らす格好の舞台であったと言える。

こうしたSS組織のなかでの〝適材適所〟がユダヤ人絶滅政策という壮大な事業をやってのけた源泉であり、カリスマ的支配と官僚制的支配がうまく融合した好例である。SSの「新貴族」を志向する精神にみられるように、ナチ党全体として「エリート理論」という組織イデオロギーを掲げ、それを鵜呑みにした下位の構成員は忠実に業務の遂行に当たった姿がうかがえる。

先に挙げたW・コーンハウザーは『大衆社会の政治』において、「エリートの接近可能性」と「非エリートの操縦可能性」を二つの軸として社会を四つに分類（「共同体的社会」「多元的社会」「大衆社会」「全体主義社会」）している。そこでは、全体主義社会を接近し難いエリートと操縦されやすい民衆の融合として定義する。コーンハウザーによると、多元的社会は操縦され難い非エリートという点では共同体的社会と同じだが、接近しやすいエリートという点で、市民社会に自由と多様性を保障している。つまり、民衆がエリートに対してその選出とともに、政策遂行にも影響を及ぼすと同時に、民衆のほうもさまざまな自律的集団に属していて権力に簡単に迎合することがない。

しかし、大衆社会となると、「エリートの接近可能性」「非エリートの操縦可能性」とも高次元にある。民衆はエリートにさんざん口出しするが、エリートのほうも民衆の期待を一つの方向へ誘導しようとするから、社会は百家争鳴となって混乱に陥りやすい。そこにカウンターパートたる新しいエリート勢力が積極的な活動で民衆の動員に成功すると、全体主義社会へと変貌する。二〇世紀前半のドイツは、大衆社会のもたらしたワイマール期の混乱からナチ党が民衆の動員に成功して、民主政党に取って代わって全体主義社会に移行した過程と捉えることができる。

双方に共通するのは原子化された大衆であるが、大衆社会から全体主義社会への移行に伴い、エリートは民衆からは近づき難い隔離された存在にならなければならない。エリートがカリスマ的要素を醸し出していなければ、全体主義的な権力を保持できないからだ。そして、いったん全体主義的権力を確立するや、一つのプログラムのもとに統制的に大衆動員をかけることができる。

大衆行動は非民主的な過激なものとなりやすいが、コーンハウザーによれば、その対象は身近な問題よりも全国的・国際的な遠隔の問題に向けられがちという。それは現実感や責任感の欠如からくるとしている。利害関係が細かく絡む問題では大衆の意思統一も難しいだろうから、エリートの掲げるスローガンにも勢い抽象的な彩りが添えられる。「ドイツ人の生存圏を守るために東方の大地をボルシェビキから奪い返そう」「ドイツ人から利益を搾取しているユダヤ人を追放しよう」といったスローガンは、逆に反証も難しいだけに大衆を糾合する論理になり得るといえる。

その意味でSSはエリートとしての意義を有しており、ナチの「エリート理論」はその閉鎖性とは別に、そこに到達する道は開かれていることを強調する。コーンハウザーが「近代産業がさらに発展するにつれて、仕事の業績ということが、エリート加入の主な手段としてますます幅をきかせるようになった」(60)と全体主義社会に援用して語るように、ナチは戦争遂行やユダヤ人虐殺に当たってもその業績を数字でもって測り、組織内における上昇志向をくすぐって競争を煽り立てる。

わけても知識人は大衆運動に積極的にとび込んでいく傾向があるが、それはかれらがより大きな目標の欠如を、抽象的で象徴的な思考力に乏しい人たちよりもずっと敏感に経験するからである。[61]

これは非エリートの操縦されやすさにもつながり、その根底には無関心を生み出す潜在的な不満があるとする。前述したように、現代のホワイトカラー層は仕事が人生から乖離しているのだが、そのアイデンティティーを仕事上の地位や権力に求めなければならないため、偽りの人格を形成して世の中を渡ることになる。そこから他人に対する猜疑心が心の底に深く潜み、自己のアイデンティティーが保たれないと感じると攻撃性を発揮する傾向がある。

そうした現代のホワイトカラー層にパラノイア的な妄想性パーソナリティーが顕著にみられる傾向にあり、そこに自己愛性パーソナリティーや強迫性パーソナリティーが加わって組織における各階層にふさわしい人格ができ上がり、組織の遂行に当たってその人格が複雑に絡み合ってエリートと非エリートを巻き込んだ極端な行動が生まれることにもなる。

11 「死の行進」まで続いたユダヤ人の悲劇

一九四一年六月に始まった独ソ戦は、その年末には冬将軍の到来とともに早くも膠着状態に陥った。ソ連はモスクワの政治や経済の機能を東方のウラル方面へ移し、長期戦に備えた。ドイツ軍は戦略を転換して物資の豊富なソ連南部に展開、クリミア半島のセバストポリを陥落させ、戦線はカスピ海近くのスターリングラード（現ボルゴグラード）に移った。四二年夏から激しい市街戦が展開され、同市の大半の市民は疎開せざるを得ない状況だった。補給を維持してドイツ軍の空爆に耐えるうち、再び冬将軍が到来。兵站の伸び切ったドイツ軍はソ連軍の挟撃に遭って包囲され、百五十万人もの死傷者と捕虜を出し、四三年二月、残った九万人余りの兵士は投降した。東部戦線ではその後、ドイツ軍は焦土作戦を敢行しながらの退却を余儀なくされたが、この戦争体験が一因となって東欧に親ソ政権が次々と誕生することとなる。

同盟国イタリアは北アフリカ戦線を軸に展開していたが、米英連合軍にエジプト方面とアルジェリア方面から挟撃され、四三年五月、ドイツ軍とともに二十五万人が降伏。連合軍がシチリアに上陸するに及び、イタリア国内ではムッソリーニの独裁体制に対する抵抗運動が高まり、ムッソリーニを首相の座から降ろすとともに、逮捕した(ムッソリーニは一時復権するも、再び逮捕されて処刑される)。同年九月、イタリアは降伏、イタリアの新政権はそれまでの政策を転換しドイツに宣戦布告して連合国側に付いたため、駐イタリアのドイツ軍によって逆に一時、ローマを占領される一幕もあった。

四二年以降、ドイツ国内では各都市が空襲に見舞われ、食糧は欠乏し、学童疎開を余儀なくされるなど日本と同様の窮地に追い込まれていった。四三年一月までに総動員令をかけ、女性や子供も工場に駆り出され、ドイツ支配下域に居住していた外国人もドイツ軍の一翼として戦場に送り出されるに至る。

西部戦線では四四年六月、アメリカのドワイト・アイゼンハワー将軍を最高司令官とする米英加連合軍が有名なノルマンディー上陸作戦を敢行。深夜に空挺部隊がドイツ軍の背後にパラシュートで降り立ち、それを機に爆撃機と軍艦が空海両面から猛攻撃を開始した。このため一気に劣勢になったドイツ軍は、四年に及んだフランス占領を放棄、パリは解放され、ド・ゴール将軍が凱旋。米英軍が西から、ソ連軍が東からドイツに侵攻し、四五年五月までにベルリンが包囲される。その頃、ヒトラーはすでに鬱状態となって人前に姿を見せなくなり、短期間に激しく老化が進んでいたと伝えられる。ヒトラーが愛人のエヴァ・ブラウンと結婚式を挙げ、首相官邸の地下壕で共に自殺したことはよく知られる。ドイツは同月、無条件降伏したが、それに先立つ二月、クリミア半島のヤルタで米英ソの三国首脳が会談し、ドイツの戦後処理について合意していた。

さて、東部戦線において収容所にいたユダヤ人たちはどうなったか？　六カ所あった絶滅収容所のうちベウジェツ、ソビブル、トレブリンカの三カ所は使命を終えたとして四二年から四三年にかけて自主的に閉鎖・解体していたが、その際に親衛隊は痕跡を残さぬよう、労働力として確保していたユダヤ人はすべて殺害している。その他の絶滅収容所はソ連軍が間近に迫ったことで慌てて閉鎖・解体に取りかかったが、マイダネクとアウシュビッツは作業終了の前にソ連軍が到着、そのままの形で残った施設も多く、戦後のホロコースト解明に役立つこととなった。アウシュビッツではソ連軍が到着したとき、約七千六百人の生存者がいたという。

ナチ・ドイツはそれより先、絶滅収容所や強制収容所にいる労働可能な者をドイツ国内の強制収容所に移そうと、徒歩や鉄道で連行させていた。これは「死の行進」と呼ばれ、ドイツの軍事的敗北が明らかになった後も、ユダヤ人たちの悲劇はまだ続いていた。アウシュビッツから強制的に連れ出されたのは六万六千人に上り、うち一万五千人は目的地まで辿り着くことなく死亡したという。飢えや寒さで死んでいく者も多かったが、強制移送中、衰弱して歩行困難になれば射殺される運命にあった。フランクフルトで生まれたユダヤ系ドイツ人のアンネ・フランクはナチの政権獲得後にアムステルダムに亡命、ナチのオランダ占領とともに隠れ家生活を余儀なくされたが、発見されて家族とともにアウシュビッツに送られていた。そして、ソ連軍接近とともに北ドイツにあるベルゲン・ベルゼン強制収容所へと貨車で移送されたものの、チフスに罹り亡くなっている。ドイツが降伏するわずか二カ月ほど前のことだった。

敗戦によって東欧諸国に取り残されたドイツ人は逆に追い立てられ、故郷ドイツに帰還する過程で現地の住民から数々の迫害を受けるに至った。一方、解放されたユダヤ人は、大挙して「約束の地」へと向かった。ユダヤ人も自らの『国民国家』を求めた。その結果、長くパレスチナの地に暮らしていたアラブ系住民が今度は追われることになり、一九四八年のイスラエル建国によって大量のパレスチナ難民を生み出し、双方の抗争は今日まで続いている。

ミニコラム5 ナチと国防軍

ナチ党が政権を獲得するまでのワイマール共和国時代、また政権獲得から戦争に突入し、ホロコーストを生み出すまでの間、ナチを上回る戦力を保持していたドイツ国防軍（共和国時代はワイマール共和国軍）は何をしていたのか。簡単にナチ党の策謀に取り込まれたのか、あるいは良心の呵責から抵抗の意思もあったのか。ナチの犯罪における国防軍の責任についても、数々の研究がなされてきた。

第一次世界大戦の敗戦に伴うヴェルサイユ条約によってドイツは陸軍兵力を五十万人から十万人に削減され、近代兵器の保有も禁止された。軍部はその屈辱感から、第二帝政時代の権威主義に満ちた軍隊の栄光をすぐに懐かしむようになった。左派と右派が激しいつばぜり合いを続けることの時代、共和国政府さえも国防軍の力に頼らざるを得ない状況であった。共和国成立から間もない一九二〇年のカップ一揆（右翼政治家のヴォルフガング・カップが軍隊の減員に反対して、国防軍のヴァルター・フォン・リュトヴィッツ将軍とともにベルリンに進撃して反政府行動をとった。共和国政府が呼びかけた全ドイツを巻き込んだゼネストによって一揆は失敗に帰し、両者は国外に逃亡）後に、弱腰の共和国政府がオットー・ゲスラーを国防相に、ハンス・フォン・ゼークトを軍司令部長官に任命してからドイツは秘密裡に再軍備の道を歩み始めた。ワイマール憲法は大統領による国軍の統帥権を認めていたため、国防軍が議会の支配から離れて「国家の中の国家」としての性格を強めていった点は、欽定憲法のもとで台頭した日本の軍部と共通点がある。

ヒトラーが政権を取る段階で大きな役割を果たしたのが、国防軍のクルト・フォン・シュライヒャー将軍だ。共和国の大連合内閣が崩壊した一九三〇年以降、年老いたヒンデンブルク大統領を囲む側近のもと、社会民主党を排除し、議会政治を骨抜きにすることで、軍部と官僚、経済界に有利な大統領内閣という権威主義的体制へと舵を切っていた。シュライヒャーはまずハインリヒ・ブリューニング内閣を組織、それが大恐慌後の経済運営に失敗するとフランツ・フォン・パーペン内閣に代え、その傀儡政権が自立する姿勢をみせたことで、自ら内閣を組織した。シュライヒャーはナチの突撃隊（SA）を国防軍に組み入れる意図があったようで、ヒトラーをうまく飼い慣らそうと画策した。しかし、資本家を敵に回すに至って、ヒトラーと産業界が手を結んだことでヒンデンブルク大統領はヒトラーを首相に任命した。

ナチ政権下の国防軍もヒトラーを操縦することで国政を掌握できると踏んでいたが、気がついたときには完全にヒトラーの支配下に置かれていった。その意味で、三四年六月のレーム事件は、その後の国防軍のヒトラーへの忠誠を明確にした。労働者が主体の突撃隊は当時四百五十万人にも膨れ上がっており、イデオロギー的にはナチズムの社会主義的側面を代表していた。ナチ党の正式名称である「国家社会主義ドイツ労働者党」を最もよく体現していたと言える。国防軍出身のSA幕僚長エルンスト・レームは突撃隊を国防軍を補完する存在に押し上げたかったが、国防軍は逆に主導権を握られることを恐れた。国防軍はナチ親衛隊（SS）とともに、ヒトラーの命令によってミュンヘン郊外に集結したレーム以下の突撃隊幹部を逮捕し、射殺する粛清に加わった。

続いて、三八年の「フリッチュ危機」によって、国防軍内にヒトラーに物申す空気は完全に途絶えた。当時、ヒトラーはすでに戦争への決意を固めていたとされ、国防軍は「時期尚早」とたしなめていた。そのとき、ヴェルナー・フォン・ブロンベルク国防相の再婚相手が元娼婦で、ヴェルナー・フォン・フリッチュ陸軍総司令官に男色の疑いがあるとの報告がなされた（ゲーリングとヒムラーの策謀とされる）。ヒトラーは双方を解任、国防相のポストを廃止し、国防軍のなかに私的な参謀本部としての統合司令部を設置するに至った。

この時点で、ナチへの抵抗勢力は国内には存在しなくなった。国防軍の兵士も巨大なヒエラルキーのもと、ただ任務を遂行することで自己保身を図る姿は一般国民と変わりはない。しかし、第二次世界大戦の緒戦の勝利もつかの間、スターリングラード攻防戦以降、敗色が濃厚になるにつれて、さすがにドイツ人全体が目を覚まし始めた。ヒトラーがドイツを壊滅させても、絶望的な戦争を遂行しようとしていることはもはや疑う余地がなかった。その際、権力の中枢にあり、武力を有する国防軍に改革を期待する声が高まったのも無理はない。民間の抵抗運動では、四二年から四三年にかけてハンスとゾフィーの若いショル兄妹がミュンヘン大学を中心に反ナチ運動のビラをばら撒き、ゲシュタポに逮捕され、処刑された「白バラ抵抗運動」が特筆される程度である。国防軍内でも退役したルートヴィヒ・ベック大将など連合国との連携を図り、蜂起する計画も幾多もあったが、いずれも未遂に終わっている。

最後の抵抗は、すでに連合軍が国内に迫っている四四年七月二〇日だった。この日、国防軍将校によるヒトラー暗殺計画が実行された。北アフリカ戦線で重傷を負ったクラウス・フォン・シュタウフェンベルク大佐は、東プロイセンにある総統大本営に報告の義務を負う機会に恵まれた。同大佐は国防軍の有志との連携のもと、時限爆弾の入った書類鞄をテーブルの下に置いたまま立ち去った。爆弾は仕掛け通り爆発したが、テーブルの柏材が頑丈だったことなど幾つかの偶然が重なり、ヒトラーは軽傷で済んだ。たまたま国防軍有志への連絡が遅れるなか、体勢を立て直したヒトラー側は即座に陰謀に加担した面々を逮捕、シュタウフェンベルクを含め死刑に処した。彼らに加えられた拷問は想像を絶するほどだった。

クラウス・フォン・シュタウフェンベルク

イギリスの歴史家、J・ウィーラー＝ベネットは第一次大戦後のドイツ軍部が権力を追求したものの、ナチの軍門に降らざるを得なかった過程を、大著『権力のネメシス――国防軍とヒトラー』で著している。「ネメシス」とは「ギリシャ神話で人間の無礼な行為に対する神罰を擬人化した女神」（広辞苑）。その応報の女神はヒトラーに対する最後の抵抗から一年も経たないうちに、ヒトラー自身にも降りて来た。

アウシュビッツ収容所の正面玄関。ゲートに"ARBEIT MACHT FREI" の文字=筆者撮影

ホロコーストの傷跡を訪ねて

アウシュビッツのポーランド名はオシフィエンチムといい、クラクフから西へ五〇キロのヴィスワ河とソワ河の合流点にある。ここにユダヤ人を中心に百三十万人が移送され、うち百十万人が死亡したとされる。第二収容所の広大なビルケナウは他の絶滅収容所と同様にソ連の侵攻に伴う退却の際にほとんどが焼かれたが、第一収容所はその時間がなかったのか奇跡的に残された。ガス室と焼却炉が一体となった施設も残っている。当初は「死の壁」を背に一人一人射殺していたが、それでは死刑執行人の心労が大きいことから、それ以前の安楽死作戦を適用した。戦争の前線と違ってドイツ人兵士にとって、ここは絶対に殺さ

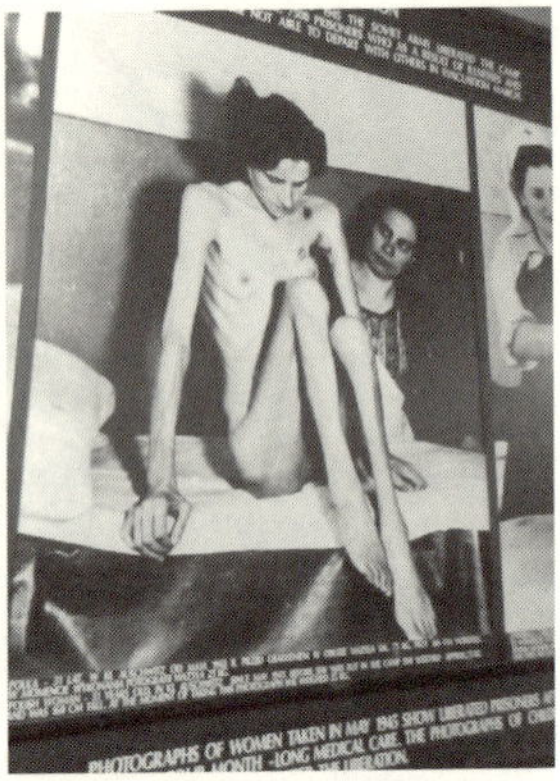

アウシュビッツに展示されているやせ細った女性の写真＝筆者撮影

れることのない安全な場所だった。

　収容所の周囲には高圧電流を流した二重の有刺鉄線、ゲートには「ARBEIT MACHT FREI」（働けば自由になる）の文字。実はここではユダヤ人やロマ以外にも殺害された者も多く、新天地を求めて進んでやって来たというギリシャ人などもおり、絶滅目的に最期になってようやく気付く仕掛けとなっている。

　一棟の収容人員は約千人で、二〇棟以上ある囚人棟の幾つかが現在は資料展示室として開放されている。スープとパンだけの粗末な食事や、やせ細った被収容者の写真。眼鏡、義足、靴、玩具など、ユダヤ人などから没収した物が展示されている。人毛、金歯、指輪などそこから富を見出す者もいたという。

　強制労働の実態を囚人自身が描いたスケッチも展示。彼らは朝四時に起床だが、起きられないと鞭を浴びる。朝食の配給のあと労働に駆り出され、作業中に突然亡くなることも少なくなかったという。男性は四カ月、女性は二カ月生き延びるのが平均という。人数は死体も含めて常に確認されたとのことで、異民族絶滅にこだわる姿勢は純粋なゲルマン人の血を守り切ろうという意志の表れだったのだろう。

　監獄棟には餓死室や懲罰室がある。餓死室で有名な犠牲者は、ポーランド人のマキシミリアノ・コルベ神父だ。同じ班から脱走者が出ると連帯責任で一〇名を処刑する決まりで、選別されて泣き崩れる軍人の身代わりに餓死室へと入った。普通の人間はその状態で狂死するのだが、コルベ神父

2700余りのコンクリート製ブロックの並ぶユダヤ人追悼の記念モニュメント=筆者撮影

の入った部屋からは祈りや賛美歌が聞こえてきて、二週間後に一〇人中四人が生き残っていた。神父を含めたその四人は結局、注射を打たれて死んだが、その医師はいたたまれずに外へ逃げ出したという(コルベ神父は一九八二年、聖人に列せられた)。懲罰では狭い空間に四人を立たせたまま一晩を過ごさせる「立ち牢」もあり、過酷さの余り精神に異常をきたし壁をよじ登ろうとする者も後を絶たなかったという

屋外には見せしめのための処刑場があり、罪状がなくとも随意に選ばれて処刑されたという。出口付近に、戦後、絞首刑に処された所長ルドルフ・フェルディナント・ヘスの処刑場も今日まで残る。すぐそばに妻子と住んでいた住居があり、幼い自分の娘たちは可愛がっても、他の子供たちが殺されても

痛痒を感じなかったという。

現在、首都ベルリンには、ドイツ人の犯した罪を心に刻もうと多くの記念館が造られ、無料で公開されている。ベルリン随一の観光スポット、ブランデンブルク門のすぐ南には広大な敷地に二千七百余りのコンクリート製ブロックの並ぶユダヤ人追悼の記念モニュメントがある。無機的な幾何学模様が、何かを語りかける。地下のユダヤ人犠牲者記念館には、犠牲となったユダヤ人の家

「ベルリンの壁」の残骸のそばにある「テロのトポグラフィー」。「ベルリンの壁」の下は地下牢のあった場所で、野外展示場として利用されている=筆者撮影

族の肖像がパネル展示され、日記や手紙の文面が床に埋め込まれている。

そこから少し南へ下ったポツダマー・プラッツ駅に近い場所に、崩壊した「ベルリンの壁」の一部が二百メートルほど残る。そこは、親衛隊本部やゲシュタポなどナチの重要機関が集結していた場所で、跡地にナチの恐怖政治を写真や書類によって時系列で辿ることができる展示館「テロのトポグラフィー」が二〇一〇年に開設された。

ベルリン郊外には、テーゲル空港にほど近い場所に反ヒトラー抵抗運動で捕えられ、約二千八百人が処刑された刑務所がプレッツェンゼー記念館として公開されている。また、別荘地のヴァンゼー湖畔にはナチがユダヤ人の「最終解決」を下したとされる「ヴァンゼー会議記念館」もある。

ベルリンも含めヨーロッパ全体に広がっている「つまずきの石」(Stolpersteine)という運動がある。ドイツのある彫刻家が一九九〇年代前半に始めたアートプロジェクトで、街のあちこちの歩道に一〇センチ四方の金属板が埋め込まれている。そこにはナチによって虐殺されたユダヤ人などの名前と殺された経緯が記されている。そこは彼らの住んでいた場所だ。その歩道でつまずくことによって、過去のドイツ人の犯罪を思い起こさせるという仕掛けだ。それぞれの石にスポンサーがつき、その石に対して責任を有する。

戦後ドイツは、自国の暗黒の歴史を風化させない努力を重ねている。

第4章
理性と暴力

1 冷戦終結で再び進む国家・民族の分裂

人類未曾有の犯罪としてのホロコーストは、第二次世界大戦から七〇年以上を経た二一世紀に何を訴えかけているのか。今の世界の状況を俯瞰すると、E・H・カーの言う第一次世界大戦後の「危機の二十年」に類似していると感じる。それを最終章でチェックすることで、人類が同じ悲劇を繰り返さないための処方箋を示したい。

まず、国家の分断と民族の独立が進む現在の状況は、アメリカ大統領ウィルソンの提唱した民族自決主義に触発された第一次大戦後と相通ずるものがある。一九九〇年代に崩壊した旧社会主義諸国は民族・宗教の対立から多くの国家に分かれ、その過程で幾多の紛争と虐殺を生み出した。

旧ソ連を構成していた一五の共和国のうち第一次大戦後にいったん独立したバルト三国が再独立、残り一二カ国によって主権国家の連合体としての独立国家共同体（CIS）が結成された（ジョージアはその後脱退）。やはり第一次大戦後に統一国家として独立した旧ユーゴスラビアも解体され、六カ国（のちコソボがセルビアから独立）に分かれた。チェコスロバキアはチェコとスロバキアに再び分離した。

その過程で、ロシアに留まっているチェチェン共和国は残留派と独立派がせめぎ合い、独立を認めないロシアとの間に二次にわたる紛争を繰り返している（チェチェン紛争）。ジョージアに属する南オセチアに絡んでは、その帰属を巡ってロシアとの間にやはり二次にわたる紛争があった（南オセチア紛争）。ユーゴスラビア解体時には、コソボでセルビア人とアルバニア人の対立が激化、弾圧を受けていたアルバニア人の人権擁護にと、北大西洋条約機構（NATO）軍が国連決議を経ぬままユーゴ空爆に踏み切り、約八十万人に及ぶアルバニア難民を生み出した（コソボ紛争）。同じユーゴスラビア紛争のボスニア内戦ではイスラム教徒約八千人がセルビア人勢力に虐殺された（スレブレニツァの虐殺）。

アフリカ諸国はヨーロッパ列強の勝手な思惑で国境線を引かれていた。第二次大戦後に宗主国が退場しても国内に多くの民族や言語が乱立していて主導権争いが絶えない。植民地支配の構造をそのまま受け継ごうとする独裁者が続々と現れ、それに反対する勢力との間に発生した内戦は枚挙に暇がない。冷戦時代は米ソが政府側と反政府側をそれぞれ支援する構造が常態化し、内戦は泥沼化したが、冷戦終結によってそのタガが外れると国内の対立はますます複雑さを増している。国連は紛争の度に平和維持活動（PKO）などを派遣するものの、根本解決には至っていない。

東アフリカでは旧ソ連の崩壊によって、社会主義政権下にあったエチオピアからの分離独立運動を繰り広げてきたエリトリアが独立。逆に、ソマリア内戦は社会主義政権が倒れたことから始まった。キリスト教徒の多い南スーダンはイスラム教徒主導のスーダンから二〇一一年に独立したものの、新国家内の民族対立から内戦に陥った。

宗主国ベルギーの過酷な支配のもとにあったコンゴ民主共和国は広い国土（アフリカで二番目）に二百以上の民族を抱え、独立の際に長い動乱（コンゴ動乱）を経験したが、一九九〇年代からの度重なる内戦で飢餓や疫病も相まって六百万人もの死者を出した。同国は金やダイヤモンド、コバルトといった天然資源に恵まれ、内戦には周辺国も利権を求めて参戦してきた。隣国ルワンダはツチ族とフツ族の長い抗争の末、数十万人に及ぶ人間が虐殺され（一九九四年）、それ以上の難民が周辺諸国へ流出した。

そのルワンダ大虐殺を主導したフツ系過激派がその後追われてコンゴ民主共和国に流入、コンゴ政府と合流したことでコンゴ内戦も多くの周辺国・民族を巻き込んでますます泥沼化した。

2　アメリカの理念が崩れ去る？

社会主義諸国のドミノ的崩壊に伴う冷戦の終結は、アメリカの世界一極支配による「パックス・アメリカーナ」を予感させた。それは政治・経済的な絶対優位とともに、理念＝イデオロギーの勝利を意味した。アメリカの政治学者、日系三世のフランシス・フクヤマが『歴史の終わり』を著して世界を納得させたのは冷戦終結を前提としてのことだった。歴史の何が終わりなのか？　覇権を確立しては、その圧政のもとにやがては反乱によって滅び去る、そうした古今東西の独裁的な寡頭制国家はもはや価値を認められなくなった、とフクヤマは考える。そして、民主主義と自由主義の理念がこの世で勝利を収めたと信ずる。その新しい世界ではもはやその理念を疑う者はいなくなるから、揺り戻しはあっても戦争やテロを引き起こす要因は除々に減少するという極めて楽観的な将来見通しを立てた（フクヤマは二〇世紀最後の四半世紀に世界の独裁体制が相次ぎ倒壊した点を挙げる）[1]。

この見解が注目されたのは、アメリカを筆頭とする資本主義諸国が、「やはり我々の理念は間違っていなかった」と自信を深めた結果だった。彼らは二〇世紀前半には、ファシズムの理念を乗り越えた経験もある。それは、まさにイデオロギーの勝利であった。二〇世紀はイデオロギーの時代でもあったが、二一世紀にはもはやイデオロギー闘争は完全勝利の後、ついに終焉を迎えたということだ。

そうした世界観には、ヘーゲルが打ち立てた弁証法的歴史観が根底にある。人類の歴史は失敗を繰り返しながらも、最終的に誰もが自由を満喫する社会を打ち立てる日が来るという西欧近代特有の進歩史観である。そして、人類が編み出した理想の政治体制が民主主義、自由主義だったということである。

ヘーゲル解釈に新天地を切り拓いたロシア出身のフランス哲学者A・コジェーブは、他人から承認されたいという「認知を求める闘争」が歴史を動かす原動力であるというヘーゲルの着眼点を重視、フクヤマもこの観点から論を進める。ヘーゲルによれば歴史は自由が社会の裾野に広がっていく過程であり、そこからフクヤマは個人の自由が保障されるリベラルな民主主義が根付けば相互に人間を認知、尊重する感情が生まれ、社会の軋轢も少なくなると考える。

理想論から言えば、それは正しい。しかし本書でみたように、リベラルな民主主義のもとでも、精神的な拠り所を持たないホワイトカラー層は「認知を求める闘争」のなかで、能力を最大限に発揮することで自らのアイデンティティーを保とうとする。そこから国家や組織に絡め取られる姿がみてとれる。そこでは承認＝権力を求めてあくなき闘争を続ける人間像とともに、自由であることに甘んじて自己保身に汲々とする小心な人間像だけが浮き彫りとなってくる（フクヤマもその危険性を感じ取り、リベラルな民主主義を守るための人間の「気概」を求めている）。

そのフクヤマが予測した世界は、二一世紀に入って見事に裏切られている。旧社会主義国の混乱ばかりでなく、国際社会は冷戦時代よりもはるかに混乱を極めている。アメリカの世界一極支配になったことで、その理念を普遍的なものとして世界に押しつけていることに他の国々からの批判も多い。グローバリズムという世界規模での経済の自由化の流れは、もはやとどまることはない。アングロサクソンとは別の文化を持った諸国も資本主義経済の波に呑み込まれ、そのなかで富を手にする者が生まれる一方で、そこから落ちこぼれる多数の人間も生まれる。その矛盾を糊塗するのが、民主主義と自由主義は普遍の理念であり、その理念を採り入れることは世界全体の発展に繋がるという一つのイデオロギーである。確かに、西欧近代文明は古今東西の文明においても特異な意味を持ち、世界宗教ともつながるような普遍的な価値を持つ面もある。だから、一九世紀のヨーロッパも二〇世紀のアメリカも、その正しい理念を世界に普及させることが人間としての使命と考えた。しかし、その裏にはその教化を通じて自国に有利な覇権を目指していたというのが現実の姿である。

そもそもアメリカの歴史を形づくった理念としての民主主義、自由主義はアングロサクソンとしてのものであり、原住民の殺戮や黒人奴隷の扱い、ヒスパニックやアジア人も含めた少数民族に対する差別の歴史など、理念と現実の乖離が甚だしい。だからこそ「隔離すれば差別も生まれない」という論調が大手を振って唱えられるのも、アメリカの現実だ。

一九世紀から二〇世紀にかけてヨーロッパに好き勝手に振り回され、第二次大戦後はアメリカの理念に巻き込まれた中東にとっては、近代西欧文明は許し難いものであるとの感情は分からなくもない。そうした反米感情に基づいたテロが一九九〇年代から顕在化し始め、極めつけが二〇〇一年にニューヨークのワールドトレードセンターにジェット旅客機を突入させた9・11テロだった。その後もイスラム過激派による反米テロ活動は続いているが、9・11テロを機にアメリカは対テロ戦争へと完全に舵を切った。

アメリカ同時多発テロ事件を引き起こしたと断定されたアルカイダや、その分派でイラクとシリアにまたがって支配地域を広げた「イスラム国」（ＩＳ）などの掃討戦を繰り広げた。また、イラクが大量破壊兵器を保有していると、国連決議を経ぬままにサダム・フセイン政権を打倒するなど、一極支配のもと「世界の警察」を自認して反米国家を力でねじ伏せようとの意気込みがみてとれる。さすがに世界全体を相手にするには軍事費の増大に耐えられず、同盟国に圧力をかけて人的・資金的な協力を求めているが、それもアメリカへの忠誠を繋ぎ止めておくための戦略として使われる。

そのアメリカの覇権をもう一方で支えるのが、経済的なグローバリズムである。アメリカはIMF（国際通貨基金）やGATT（関税及び貿易に関する一般協定）などによって第二次大戦後の世界経済を支えてきたが、情報と金融の支配する二一世紀の経済にその存在感を増している。イスラムや中国といえどもその流れには逆らえず、近代西洋の確立した経済体制の整備を進めなければならない。その過程で諸国の経済が発展すれば、必然的に中間層が育ち、そこから民主化への動きが加速するとアメリカは考える。それは西欧近代が生み出し、アメリカがその理念を引き継いだ民主主義と自由主義の勝利に他ならない。それが「パックス・アメリカーナ」の理想である。

「新自由主義」（ネオ・リベラリズム）という概念が、それを後押しする。もともとアメリカにおけるリベラリズムは人種や性、学歴などを超えた社会的平等を目指す主義で、一九七〇年代までは所得再分配を唱えたJ・ロールズの『正義論』などが主流を占めていた。しかし、八〇年代以降にロナルド・レーガン大統領（イギリスのマーガレット・サッチャー首相も）が個人の自助努力を求めるF・ハイエクを信奉したネオ・リベラリズムは、全く逆の理念となっている。その理念は、一九世紀のヨーロッパ近代の求めた個人主義に立脚したピューリタン的な勤勉の精神としてのリベラリズムに回帰したものだ。

しかし、アメリカの理念に従って民主化を志向した二〇一〇年末以降の「アラブの春」もどこへやら、その中東・アフリカ諸国が独裁制に逆戻りしている。「アラブの春」ではチュニジアの「ジャスミン革命」に始まりリビア、エジプトなど独裁政権が崩壊したものの、例えば一一年にホスニ・ムバラク政権を倒したエジプトはアブデルファタフ・シシ政権のもと野党やメディアを締め付ける姿は前政権以上の独裁制となった。民主化要求とは裏腹に中東・アフリカの治安は悪化する一方となり、ヨーロッパへの難民の急増に繋がった。

「アラブの春」に触発されて民衆が政権交替を求める運動が起きたシリアではバッシャール・アサド政権が反政府運動を弾圧、それに乗じて過激派組織「イスラム国」（ＩＳ）が国家樹立を宣言して三つ巴の内戦に突入。ロシアがアサド政権を支援、アメリカが反体制派を支援し、内戦は泥沼化する。その過程で発生したシリア難民は五百万人に及ぶとされる。共通の敵「イスラム国」が衰退しても内戦は収まらず、アサド政権が化学兵器を使ったとしてアメリカは空爆を断行した。

そもそも民主主義と自由主義の総本山であるはずのアメリカが、逆流している。ドナルド・トランプ大統領の選出は言うまでもなく、ごく少数の大金持ちとその他大多数の貧民という構造は古今東西の独裁国家と似た様相を呈し、その背景のもとに移民を排斥する動きは国家自体がバラバラに分断する危険性を秘めている。第２章で取り上げたホブズボームが指摘するようにそもそも国民を統合するには適正規模というのがあり、ロシアや中国も含めて将来的に独立の動きがさらに顕在化するはずだ。

3　独裁色強める世界

独裁制への回帰は世界規模で進んでいる。アメリカのトランプ大統領ばかりでなく、ロシアのウラジーミル・プーチン大統領、中国の習近平国家主席と、さまざまな見地から独裁体制を指向していると言える。トランプ大統領は多民族国家の合衆国でのＷＡＳＰ（白人・アングロサクソン人・キリスト教プロテスタント）の権益を守ろうと必死だ。強権で鳴らしてきたプーチン大統領は、さすがに活発化しつつある反体制派運動への弾圧を強めている。習近平国家主席はノーベル平和賞受賞者で中国の民主活動家、劉暁波氏を事実上の獄死に追い込むなど、人権派の有識者を追い詰めている。中ロとも汚職や不正は日常茶飯事と言われ、検閲システムのもとで報道の自由はなく、政治的暴力も数々見受けられる。

フィリピンのロドリゴ・ドゥテルテ大統領やトルコのレジェップ・タイップ・エルドアン大統領など、〝ミニトランプ〟とも言える指導者がまた跋扈している。ドゥテルテ大統領は麻薬犯罪の撲滅へ、容疑者の射殺も辞さない。エルドアン大統領は一六年夏のクーデター未遂事件の経験から、大統領に権限を集中させる憲法改正を国民投票の末、僅差だが可決させた。「開発独裁」のもとで民主化を進めてきた東南アジア諸国でも政権の腐敗は進み、逆に政府が個人の自由や報道の自由を規制する動きが進んでいる。

民主化に舵を切った他の諸国も怪しくなっている。ネルソン・マンデラ氏のもとでアパルトヘイトを撤廃した南アフリカでは、マンデラ氏が創設に加わったアフリカ民族会議（ＡＮＣ）がジェイコブ・ズマ大統領のもと汚職問題や経済低迷から強権政治に傾いた（ズマ大統領はその後辞任）。ノーベル平和賞を受賞したアウン・サン・スー・チー氏のもとで民主化の進んだミャンマーでさえ、少数民族ロヒンギャに対する人権侵害で国際社会の批判を浴びている。仏教徒が九割を占めるミャンマーではイスラム教徒のロヒンギャは国籍の認められている構成民族から外れており、ロヒンギャ系の武装集団とミャンマーの治安部隊との衝突が続いていた。隣国バングラデシュに逃れる難民が七十万人以上に達している。

4　ヨーロッパでも高まる民族独立運動

ここから、カント流の恒久平和を目指した欧州連合（ＥＵ）諸国の現状に踏み込む。国民国家の枠を超えた政治・経済的統合は現代社会への崇高な挑戦であった。しかし、そのＥＵ諸国が排外主義を強め、分断の危機にある。

歴史に根差す民族感情の噴出が、国家からの分離独立を目指す地域の運動を盛んにしているのは、ヨーロッパも同様だ。スコットランドは二〇一四年の住民投票でイギリスからの独立は否決されたものの、一六年のイギリスのＥＵ離脱決定を受けて再び独立の機運が高まっている。もともと北部のオランダ語圏と南部のフランス語圏の対立のあったベルギーは、フランドル地方など重化学工業で栄えるオランダ語圏が独立の動きを示す。いち早く中央集権国家体制を確立したフランスも例外でなく、コルシカ島や北西部のブルターニュ、南部のオクシタニアなど潜在的な独立勢力を多く抱える。

一七年一〇月にはスペインのカタルーニャ自治州で独立を問う住民投票が行われ、独立に賛成する票が九〇％を占めた。スペインの憲法裁判所は住民投票を違憲と判断、スペイン政府は独立を承認しない方針を示していたが、一転して同年一二月に州議会選挙を行うことで事態を収拾しようとした。政府としては独立運動を鎮める狙いだったが、そこでも独立派が過半数を占め、予断を許さない状況となっている。

州都バルセロナを抱えるカタルーニャ州はカタルーニャ語という独自の言語を有し、スペインでも特有の文化圏を形成しており、もともと独立の機運は高い。第二次大戦中にスペイン内戦を制したフランコ将軍に蹂躙された経験も手伝って自治意識も強く、その独裁の終わった一九七八年以降は地方分権もかなり認められるようになっていた。さらに、カタルーニャ州はスペインの国内総生産（ＧＤＰ）の約二割を占める豊かな地域で、「税金だけ吸い上げられて、他の地域に持っていかれる」との感情が強まっていた。

しかし、地域が独立を表明したとしても、中央政権の承認がなければＥＵに留まれないというルールが存在する。どこの国も同様の分離独立の動きを抱えているからだ。一七年一〇月にはイタリアの富裕な二つの州、ロンバルディア州（州都ミラノ）とベネト州（州都ベネチア）で極右政党「北部同盟」の主導のもと、自治権拡大を問う住民投票が行われ、いずれも賛成票が大半を占めた。そのイタリアでは一八年六月、ポピュリズム（大衆迎合主義）政党「五つ星運動」と極右「同盟」による連立政権が発足した。

5　移民・難民急増で再び迷走するヨーロッパ

ヨーロッパにおいて、極右やポピュリズム（大衆迎合主義）を掲げる政党が大きく躍進し、移民規制の「ドミノ現象」にもつながっている。二〇一七年にそれが象徴的に現れた。五月のフランス大統領選は中道のエマニュエル・マクロン氏の勝利でＥＵの崩壊は防げた格好だが、国民戦線のマリーヌ・ルペン党首が支持を拡大し、決選投票まで勝ち残った実績は過小評価できない。

極右の台頭が注目されてきたオランダでは一七年三月の下院選で、反イスラムを掲げる極右の自由党は第一党には届かなかったものの、議席数を伸ばして第二党の座を占めた。一〇月のオーストリア下院選では難民の流入阻止を掲げる中道右派の国民党が第一党となり、極右の自由党が第二党に躍進。両党は連立で合意、極右政党が政権入りを果たすこととなった。その直後の一〇月のチェコ下院選では新興のポピュリズム政党「ANO」が勝利、「チェコのトランプ」と呼ばれる実業家、アンドレイ・バビシュ党首が首相に就任した。日系チェコ人のトミオ・オカムラ氏が党首を務め、反イスラムを掲げるチェコの極右政党「自由と直接民主主義」（SPD）も第三党に躍進した。

では、EUの盟主、ドイツはどうか。九月のドイツ連邦議会（下院）選挙で、反イスラムを掲げる極右政党「ドイツのための選択肢」（AfD）が初めて議席を獲得（七〇九議席中九四議席）、いきなり第三党に躍り出た。ドイツの連邦議会選挙は少数政党の乱立を避けるため、比例代表で五％以上の得票率などを得なければ議席を有することができない「阻止条項」があり、これが極右政党の進出を阻んでいたが、AfDは今回一二・六％と急激に得票率を伸ばした。ドイツでナチの亡霊が蘇っている。アンゲラ・メルケル首相率いるキリスト教民主・社会同盟（CDU・CSU）は第一党を維持したものの、大幅に議席を減らし、厳しい政権運営を迫られている。連立を組んでいた社会民主党（SPD）も歴史的大敗を喫したが、先に挙げた諸国の下院選でもおしなべて中道左派勢力が大きく後退。逆に極左政党が極右政党とともに勢力を拡大、ドイツ・ワイマール期を彷彿させるものがある。ドイツ連邦議会選では極右政党と極左政党を合わせた得票率は二〇％を超えた。

第二次大戦後の西ドイツはナチの犯した歴史的責任から、一貫して民主主義と自由主義を守る旗手として西側諸国との連携に心血を注いできた。EU発足後は独仏枢軸のもとその維持と拡大に努めてきたが、近年は経済的に突出した存在感を示すに至ってむしろ周辺諸国から孤立するという皮肉な結果となっている。

二〇〇八年のリーマン・ショック以降、ＥＵ諸国にも経済危機が広がりユーロの根幹を揺るがす問題となっている。ギリシャに始まり、ポルトガル、イタリア、スペインと南欧のユーロ新興国が中心だ。財政赤字にバブル崩壊が重なった。ＥＵ諸国は域内の経済環境の平準化のため、財政赤字のＧＤＰに対する比率を三％以内に抑えなければならないなどのルールがある。ＥＵはギリシャなどに金融支援に乗り出したが、一方で厳しい緊縮財政を強いることに。ＥＵの維持に躍起となるドイツがその先頭に立っているから、そうした諸国は「ドイツは他のＥＵ諸国を食い物にして、自分だけ経済の繁栄を謳歌している」とドイツに対する恨みを募らせている。

加えて中・東欧諸国では先にみたように民族主義を掲げる極右政党が台頭、こちらも第二次大戦に伴う歴史問題で対立するドイツへの対抗心を強めている。社会主義政権が崩壊し民主政権が誕生したはずのポーランドやハンガリーではすでに、強権的な政権が誕生している。両国とも報道の自由を制限し、憲法裁判所の権限を縮小するなど権威主義的色彩を強める。ポーランドを筆頭に中・東欧諸国は第二次大戦でドイツに蹂躙された経験から、ドイツに対する潜在的な敵対感情は強い。

ＥＵ域内でも反ドイツ色が強まるなかで、逆に民主主義と自由主義を死守してきたドイツが対抗心として再び民族主義概念を強めていく危険性は強まっている。ドイツはアメリカやロシアと違って周囲を多くの国に囲まれているため、ナチも含めドイツの歴史的経緯からも恐怖心に陥りやすい面は否めない。一方で、ヨーロッパの中心に位置する地政学的な観点からしても、政治経済的な実力としてドイツが極右政党に支配を委ねた場合の影響は他の諸国のそれとは比較にならない。そもそもＥＵはドイツが再びヨーロッパにおける覇権への野心を抱かぬよう、協調路線によってその野心を封じ込める意味もあったが、ドイツがEUにおいて主導権を握らざるを得ない現状が問題を一層、複雑にしている。

EU域内のこうした混乱と対立は、「EUが中東やアフリカから移民や難民を多く受け入れたため、治安は悪化し、我々の職も奪われた」という感情に集約できる。極右政党に共通するのは、「反移民」と「反EU」だ。

将来的に人口減少が予想されるEU諸国では、サービス産業を中心に深刻な労働力不足が懸念されていたため、労働力確保のために移民受け入れを奨励してきた経緯がある。EUが受け入れてきた域外からの移民は年間一一〇万人から一四〇万人に上ると言われる。移民政策は基本的に域内各国の自主性に任される部分が強いが、域内の移動の自由を認めたシェンゲン協定のもと急増した不法移民が他国へとなだれ込む事態も起き、EUとして対策を迫られることにもなった。

これに拍車をかけたのが、政治情勢の混乱が続く中東やアフリカからの難民の急増だ。シリア難民はアラブの周辺国に逃れたが、そうした諸国でも受け入れに限界があり、ヨーロッパに向けて大移動を開始した。さらに、アフリカのサハラ砂漠以南の地域（サブサハラ）からもEU諸国に向けて難民が急増。サブサハラは第二次大戦後に独立した国がほとんどで、アフリカ五四カ国中四九カ国を占める。根底にはこの地域に豊富な天然資源の争奪戦があり、現在一一億人いる同地域の人口が二〇五〇年には二四億人へと倍増する予測からすると、難民急増の流れは今後も止まりそうもない。

国連難民高等弁務官事務所（UNHCR）によると、地中海を渡って不法にヨーロッパに流入した難民・移民は二〇一五年に一〇一万人に達したという。ボートが沖合で転覆して、海岸に打ち上げられた遺体が多数に及び、話題を呼んだ。EUはそうした難民の受け入れに積極姿勢を示し、それを主導したのがドイツのメルケル首相だった。一五年秋にEU加盟国は難民を分担して受け入れることで合意、国際社会は拍手喝采を送った。ドイツは一五年だけで百万人前後の難民を受け入れた。トランプ米大統領はそうしたメルケル首相を「狂気の沙汰だ」と、対決姿勢を強めていく。

しかし、EU諸国内にも難民受け入れに温度差がある。中東やアフリカから難民が流入するルートとなる中・東欧や南欧の国々は、折からの経済危機も加わって難民を保護する余裕などない。スラムを形成した難民が犯す犯罪が問題となり、中には難民に交ってやって来たイスラム過激派などのテロの恐怖も増した。EU諸国には国境にフェンスを設けたりと、国境管理を強化する国が相次ぎ、不法移民の流入ルートの封鎖に躍起となっている。「もはやEUを脱退し、外国人を締め出すべきだ」という論調が強まるのは、必然の流れだった。ドイツのメルケル首相まで連邦議会選後の一七年一〇月には、同国の難民受け入れを年間二十万人程度に抑えるという決定を下すこととなった。

二〇一七年末には、チェコのプラハにヨーロッパ各国から極右政党の指導者が集結した。フランス国民戦線（FN）のマリーヌ・ルペン党首、オランダ自由党のヘルト・ウィルダース党首ら。会議の名称は欧州連合（EU）に疑問を投げかける「国家と自由の欧州」で、イスラム排斥を訴えてEU批判に気勢を上げた。主宰はトミオ・オカムラ氏が党首を務めるチェコの極右政党「自由と直接民主主義」（SPD）だ。会場の外では、ナショナリズムや外国人排斥に反対するデモ行進が続いた。

6　移民政策の転換迫られるドイツ

移民受け入れ政策を積極的に推し進めてきたドイツだが、四面楚歌のもとで移民政策も曲がり角にきている。二〇一七年末の連邦統計局発表では、ドイツ国籍を取得した外国人数は一千万人を超えている。八二七〇万人の総人口の一二%を占める。トルコ系が一四八万人と最も多く、ポーランド系、イタリア系などEU諸国が上位を占めるが、内戦の激化したシリア系が約七〇万人と三位にまで急増している。

ドイツは西ドイツ時代の一九五〇年代に経済成長期を迎え、ヨーロッパ各国を中心に就業協定を結び、多くの外国人の出稼ぎ労働者を受け入れ、七〇年代初頭には就労者の一割を外国人が占めていた。その後、七〇年代に外国人労働者の受け入れを中止したが、逆にいったんドイツで働いた経験を持つ外国人の定住を加速させ、本国から家族を呼び寄せる外国人も相次いだ。

そして、八〇年代末からの社会主義体制の崩壊とEU結成が外国人の流入に拍車をかけることになった。第二次大戦後、ソ連やポーランド内の旧ドイツ領にドイツ系住民とその子孫が残留していたが、社会主義国の崩壊とともに大挙してドイツに押し寄せてきた。それまでのソ連の同化政策もあり、彼らはドイツ語も話せない外国人同様の存在だった。社会主義体制崩壊に伴う九五年のユーゴ内戦の折には約七四万人の難民が発生し、その半数をドイツが受け入れた。EU域内の移動の自由を保障したシェンゲン協定によりEU加盟国からはポーランドをはじめとする東欧諸国から、職を求めて移民が急増した。二〇一五年の門戸開放以降は内戦の激化したシリアなども含め、百万人以上の移民・難民を受け入れている。〇五年には新移民法が施行され、移住手続きが簡素化され、定住希望者にはドイツ語教室の受講を義務付けるなど、移民国家としての体裁を整えている。

現在のドイツは日本と同様、少子化とともに団塊の世代の退職が始まっており、労働力不足が深刻になっている。問題は熟練労働者や高度な技術者の不足ばかりでなく、豊かな社会では建設や清掃、農業、介護などきつい仕事には外国人しかなり手がなく、ドイツ社会にとって外国人労働者はなくてはならない存在になっていることだ。

ただ、そうしたきつい仕事に就く外国人はドイツ語を話せないことも多く、教育水準も低く、大都市の一角に集まりスラム街を形成するため、貧困や非行の温床となっている。そのため、医療や教育、年金など社会福祉需給は膨らむ一方で、外国人による犯罪率も高く社会の不安要素となっている。そうした社会の底辺は多産でもあり、外国人に対する恐怖の念は増す一方だ。

一五年一月にパリで起きたフランス週刊紙「シャルリエブド」銃撃事件以来、テロの波はフランスばかりでなくベルギーのブリュッセルなどにも広がっていたが、一六年にはドイツ国内にも波及した。七月にはミュンヘンのショッピングセンターでイラン系の男が銃を乱射し九人が死亡、一二月にはベルリンのクリスマスマーケットにチュニジア人の男が大型トラックを突入させて一二人が死亡した。ホロコーストの経験から多様性を重んじる移民国家の道を選択したドイツが、ここにきて態度を硬化させている。

7　中間層による「文化」からの反撃

ヨーロッパを含めて世界規模で進む国家と民族の分裂、それに伴う排外主義とテロの連鎖の根底にある心情は何なのか。

一つには、経済的富という「文明」に対する個別の歴史的特性という「文化」からの反撃である。産業や生活、街の風貌まで普遍化＝画一化された科学文明のもとでは、自民族の育んできた文化や風習、誇りまで失われると考える。その観念を育むのは、まずは知識人層や教養人層といった中間層である。

その喪失したアイデンティティーを取り戻そうとの焦りは、イスラム過激派のテロからも感じられる。

もう一つは、ネオ・リベラリズムは成功する者としない者の経済格差を生み出し、それがグローバリゼーションによって世界規模で格差の拡大が助長されることに対する反発だ。グローバリゼーションはどの国でも企業社会を発展させ、そのなかで働く従業員は自助努力の精神でもって能力をストレートに評価される。共同体社会が崩壊するなかで、ニヒリズムの精神だけが育っていく。

その世界規模で進められてきた近代西洋の理念の崩壊が、それを率先してきたアメリカ国内でも顕在化しているのが現在の姿である。前近代的な君主政治の歴史を持たないアメリカは、移民によって成り立つ平等社会から始まった。もちろん先住民を大量殺戮した歴史があり、アフリカから連行した黒人奴隷に対する蹂躙があり、アングロサクソン以外の南欧・中欧系、アジア系の移民に対する差別があった。それを一九世紀の奴隷解放運動や二〇世紀の公民権運動などを通して、多民族の共生する平等社会を目指した国家への道程があったはずだった。しかし、グローバリゼーションによって白人人口が少数派に転じる危機となり、アングロサクソン以外の民族がネオ・リベラリズムの精神から努力によって政治的・経済的地位を高めるに従って、白人社会による異議申し立てが強まっている。トランプ政権誕生はその象徴的な事例で、他民族に対する排斥運動は増すばかりだ。世界の普遍化を求めたアメリカ自身の足元が崩れつつある。

この二一世紀の状況は、第一次大戦後の「危機の二十年」を思い起こさせる。百年前のドイツが英米諸国の理念に疑念を抱いたのには、まさに「文明」から「文化」を守ろうとする意識が根底にあった。加えて、第一次大戦後の世界は現代と同様にグローバリゼーションの進んだ時代であり、先にみたようにホワイトカラー層が企業社会のなかで埋もれていき、大恐慌など世界経済に振り回されて窮乏に陥るという姿があった。

最近一〇年ほどのインターネットの進化は、二〇世紀前半のメディア革命ともつながる。すでに述べたように、第一次大戦後にはラジオや映画の登場によって大衆文化が花開くとともに、それが政治的なプロパガンダにも利用され尽くした。百年後の現代は、双方向性というメリットを持つインターネットを介して誰でもがその考えや思想を社会に向かって発信することができるという直接民主主義への可能性を感じさせるとともに、政治の世界はその影響力を熟知してネットを通じて世論形成に利用しようとする。二〇一六年のイギリスにおけるEU離脱を巡る国民投票や、アメリカ大統領選挙の結果はそれを象徴している。

時代は再び、ナショナリズム＝反グローバリズムを志向している。ネットの世界では、「ネトウヨ」（ネット右翼）という人種が跋扈している。愛国を標榜して外国人に対するヘイトスピーチを展開したり、社会的弱者をバッシングしたりする。その「ネトウヨ」の中心世代は四十代以上の中高年層という。しかも知的職業に就く知識人層、教養人層が多いと言われる。経済的にある程度恵まれ、時間の余裕もある中間層だ。生活の現状にさして不満のないと思われる彼らが、なぜ反理性的な言動に走るのか？

彼らホワイトカラー層はかなり観念的な理念を発展させるから、自らの生活から離れた自国の政治経済的な窮状を憂える気持ちも強い。それがナショナリズム的な発想につながるのは、グローバリズムとマイノリティー擁護の進んだ現代へのアンチテーゼとしての時代精神と言わざるを得ない。彼らは、国内に外国人が増えて自国民の職を奪ったり、犯罪の温床になったりもするとはどういうことか、またマイノリティーの権利主張が大手を振って歩いている現状はどこか倒錯しているのではないか、といった観念を醸成していく。つまり、社会の「勝ち組」である自分たちがもてはやされずに、国民国家という大義から外れる外国人やマイノリティーが社会的地位を上昇させていくことに我慢がならないのだ。それは感情的なものだが、自らの経験をうまく織り込んで客観的な理論に仕立て上げるのは彼らの得意とするところである。

彼らはネットを通じてそうした理念を発信し、その世界でブロガーとしての地位を確立していく。そして、その論調に共感する多くの若者がいる。ネット世界では文面をきちんと読み込まずに、過激な言葉に引っ張られることが常態化しており、ソーシャルメディアを通じて気に入ったブロガーのコメントだけをフォローするようになっている。

そもそも現代の若者は保守化していると言われる。しかし、それは社会の進歩観念の薄れた現代にあって、そこそこ食べていける現実の生活を何とか死守したいとの守りの意識である。ただ一方で、労働の自由化などにより、次第に経済的にジリ貧になっていく自分の姿がある。現代の組織社会は以前と違って人間関係が薄く、若者は特にネットを通じた緩い人間関係を求めている。だから、感情的に共感したブログに直截に反応し、その感情を昇華させるために集団的な行動をとるようになる。彼らには大した思想はないものの、それを誘導してくれる理論家肌の人間が感情と行動の間隙を埋めてくれる。

示威行動はどこかで暴力＝暴動につながる。その先兵となるのは、しばしば若者である。その背後に旗振り役の大人が控え、政治がその構造をうまく利用する。それが如実に現れたのが、百年前のドイツのワイマール／ナチ期であった。知識人層や教養人層は一九世紀以来のドイツ国家の抱えた矛盾を解決しようと、ドイツ特有の「文化」にアイデンティティーを見出した。それが偏狭なナショナリズムに陥り、反ユダヤ主義に走ったのには、国家が国際社会から正当な評価を受けておらず、個人としても自分より劣った人間が社会に跋扈している、という満たされぬ感情から来るものであった。

その感情を助長したのが近代組織社会であり、組織の論理のなかで個人が埋もれていき、疎外感を強めてニヒリズムに陥る構図がある。それは若者とて同様で、経済的な危機が訪れると失業といった窮乏に彼らを晒すこととなった。若者自身には反ユダヤ主義などのイデオロギーは弱いものの、自らの未来を絶たれた絶望感は深く、その閉塞感を脱する糸口を模索するのであった。その彼らの向かったのがナチ党であり、突撃隊（ＳＡ）や親衛隊（ＳＳ）の一員として直接行動に訴えかけることで社会的上昇を果たすことができると考えた。

ナチ党はそうした中高年や若者の不満を取り込もうと、ラジオを通じて感情に訴えかけ、ヒーロー像を煽る歴史・戦争映画を量産することで彼らの心を捕えた。デジタル化の進んだインターネット時代には、そうした民衆の動員ははるかに容易となっている。

8　国家レベルの暴力増大の危険性

「アラブの春」に代表されるように、世界各地で中間層が力を持つようになった。それが民主化の波となって現れるとは限らず、ナショナリズムや宗教原理主義に基づいた「強い国家」を志向する動きの方がはるかに大きい。そこでは、欧米流の民主主義・自由主義とは異なる価値観の国家モデルが支配的となっている。しかし現実には、資本や労働力の移動というグローバリゼーションとＩＴ（情報技術）革命のもとでの雇用機会の減少により、多くの国で経済格差は拡大している。所得再分配を経たうえでの世帯所得の格差を示す「ジニ係数」は経済協力開発機構（ＯＥＣＤ）加盟国平均でも上昇傾向にある。その不満は為政者に向けられるよりも、外国人やマイノリティーに対する排除へと向かうイデオロギーに支配される傾向にある。

日本の現状を考えると、まだ事態はそれほど深刻ではないようにも思える。世界中で紛争やテロが吹き荒れていても、文明化の進んだ先進国では暴力に対する日常の恐怖は消えつつあるという見方も存在する。コリン／デイモン・ウィルソン父子は『殺人の人類史』において、過去二〇年間で英米二カ国の暴力犯罪は確実に減少している事実を挙げる。[2] 実際、日本でも殺人や強盗などの凶悪犯罪は減り続けている（刑法犯全体でも戦後最少の更新が続く）。しかし、「腐ったリンゴ」はどの社会にも一定比率で存在するので、そうした者が暴力行為を起こして社会全体にその風潮が蔓延せぬよう管理体制をしっかり敷くことをウィルソン父子は求める。同書は人類が未開だった古代には、人間が他部族との抗争などで殺される確率は現代と比べてはるかに高かったと論理を展開する。

確かに個人レベルでの暴力の危険は減っているとは言うものの、現代の技術面から大量動員が可能な社会では国家レベルでの暴力（戦争・虐殺）の危険性はより高まっていると言える。国内での移民・難民の増加に対する反発や対外的な民族対立は再び勢いを強めており、より強大な暴力が世界を席巻する危険性をはらんでいる。現状で難民をほとんど受け入れていない日本では排外主義の芽はまだ抑えられているが、東アジアの政治情勢次第では将来的に難民を大量に受け入れざるを得なくなる国際圧力も想定できる。移民に関しては労働力人口の減少を補うべく、積極受け入れを支持する経済界の声も強い。中国や韓国がそうであるように、日本も反中・嫌韓意識を強めるなかで、ナショナリズムの論調が強くなる事態は避けようがない。

ユダヤ系歴史家のW・ラカーは『ファシズム――昨日・今日・明日』で、今後のファシズムを「ネオファシズム」と「教権ファシズム」とに大別して論じた。ヨーロッパにおける極右政党の台頭にみられるネオファシズムの理念は偉大なるヨーロッパの「価値の保全」に基づくが、近代への対抗という復古的な側面が強い[(3)]。一方のイスラム原理主義に代表される教権ファシズムは原理主義とファシズムの融合した形式で、その共通点として近代西洋の民主主義と自由主義の理念に対する反発が源泉にある[(4)]。いずれも議会政治を否定する独裁者が国家や民族の純粋性をその歴史から説くプロパガンダによって大衆を組織し、排外主義的なテロに訴える点では百年前のファシズムと変わりなく、技術の進歩とグローバリゼーションとによってさらに効率的に、広範に実行されるであろう。

ナチズムが生んだホロコーストのような暴虐は、ファシズムが生まれたからといってそのまま直結するわけではない。ナチズムの歴史が教えるところでは、①祖国防衛戦争の大義名分を掲げた戦争②経済的窮乏に伴う中間層の没落③前二項に伴う外国人への排他的感情の増幅――が前提条件として挙げられる。その連鎖を断ち切るためには、現代世界を構成する原理を見直し、それを個々人が日常生活のなかから新しいパラダイムを形づくっていくことから始まる。ファシズム的要素は実際の生活のなかに巧妙に埋め込まれている面が強く、その兆候を見極めて事前に芽を摘み取らなければならない。それを見逃してしまうと、いつの間にか巨大な暴力の渦に巻き込まれて手の施しようのない事態を招くことにもなる。

本書では、近代の国民国家の論理と組織論理とにホロコーストの潜在的な要因を求めた。しかし、現代社会は政治も経済も国家や企業といったある単位を設定せざるを得ず、国家・組織といった一定の単位なくして社会活動は全く機能しなくなる。国家や組織を健全な社会の進展に資するように変えることができるのか、また現代人が国家や組織との関係をどう保つかが問題となる。

9 自国中心主義と組織論理からの脱却への道

一九世紀後半のヨーロッパは労働も、教育も、社会福祉も、戦争もすべて国家機能のなかに統合してしまい、二〇世紀には全世界がそれに倣った。その過程で国民の平等が唱えられ、自民族の歴史に立脚するナショナリズムが国民を統合する機能として働いた。しかし、それは逆に国家間の力による政治（パワー・ポリティクス）を加速させ、国家間の軋轢を増大させた。まず、現代は国民国家の理念から脱却し、国家間の平等を実現することは不可能なのか。

文化の多様性のもとでは、安易に国家の枠を取り外そうという試みは、共産主義の理念の挫折やEUの現在の迷走からも現実的でないことが分かる。すると国家主体を離れたアクター（例えば地域社会）によるトランスナショナルな関係が求められるが、往々にしてこれを経済のグローバル化に求める論議もある。しかし、私企業はグローバル化に向かったとしても国家戦略をうまくそこに取り込もうと官民一体の構造が生まれることはナチの歴史も教えているし、私企業は自国から踏み出しても本質的には経済力による支配を志向するものである。国際的な視野に向かうことは評価できるものの、経済的利益は人類全体の幸福に従属するものとの理念が構築されなければならない。

そのためにはまず現代人が何事も国家を原点に思考する姿勢を改め、とりわけ自国中心主義の思考からの脱却が求められる。自国中心主義は他の民族・文化への客観的な評価を誤らせるし、自己の正当性への過度の信念を生み出し、それが相互に作用すれば戦争と虐殺の歴史は何度でも繰り返される。私的な暴力が禁じられ、国家機関が武力を独占する現代においては、他国への憎悪が国家に集約されることの結果がうかがえる。

今後の世界はグローバル経済の論理のなかに隠された国家論理と、そのカウンターパートとしての国家の枠を超えた共生論理が互いに競い合うことになりそうだ。経済論理と結びついた国家論理が共生論理を席巻したときに、ホロコーストのような大量虐殺へとつながる道が開かれる。経済論理は共生論理を取り込もうとうする姿勢もみえるが、それは経済論理の持つ本質的な人間疎外を糊塗しようとする努力であり、それがうまくいかないのは別の組織論理が立ちはだかるからである。


組織にあってはその論理と個人の論理が乖離するのが一般的で、個人の側からはまず社会に有用な人間として認められ、経済的な安定を図ることが第一であるから、その解消のために組織内において無関心と没個性を装い、組織論理に同化して仕事を黙々とこなすのが得策となる。一方組織の側からは、組織に対する個人の自立性を強調する組織論が展開され、個人がシステムに適合できるよう不安を取り除く処方を編み出す精神医学が存在する。そして組織のイデオロギーを上層部の一部が用意し、組織のヒエラルキーのもとでそれが自動的に消化される構造が生み出される。すると、人間は組織にありながら、人間であり続けることができるのか？

現代の人間は公式な場において素直に自己表現する機会を閉ざされている。公的な場では所属する組織の論理に沿った発言を求められ、またそれが組織に所属する自分にとっても得策との判断をする。そこでは抽象的な論理だけが飛び交い、それが組織内であれば同意を求める会合になりがちだし、それが組織対組織のものであれば自らの所属する組織を利する交渉術の応酬に終始することになる。これは、N・ルーマンが『公的組織の機能とその派生的問題』で指摘しているところでもある。(5)

つまり、「組織の論理」とは、一般的には組織ヒエラルキーのなかでの威嚇・命令や媚びへつらいであったり、相手を無理に説得するか、やり込めるための手段であったりする。その発言は常に戦略的であり、それが戦略的でないことを示そうと上手く論理のすり替えも行われる。また心の奥深くに刷り込まれた組織論理によって、無意識に行われることも多い。そこには誠実さも、正当性も感じられない。

現代人は組織の論理と自己の欲求からいったん離れて、客観的な正義がどこにあるかを自らのなかで組み立て直さなければならない。そして、組織内の構成員が素直に自己表現できる機会を保てるシステムを構築する必要がある。インターネット時代にはSNS（交流サイト）を通じて自己表現の機会は与えられているものの、独善的な見解が多く新たな公共圏の創出にはつながっていないのが現状である。

既存の組織から離れて、しっかりと自己表現のできる新しい組織像を模索する道もある。一つには自発的な利他主義に立つボランタリー組織が考えられるが、そうした非営利組織も世の主流となり得ない問題を多く抱える。まず生産性を測定し難いがために、経営への意思が欠けることで行政への依存に頼り切り、最終的に国家の論理に取り込まれる懸念もある。さらに、自発的な参加は規制となじまないため、構成員の組織への関与にも温度差があり、その責任分担も明確でなくなるなど、組織としての体をなさなくなる危険性もある。

社会が民主的政体であり続けるためには、家族と国家を仲介する中間的諸関係がどれだけ保たれているかにかかっていると、W・コーンハウザーは指摘する（『大衆社会の政治』）。地域社会や自発的組織など、こうした第二次集団は個人の自由を守るために国家など全体社会の暴走を食い止める歯止めとなり、また孤立化しそうな個人を社会につなぎ止める役割を果たす。立憲制度の伝統のもとで交渉の窓口となる中間集団を育てたイギリスや、当初から解体すべき対抗勢力を持たなかったアメリカなどに比べ、ドイツやイタリア、そしてロシア、さらにフランスなどはそうした中間集団が育たなかったことに、大衆社会の到来とともに緩衝材のない個人がいきなり国家へと向かう構造があった[6]。現代社会において最も強力な中間組織は企業集団であるのだが、今日に至るまでその役割を全うするどころか、個人の原子化、孤立化を幇助するに至っていると言わざるを得ない。

10　人間中心の社会モデルの構築を

中間集団を含めて新しい組織のあり方を志向しなければならないのは、究極において現代社会では個人と社会の対立が根底にあり、社会の論理に個人が呑み込まれる宿命を背負っているからである。その社会の論理自体も多くの頭脳が全霊を傾けながら、思想が歪曲されて組織の現実に沿う形でとんでもない方向へと向かうことも多々あるところに問題の所在がある。

ドイツの哲学者、社会学者G・ジンメルは、すでに二〇世紀初めに、現代人が個人と社会の折り合いをどうつけるかという問題に取り組んでいる（『社会学の根本問題――個人と社会』）。社会はその構成員に全体に奉仕することを求めるが、個人はそれぞれに一個の全体であろうとする。

社会に有用な普遍的な人間を説いた一八世紀の啓蒙主義に対して、ゲーテやカント以来のドイツの思想が社会における個人の救済を目指したことは間違いない。しかし、内面的自由を求める観念志向が二〇世紀の国家と組織に対する理念と結びついたとき、人間性回復の理念が共同体志向と排外主義に転化する現象を生んだのが二〇世紀前半のドイツであった。ドイツ人が一八世紀から一九世紀にかけて追求した個人の自律が改めて問われるが、それが独善的とならぬためには国家や組織の論理を離れた純粋思考が求められる。何が善であるかという人類の究極的な価値は、そこにしか求められない[7]。

現実から理論を生み出す啓蒙理性としてのリアリズムは、理想を忘れた権力政治に堕しやすい。一方、理論に現実を合わせせようとするユートピアニズムは、独善的なイデオロギーの暴走を招きやすい。国家と組織の論理に縛られている限り、それぞれが違うベクトルを指向し、個別の論理が普遍的論理へとすり替えられて互いに主張を譲らない。

ホルクハイマーやアドルノ、ハーバーマスなどフランクフルト学派は、ホロコーストを「理性の堕落」と捉える。しかし、国家と組織の論理を取り込んだ啓蒙理性のなかに、すでにホロコーストを生み出す論理が潜んでいたことを本書は示した。ドイツ人はその矛盾を克服すべく個人の自律を志向したが、その過程で結局は国家と組織の論理に取り込まれてしまった。

J・ハーバーマス流に言えば、政治（権力）や経済（貨幣）といったシステムによる人間の生活世界の侵蝕である（『コミュニケイション的行為の理論』）。つまり、生活世界は相互の了解を求めるコミュニケーションで成り立っているのに対して、現代社会ではコミュニケーションは目的を成し遂げるための手段でしかなくなる。政治や経済のシステムで支配するのは投票や業績といった抽象的な数字であり、制度としての法の下で自動的に物事が進んでいく。家族や教育といったインフォーマルな空間にも国家や組織の思惑が忍び込み、そこでのコミュニケーションもシステムとしての論理が支配する[8]。

二一世紀はヒト・モノ・カネが国境を越えて行き来する一方で、アイデンティティーを求めて国家返りして偏狭なイデオロギーがますます勢いを増している。また、利潤追求の経済論理を離れた非営利組織の動きもある一方で、社会がさらに複雑化するなかで現代人は組織を離れては行動できなくなっており、そのなかで自らを偽って精神をすり減らしているいるのが現状だ。従って、国家や組織においてもお互いの了解を目指すコミュニケーションが必要であり、それには論理に基づいた討議の方法の確立が求められ、さらにその結論が道義に適っているか、自らの心に誠実であるかも問われなければならない。

二一世紀は国家や組織の論理が再び主張を強め、個人の生活をさらに侵蝕していく姿が予想される。そして国家や組織はあくまで理性に従っていると自己主張しながらも、そのなかでマイノリティーの人権が侵害され、彼らを抹殺する論理がまかり通る危険な蓋然性は否定できない。

国家や組織中心のモデルは結局、人間不在の論理であり、ナチの歴史を知った今、私たち人類には、すべての人間の尊厳に立脚した社会秩序モデルと個人の倫理モデルが求められている。ホロコーストは決して過去の歴史の一コマではなく、今なお検証が必要な現代人の心情の一面である。

ミニコラム7

社会哲学の可能性

本書は、現実の社会を思想的に捉える「社会哲学」という学際的な学問に依拠した。社会哲学とは社会を全体として捉える社会科学的認識と、個人の認識から出発する哲学的思考の融合を図るものである。

もともと哲学は、社会の構造を認識し、そこからあるべき社会の姿とそこに生きる人間の生き方を探るものであった。『岩波哲学・思想事典』によると、その観点からはアリストテレスの実践哲学も、ルソーらの社会契約説も、アダム・スミスの道徳哲学も、ヘーゲルの法哲学も、マルクスの経済学批判もすべて、社会哲学の範疇に属する。しかし、一九世紀後半以降、とみに学問の専門分化が進み、それぞれの分野からの精緻な学問の進展はみたものの、社会と人間をトータルにどう捉えるかという視点はなおざりにされた感は否めない。

その意味で、近代において社会哲学の視点を最も体現したのは本書でも随所で取り上げたフランクフルト学派と言えよう。ホルクハイマー／アドルノの『啓蒙の弁証法』は、近代社会におけるナチの台頭を念頭に置きながら、近代の啓蒙理性の反省・批判に及んでいる。学生運動の理論的支柱ともなった次の世代のJ・ハーバーマスは第1章で取り上げたE・ノルテとの歴史家論争の他にも、ポパーやフーコーなど著名な哲学者との論争を積極的に手掛け、現実社会に理性を取り戻す道を説いてきた。

徳永恂は『社会哲学の復権』において、「第六章　『社会の哲学』の課題」（第三部　歴史とユートピア）の中で社会哲学の意義を唱えている。まず「哲学と社会とは、今日よそよそしい疎遠な関係に立っているように見える。哲学は社会という問題を、自分の中心問題とは考えないし、社会は哲学によって認識されることを欲していないように見える」と憂える。科学の危険性として、①専門分化による全体像の喪失 ②法則的知識の名のもとの抽象的な独断 ③自己と社会との関係の喪失 ④進歩観念のもとでの人間性の喪失――を挙げる。一方で、哲学は孤独な実存や言語形式の分析などに沈殿している。そして、社会哲学の使命を「今日、社会―社会科学と哲学との間に拡がっているかに見える空白の省察から出発し、その空白化を、能動的・受動的に促進してきた科学と哲学との双方を批判し、その根拠へ問い迫ろうとする」と期待する。

二一世紀の世界は、本書で取り上げた国家や民族の対立、その中での人間個人の危機の他にも、地球温暖化や原子力開発、経済格差、マイノリティーなど数多くの地球的規模の問題を抱えている。このそれぞれの問題については、各分野の専門家がテクノロジーの観点から論評してはいる。しかし、それだけでは根本的な解決は難しい。今こそ総合的な「社会哲学」の復権が叫ばれる時である。

注

【序章】

(1)ユダヤ人の犠牲者数については、ナチが犯罪の痕跡を消そうと破棄したため、基本的に資料は残っていない。一般的に用いられるのはニューヨーク・ユダヤ人問題研究所の概算で、それによると第二次世界大戦直前にヨーロッパにおけるユダヤ人の人口は九五〇万人で、終戦直後にはそれが三一〇万人に減少、うち六〇万人は亡命しており、そこから犠牲者数を五八〇万人と割り出している（芝健介『ホロコースト』）。

(2)T. W. Adorno, *Prismen : Kulturkritik und Gesellschaft*, 1955.（邦訳）渡辺祐邦・三原弟平訳『プリズメン――文化批判と社会』筑摩書房、一九九六年、三六頁。

(3)山口定『ファシズム』岩波書店、二〇〇七年、三三頁。

(4)前掲書、一三四頁。

(5)H. Arendt, *The Origins of Totalitarianism*, New York, 1951.（邦訳）大久保和郎・大島かおり訳『全体主義の起原』みすず書房、一九九八年、（3）全体主義二四頁。

(6)S. Neumann, *Permanent Revolution: The Total State in a World at War*, New York, 1942.（邦訳）岩永健吉郎・岡義達・高木誠訳『大衆国家と独裁――恒久の革命』みすず書房、一九九八年、四三頁。

(7)M. Mann, *Fascists*, New York, 2004, 190.

(8)J・ファルターなどの選挙統計学的な実証研究を踏まえて、日本の歴史学者もそれぞれ独自の検証を重ね、「中間層テーゼ」の有効性を再確認する論調も見受けられる。雨宮昭彦は小論「『中間派の急進主義』と『中間身分のパニック』――ナチズムの『中間層テーゼ』の再検討」（千葉大学『経済研究』第6巻第1号一三五－一五四頁）を、「『中間層テーゼ』をその硬直的な理解から救い出す」目的で執筆した。ナチ党が躍進した一九三〇年九月選挙の投票率は八五％と前回二八年選挙の七六％から上昇、その九％の増加分四〇〇〇万票の大部分がナチ党に投票したと考えられ、ナチ党の成功が未組織の浮動票に依拠していた推定から、同時代に生きたT・ガイガーが経済的・心理的に不安定な中間層は「一定の条件の下で一度政治的に過激化した場合には政治的転換のキャスティングボードを握りうるほどの一大勢力へと転化しうるということを説こうと」した点を強調している。他に、柴田敬二「選挙の投票分析からみたナチズムの社会的基盤――いわゆる『中間層テーゼ』の再吟味」（『現代史研究』34、四一―五八頁）などがある。

(9)山口定『ファシズム』、一〇九頁。

(10)E. Kolb, *Die weimarer Republik*, München, 1984.（邦訳）柴田敬二訳『ワイマル共和国史――研究の現状』刀水書房、一九九六年、二二二―二三頁。

【第1章】

《第1節》

(1)E. Jäckel, *Hitlers Weltanschauung: Entwurf einer Herrschaft*, Tübingen, 105-6.

(2)H. Mommsen, "Die Realisierung des Utopischen: Die Entlösung der Jugendfrage im Dritten Reich," Wolfgang Wippermann ed., *Kontroversen um Hitler*, Frankfurt am Main, 1986 , 277-8.

(3)第一〇一警察大隊指導者のその後については、トラップ少佐はたまたま告発された別の裁判（ポーランド人に対する射殺）で死刑を宣告され、一九四八年に執行された。三人の中隊長については、グナーデ少尉は戦争末期に戦死、ホフマンとヴォーラウフの両大尉はハンブルク司法当局による一連の裁判で八年の懲役刑を受けている。

(4)C. R. Browning, *Ordinary Men: Reserve Police Battalion 101 and the Final Solution in Poland*, New York, 1992.（邦訳）谷喬夫訳『普通の人びと――ホロコーストと第101警察予備大隊』筑摩書房、一九九七年、

一一三頁。

(5) D. J. Goldhagen, *Hitler's Willing Executioners: Ordinary Germans and the Holocaust*, New York, 1996.（邦訳）望田幸男監訳『普通のドイツ人とホロコースト――ヒトラーの自発的死刑執行人たち』ミネルヴァ書房、二〇〇七年、二七八頁。

(6) 前掲書、二七九頁。

(7) 前掲書、七頁。

(8) 前掲書、一〇二頁。

(9) マークルの研究は、ヒトラーが政権を獲得する直前にナチ党員と支持者から募集した五八一人の懸賞論文をT・アベル（コロンビア大教授）が集めて分析した成果をもとに、各人の心情告白を再検討したものである。

(10) P. H. Merkl, *Political Violence under the Swastika, :581 Early Nazis*, New Jersey, 1975, 500 - 2.

(11) ibid. 502-4.

(12) ibid. 522-3.

(13) フランクフルト社会研究所に所属していたフロムは、広範なアンケートによる経験的実証と精神分析からの理論的考察を合わせて労働者を対象とした社会分析を行った。ただ、精神分析の手法を駆使しようと大量の記述式アンケートを用いたため、三三〇〇人へのアンケート配布に対し、回収は一一〇〇にとどまり、しかもアメリカ亡命の間に半分の資料が失われ、有効回答は五八四となった。さらに、研究所内のM・ホルクハイマー、T・アドルノとの確執でフロムは研究所を去ったことで、"*Arbeiter und Angestellte am Vorabend des dritten Reiches*"として出版されたのは四〇年後だった。フロムは雑多な二七一項目にのぼる質問から「一般的政治観」「権威に対する態度」「隣人に対する態度」を選り分け、その複合モデルによって彼の『自由からの逃走』にみられるような「権威主義的パーソナリティー」を浮き彫りにしようとしたが、本人も文中で語っているようにそれは必ずしも成功しなかった。

(14) C. Wilson and Wilson D., *An End to Murder. Human Beings Have Always Been Cruel. Savage and Murderous. Is All That About to Change?*, London, 2015.（邦訳）松田和也訳『殺人の人類史』青土社、二〇一六年、（上）七五頁。

(15) 前掲書、三五二頁。

(16) C・R・ブラウニング『普通の人びと』、一一四頁。

(17)「アイヒマン実験」は、ユダヤ人を絶滅収容所へと効率的な輸送を担った、秘密国家警察（ゲシュタポ＝Geheimestaatspolizei）のユダヤ人課長のアドルフ・アイヒマンがいかにも下層中間階層にいる普通の市民であり、単に上官の命令に素直に従ったに過ぎないことを実証実験によって示したもの。イスラエルにおけるアイヒマン裁判で、膨大な数のユダヤ人を葬り去った張本人がただの平凡で小心な公務員だったことに世界中が衝撃を受けたことから、エール大学の心理学者、S・ミルグラムが一九六三年に発表した。

一般から公募した実験協力者は「記憶と学習の研究」という偽りの名目を告げられ、教師役を任される。生徒役を割り当てられた実験協力者は実はサクラ（役者）で、教師役と生徒役は別の部屋に分かれてインターホンでやり取りできる関係を講じた。教師役の後ろには博士らしき男（実験者）が控え、教師役に指示を与える。教師役は単語テストの問題を読み上げ、生徒役が間違えるごとに電気ショックを与えるボタンを押すよう、後ろに控える権威から命じられる。

電気ショックの電圧は一五ボルトから四五〇ボルトまでおよそ一五ボルト刻みであり、後方の権威による指示に従って教師役がどこまで電圧を上げられるかが本当の実験の狙いであった。生徒役は電圧が上がるに従って悲鳴を上げてもだえ苦しむ（あくまで演技だが）などのさまざまな反応を示す。この声は壁を通して教師役にも聞こえてくる。実験に先立って心理学専攻の大学生に事前アンケートを行ったところ、最大電圧の四五〇ボルトを負荷する者はせいぜい一％ぐらいだろうとの予測だったが、実際には四〇人の教師役のうち二六人が最大電圧の負荷をかけるまで権威の命令に従ったという結果が得られた。

(18)スタンフォード大学の心理学者、P・ジンバードは、人間がいかに役割や状況によってそれに見合った行動をとるかを模擬監獄による実験によって示した。大学生を中心とした実験の応募者にあらかじめ心理テストを行い、正常範囲にある二一人を監獄における看守役と囚人役とに分け、実際に似せて作った監獄で役割を演じさせた。すると、看守役を任ぜられた被験者たちは次第にサディスティックな振る舞いを見せるようになり、囚人役の被験者たちは逆に卑屈な態度を見せるようになったという。その効果が余りにも如実に現れたため、囚人役たちの身の危険を感じた大学側は二週間の予定を六日で断念せざるを得なかった。

(19)C・R・ブラウニング『普通の人びと』、一七七―八頁。

(20)Z. Bauman, *Modernity and the Holocaust*, New York, 1989.（邦訳）森田典正訳『近代とホロコースト』大月書店、二〇〇六年、一二一頁。

(21)D. Grossman, *On Killing: The Psychological Cost of Learning to Kill in War and Society*, New York. 1995.（邦訳）安原和見訳『戦争における「人殺し」の心理学』筑摩書房、二〇〇八年、二九三―四頁。

(22)H. Welzer, *Täter: Wie aus ganz normalen Menschen Massenmörder werden*, Frankfurt am Main, 2008, 9-12.

(23)D・グロスマン『戦争における「人殺し」の心理学』、三〇三―六頁。

(24)前掲書、二五五頁。

(25)前掲書、二八一頁。

(26)前掲書、三一〇頁。

(27)C・R・ブラウニング『普通の人びと』、一一八頁。

(28)前掲書、一一八頁。

(29)フランクフルト学派は現実世界を否定的に分析する「批判理論」から出発しており、その代表がホルクハイマーとアドルノである。その姿勢は一九六〇年代の学生運動にも引き継がれたが、一方で「批判するばかりで、実践が伴っていない」との批判を浴びることともなった。その弱点を克服する意味で、「フランクフルト学派第二世代」と呼ばれるJ・ハーバーマス、「同第三世代」と呼ばれるA・ホネットに至っており、現代のドイツ思想界にも大きな影響力を保っている。

(30) ホルクハイマーを所長とするアメリカの社会研究所を中心に行われた。統計学的手法を用いてアンケートの信頼度を高め、性格特性によって回答に有意な差が生まれるよう標準偏差を大きくすべく、質問に試行錯誤を加えていった。さらに、アンケートによって判定されたレベルごとに一部の人間を選抜し、イデオロギーと個人的環境の観点から面接を試みた。カリフォルニア大学の大学生を中心に始まった調査はその後、刑務所囚人や労働者など社会的階層を広げ四回にわたって実施され、そのつど質問項目は有意なものだけに減らしていった。

調査の主眼は、研究主体が編み出した「ファシズム尺度」という概念を用いて、それが「人種排外主義尺度」と「政治経済的保守主義尺度」と相関しているかを探ろうとするものだった。それぞれの尺度についてそれぞれの質問項目が相応しており、ちなみにファシズム尺度を表す指標としては「因習主義」「権威主義的従属」「権威主義的攻撃」「反内省的態度」「迷信とステレオタイプ」「権力と『剛直』」「破壊性とシニシズム」「投射性」「性」の九項目と定義した質問を設けた。

(31) T. W. Adorno, *The Authoritarian Personality*, New York, 1950.(邦訳)田中義久・矢沢修次郎・小林修一訳『権威主義的パーソナリティ』青木書店、一九八〇年、六三頁。

(32) 前掲書、四九三頁。

(33) M・ヤホダとR・クリスティの編集による *Studies in the Scope and Method of "The Authoritarian Personality."*(「権威主義的パーソナリティ」の視野と方法における研究)は、『権威主義的パーソナリティ』に対する全面的な検討の書として知られる(Jahoda and Christie eds., 1954)。そこに収蔵されているH・ハイマン/P・B・シーツレーの「権威主義的パーソナリティ――ひとつの方法論的批判」は、アドルノたちの統計分析結果とは別のパターンの相関があることを示し、理論分析の支柱となる「批判理論」にも疑義を呈している。

(34) E. Fromm, *Escape from Freedom*, New York, 1941.（邦訳）日高六郎訳『自由からの逃走』東京創元社、一九八六年、二三一頁。

(35) 前掲書、六〇頁。フロムの説くところによってルターの教説を追うと、カトリック神学においては原罪を背負った人間は善を求めて努力する限り救われる存在であることを、特に中世末期のスコラ学派が主張した（だから免罪符も有効となり得る）のに対して、人間はどこまで行っても無力であることを悟ったうえで神と一対一の関係において絶対的な服従を誓うべきだとする。人間の自由意志を尊重したカトリック神学がエラスムスのようなヒューマニズムの源泉になったのに対して、カルヴァンに至る予定説が「自分が救われる、選ばれた人間なのかどうか」という懐疑と、「自分は救われる人間である」という確信を得たいという感情から世俗的な成功をもって救済の証しとする逆説的な考えを生み出したという説は、M・ウェーバーが『プロテスタンティズムの倫理と資本主義の精神』で唱えたところである。

その教説から行き着く人間の論理は、自分以外の超越的な存在に対する絶対的な信奉と、人間は生まれながらにして不平等であるという確信であることを、フロムは強調する。そのうえで、ルターが教会の権威に反抗しながら、世俗的な権威には威圧され、ルターの教説に揺り動かされた大衆を最終的には弾圧する側に回った人間として捉えている。

《第二節》

(36) S. Kracauer, *Die Angestellten*, Frankfurt am Main, 1930.（邦訳）神崎巌訳『サラリーマン――ワイマル共和国の黄昏』法政大学出版局、一九八七年、五三－五頁。

(37) 前掲書、一一七頁。

(38) 前掲書、三〇頁。

(39) 前掲書、一三五頁。

(40)前掲書、三一－二頁。
(41)前掲書、一一七頁。
(42)E. Bloch, *Erbschaft dieser Zeit*, Zürich, 1935.（邦訳）池田浩士訳『この時代の遺産』筑摩書房、一九九四年、四一－二頁。
(43)前掲書、四〇頁。
(44)前掲書、四四頁。
(45)山口定『ナチ・エリート――第三帝国の権力構造』中央公論社、一九八五年、三八頁。
(46)望田幸男編『近代ドイツ＝「資格社会」の制度と機能』名古屋大学出版会、一九九五年、三頁。同書では、ドイツでは教育資格と職業資格を媒介するものとして試験制度が整備されていったと言い、それは二つのルーツを持つという。一つは、ヨーロッパ中世における大学から官吏、医者、聖職者など専門職を目指す道であり、これが教師や技術者の選別にもつながっていった。もう一つは、中世のギルドに源流を持つ徒弟、職人、親方の育成に向けてである。「試験制度がドイツのように基本的に国家試験ないし公法的性格をもつ場合に対して、イギリスのように、それが社会団体（医師会、薬剤師会、弁護士会など）が重要な担い手となっている場合もある」（四－五頁）という。この点、大学卒業という教育資格が決定的に重要な日本とも性格を異にしているとする。ドイツにおいては、一九九〇年時点で公認の職業訓練の種類はほぼ四五〇種に上るという。
(47)前掲書、八四頁。
(48)前掲書、九四頁。
(49)前掲書、一一三頁。
(50)前掲書、八頁。
(51)E. Kolb, *Die weimarer Republik*, München, 1986.（邦訳）柴田敬二訳『ワイマル共和国史――研究の現状』

刀水書房、一九九六年、一五〇頁。

(52) S・クラウカウアーは『カリガリ博士とヒトラー』において、意思を持たない夢遊病者の男を自由に操り、連続殺人を犯させるカリガリ博士を、大衆操作によってホロコーストに至らせるヒトラーを予見しているとする。これには映画関係者を中心に否定的見解が多いが、妄想に捕らわれた偏執狂的人間を描いている点でP・H・マークルも指摘する偏執症が現代的病理であることを示唆している。

(53) E・コルプ『ワイマル共和国史』、一六八頁。

(54) 前掲書、一六〇頁。

(55) 前掲書、一六七-八頁。

(56) P. Gay, *Weimar Culture: The Outsider as Insider*, New York. 1968.（邦訳）亀嶋庸一訳『ワイマール文化』みすず書房、一九九九年、一四六頁。

(57) D. J. K. Peukert, *Die weimarer Republik: Krisenjahre der klassischen Moderne*, Frankfurt am Main, 1987.（邦訳）小野清美・田村栄子・原田一美訳『ワイマル共和国——古典的近代の危機』名古屋大学出版会、一九九七年、一五九-六〇頁。

(58) M. Mayer, *They Thought They Were Free: The Germans 1933-45*, Chicago, 1955.（邦訳）田中浩・金井和子訳『彼らは自由だと思っていた——元ナチ党員十人の思想と行動』未來社、二〇〇六年、五七-八項。マイヤーはユダヤ人であり、ドイツ系アメリカ人。戦後すぐのころ、ドイツの人口二万人という小都市に一年以上滞在、旧ナチ党員である一〇人の小市民と対話を重ねた。一〇人はすべて男性で、一四歳の高校生から五七歳の警察官までホワイトカラー層が中心だ。マイヤーは対話を通して「私の会ったのは、ドイツ人ではなくて人間一般であるという感じがした」（七頁）と前書きで感想を述べている。

(59) 前掲書、五六頁。

(60) 前掲書、九二頁。

(61)前掲書、九三頁。
(62)前掲書、六九頁。
(63)村瀬興雄「ナチズムと大衆社会現象」『思想』716: 一〇三－一二五頁、一九八四年、一〇六頁。
(64)前掲書、一〇七頁。
(65)A, Hitler, *Mein Kampf*, München, 1925.（邦訳）平野一郎・将積茂訳『わが闘争』角川書店、二〇〇五年、（下）二三頁。
(66)T, Eagleton, *Ideology: An Introduction*, London, 1991.（邦訳）大橋洋一訳『イデオロギーとは何か』平凡社、二〇〇九年、一〇九頁。
(67)前掲書、九七頁。
(68)前掲書、一二三頁。
(69)前掲書、一三〇頁。
(70)前掲書、一三二－三頁。
(71)H, Marcuse, *One-Dimensional Man: Studies in the Ideology of Advanced Industrial Society*, Boston, 1964.（邦訳）生松敬三・三沢謙一訳『一次元的人間――先進産業社会におけるイデオロギーの研究』河出書房新社、一九八九年、二九頁。
(72)T, W. Adorno, *Negative Dialektik*, Frankfurt am Main, 1966.（邦訳）木田元・徳永恂・渡辺祐邦・三島憲一・須田朗・宮武昭訳『否定弁証法』作品社、一九九六年、一七八－九頁。
(73)前掲書、四三九－四〇頁。
(74)A, Smith, *The Theory of Moral Sentiments*, London, 1759.（邦訳）水田洋訳『道徳感情論』岩波書店、二〇一三年、（上）二一七－八頁。
(75)E, Fromm, *Escape from Freedom*, New York , 1941.（邦訳）日高六郎訳『自由からの逃走』東京創元社、

一九八六年、二六六頁。
(76)前掲書、一八二頁。
(77)前掲書、二三四頁。
(78)ニーチェの思想がヒトラーの狂気を生んだ、という従来からの定式は、判断が難しい部分がある。確かにニーチェは意志を伴った行動を重視するだけに、戦争を肯定し、男性の肉体的有用性を説く面も目立ち、実際にヒトラーなどファシストは政治宣伝に盛んにニーチェを引用した。しかし、バタイユは『ニーチェについて』のなかの「ニーチェとドイツ国家社会主義」において、「反動家の思想とニーチェの思想との間には、相違以上のものがある」と根本的な不一致をみてとる。つまり、「戦争がその苛酷さの限度を越えて次々に起こる時代はもはや避け難いと想像」して、「彼にはそうした大破局のほうが、道徳の教師たちのブルジョア的生活、畜群的至福が示す停滞や欺瞞よりも好ましいと思えた」。したがって、ニーチェは「自分に嘘をつかず社会的な隷従を乗り越える人間を夢見ていた」のだとする。（現代思潮社）
　ニーチェ自身、祖国への熱狂などという虚飾に対して反感を抱いているし、ユダヤ人とともに芸術家、放浪者を含めたアウトサイダーを新たな価値創造の可能性を持つ人間として持ち上げている。ただいずれにしても、近代の精神的危機をニヒリズムに求めたところに意義があると考える。
(79)F. W. Nietzsche, *Der Wille zur Macht*, Stuttgart, 1930.（邦訳）原佑訳『権力への意志』筑摩書房、一九九九年、（上）二二二頁。
(80)前掲書、七三頁。
(81)前掲書、二七頁。
(82)前掲書、二九頁。
(83)前掲書、三五頁。
(84)前掲書、九五頁。

(85)前掲書、一〇九頁。
(86)前掲書、九三頁。
(87)前掲書、一一六頁。
(88)前掲書、一三二頁。
(89)M, Foucault, *Surveiller et punir: Naissance de la prison*, Paris, 1975.（邦訳）田村俶訳『監獄の誕生――監視と処罰』新潮社、一九七七年、二〇九頁。
(90)前掲書、二一一頁。
(91)G, Bataille, "La structure psychologique du fascisme," *La critique sociale*, 1933-4.（邦訳）「ファシズムの心理構造」片山正樹訳『ドキュマン』二見書房、一九七四年、二六一頁。
(92)前掲書、二六三頁。
(93)G, Bataille, *L'érotisme*, Paris, 1957.（邦訳）酒井健訳『エロティシズム』筑摩書房、二〇一三年、一一五頁。
(94)前掲書、一三四頁。
(95)G, Bataille, Réflexions sur le bourreau et la victim, Paris, 1947.（邦訳）「死刑執行人と犠牲者（ナチ親衛隊と強制収容所捕虜）に関するいくつかの考察」、山本功訳『戦争／政治／実存――ジョルジュ・バタイユ著作集』二見書房、一九九八年、四五頁。
(96)前掲書、四二頁。

【第2章】

《第一節》

(1)加藤栄一『ワイマル体制の経済構造』東京大学出版会、一九七三年、三六二頁。
(2)D, Schoenbaum, *Hitler's Social Revolution: Class and Status in Nazi Germany 1933-1939*, London, 1967.（邦

訳）大島通義・大島かおり訳『ヒットラーの社会革命——一九三三〜三九年のナチ・ドイツにおける階級とステイタス』而立書房、一九八八年、六〇頁。
(3) 前掲書、二七六頁。
(4) 前掲書、一一七－八頁。
(5) 前掲書、一〇四頁。
(6) J. S. Mill, *On Liberty*, London, 1859.（邦訳）塩尻公明・木村健康訳『自由論』岩波書店、二〇〇九年、一〇一－一四頁。
(7) H. Kelsen, *Das Problem des Parlamentarismus*, Wien, 1925.（邦訳）「議会制の問題」、森田寛二訳『ハンス・ケルゼン著作集Ⅰ 民主主義論』慈学社出版、二〇〇九年、三九頁。
(8) C. Schmitt, *Die geistesgeschichtliche Lage des heutigen Parlamentarismus*, Berlin, 1923.（邦訳）稲葉素之訳『現代議会主義の精神史的地位』みすず書房、二〇〇〇年、六七頁。
(9) ミルもルソーもロック以来の社会契約説を採っているが、一九世紀の歴史学者J・ブルクハルトが「いまだいかなる国家も、真の契約、すなわちあらゆる面から自由意志によってなされた契約によって成立したことはない」（『世界史的考察』）と言うように、現代に至るまで社会契約説を否定する論調も多い。しかし、契約は文書などで正式に結ばれるものではなく、例えば軍事力に長けた王のもとに他の王が凝集するのは「その庇護のもとに自分の領土の安全を図ろう」との思いがあるからであり、権力の確立には暗黙の契約が存在すると考える。
(10) J. J. Rousseau, *Le contrat social*, Paris, 1762.（邦訳）桑原武夫・前川貞次郎訳『社会契約論』岩波書店、二〇一〇年、四六頁。
(11) 前掲書、三五頁。
(12) 前掲書、五四頁。

(13) C・シュミット『現代議会主義の精神史的地位』、六六頁。

(14) W. Struve, *Elites against Democracy: Leadership Ideals in Bourgeois Political Thought in Germany, 1890-1933*, New Jersey, 1973, 419.

(15) I. Berlin, *Four Essays on Liberty*, New York, 1969.（邦訳）生松敬三・小川晃一・小池銈訳『自由論』みすず書房、一九七一年、（2）三六一頁。

(16) 前掲書、三六六頁。

《第二節》

(17) E. J. Hobsbawm, *Nations and Nationalism since 1780: Programme, Myth, Reality*, Cambridge, 1990.（邦訳）浜林正夫・庄司信・嶋田耕也訳『ナショナリズムの歴史と現在』大月書店、二〇〇一年、一三頁。

(18) 前掲書、四一頁。

(19) E. Gellner, *Nations and Nationalism*, Oxford, 1983.（邦訳）加藤節監訳『民族とナショナリズム』岩波書店、二〇一〇年、一一頁。

(20) H. Arendt, *The Origins of Totalitarianism*, New York, 1951.（邦訳）大島通義・大島かおり訳『全体主義の起原』みすず書房、二〇〇〇年、（2）帝国主義　二五二頁。

(21) 前掲書、二四〇頁。

(22) 前掲書、二四八－九頁。

(23) E・ゲルナー『民族とナショナリズム』、八頁。

(24) 前掲書、五八頁。

(25) 前掲書、五五頁。

(26) 前掲書、四七頁。

(27) 前掲書、六〇頁。

(28) 前掲書、一六六―七頁。
(29) 前掲書、二一〇頁。
(30) 前掲書、二〇八頁。
(31) 前掲書、二三〇頁。
(32) 前掲書、九五頁。ナショナリズムの思想の系譜は極めて選択的に利用されるため、ゲルナーは「われわれはナショナリズムそれ自体の預言者たちを研究することによって、ナショナリズムについて多くを学ぶことはない」と手厳しい。「鍵を握る観念は、あまりにも単純で簡単であり、およそ誰でもが、いつでもそれを作り上げることができる」からで、第1章第二節で述べたイーグルトンがイデオロギー一般において指し示したように、それが浸透するかどうかは「その観念を説得力があると思わせるような生活状況が存在しているかどうか」にかかっている(同書第九章「ナショナリズムとイデオロギー」)。
(33) 前掲書、二〇七頁。
(34) M. Horkheimer und Adorno T.W., *Dialektik der Aufklärung: Philosophische Fragmente*, Amsterdam, 1947.(邦訳)徳永恂訳『啓蒙の弁証法』岩波書店、一九九八年、一九頁。
(35) 前掲書、一四頁。
(36) S. Kracauer, *Das Ornament des Masse*, Frankfurt am Main, 1963.(邦訳)船戸満之・野村美紀子訳『大衆の装飾』法政大学出版局、一九九六年、五四頁。
(37) 前掲書、五一頁。
(38) 前掲書、五二―三頁。
(39) O. Dann, *Nation und Nationalismus in Deutschland 1770-1990*, München, 1993.(邦訳)末川清・姫岡とし子・高橋秀寿訳『ドイツ国民とナショナリズム 1770―1990』名古屋大学出版会、一九九九年、五頁。
(40) 前掲書、七頁。

(41)前掲書、一四三頁。

(42)H・アーレント『全体主義の起原』、(2)帝国主義六頁。A・ポーターが『帝国主義』で帝国主義を巡る理論を紹介しているように、帝国主義の定義を巡ってはさまざまな見解が対立したままである。アレントはレーニンが最初に定義した資本主義の独占的な発展段階として帝国主義を捉えているが、社会主義国としてのソ連も帝国主義的な要素を十分に含んでいる。ただ、資本主義の発展において余剰な資本が投資先を求めていたのは事実で、これが国家の政治的な野心と結びついて帝国主義に繋がったと言える。

(43)E・J・ホブズボーム『ナショナリズムの歴史と現在』、一七〇頁。

(44)E. H. Carr, *Nationalism and After*, London, 1945.(邦訳)大窪愿二訳『ナショナリズムの発展』みすず書房、一九五二年、四〇頁。

(45)前掲書、六一頁。

(46)前掲書、六七頁。カーはこの『ナショナリズムの発展』において第二次世界大戦後の国際社会に求める役割として、民族国家の論理のもとに虐げられている個人の利益と福祉を増進し、保護することを求めている。しかし、その可能性として多民族国家としてのイギリス、アメリカ合衆国、ソビエト連邦に期待を込めていることには、その後の国際政治の進展を考慮に入れればその理論も単純すぎると言わなければならない。

(47)H・アーレント『全体主義の起原』、(2)帝国主義 一二四頁。

(48)前掲書、一一一頁。

(49)E・H・カー『ナショナリズムの発展』、一一頁。

(50)前掲書、二八−三〇頁。

(51)F. Meinecke, *Die Idee der Staatsräson in der neueren Geschichte*, München, 1957.(邦訳)菊盛英夫・生松敬三訳『近代史における国家理性の理念』みすず書房、一九六〇年、四六七頁。

(52)G. W. F. Hegel, *Vorlesungen über die Philosophie der Geschichte*, Leipzig, 1924.(邦訳)長谷川宏訳『歴史

哲学講義』岩波書店、一九九九年、（下）三五〇－一頁。
(53)前掲書、（上）四一頁。
(54)前掲書、（上）五二頁。
(55)前掲書、（下）三七四頁。
(56)前掲書、（上）七三頁。
(57)F. Meinecke, *Die Entstehung des Historismus*, München, 1936.（邦訳）菊盛英夫・麻生建訳『歴史主義の成立』筑摩書房、一九六八年、（下）三三五頁。
(58)前掲書、（下）三〇二－四頁。
(59)L. Ranke von, *Über die Epochen der neueren Geschichte: Historisch-Kritische Ausgabe*, München, 1854.（邦訳）鈴木成高・相原信作訳『世界史概観――近世史の諸時代』岩波書店、一九九三年、三八－九頁。
(60)F・マイネッケ『歴史主義の成立』、（下）三一五頁。
(61)J. Burckhardt, *Weltgeschichtliche Betrachtungen*, Stuttgart, 1905.（邦訳）新井靖一訳『世界史的考察』筑摩書房、二〇〇九年、六八頁。
(62)前掲書、一一一頁。もう一つ、ランケとブルクハルトでは、権力に対する態度が違う。ランケは権力の発展過程をみてそれぞれの国家の原理がどう育まれていったかを重視し、政治が文化をも変えていく要因になると考える。これに対して、ブルクハルトは『ルネサンスの文化』『ギリシャ文化史』に代表されるように、文化の自由な創造的な衝動は固定的な政治をも乗り越える力を持っているとする。「文化は生存にかかわるあの両つの堅固な組織（国家と宗教）に影響を及ぼして、これを絶えず修正し、また解体することもある」（同書一〇一頁）。マイネッケの言葉を借りれば、ビスマルクの権力政治の時代に生きた彼には「一切のこの世のもののはかなさに彼の心を向けさせた厭世観」が深く根差しており、「大衆運動の中に潜伏していた最悪の可能性、すなわち極悪の人間どもが大衆の指導者としてあらわれてくることを感知する」までにペシミスティックな歴史観を有している（『近代史における国家理性の理念』）。
(63) 前掲書、七〇頁。
(64) 個別の歴史に価値を与えた歴史主義を巡ってはその後、学問としての方法論を巡って擁護する論理と、課題を見つけて発展させる論理などを生み出した。ディルタイは自然科学とは違う精神科学の方法論として歴史主義に哲学的な基礎を与え、「生」の自己解釈としての生成と発展を唱えた。
ニーチェは『反時代的考察』（第2編　生に対する歴史の利害について）において、歴史に対する過剰な認識を批判する。「生の哲学」を説くニーチェとしては、「非歴史的なものと歴史的なものは個人や民族や文化の健康にとって同じように必要である」と考える。それを「超歴史的」と呼ぶ。ニーチェの言によれば、非歴史的に感ずる能力が本源的なものであり、歴史からは自らの「生」に訴えかけるものを選び取って現在の生活に生かすべきものである、と捉えることができる。なぜなら、膨大な歴史から何かを導き出す作業は恣意的なものであるからで、歴史学の不毛を説く。
(65) H. Treitschke von , *Politik*, *Leipzig*, 1897-8. (1)32.
(66) ibid. (2)554.
(67) W. Rathenau, *Die neue Gesellschaft*, Berlin, 1919.（邦訳）陶山務訳『世界大思想全集96 新しき社会』松柏館書店、一九三四年、一一九頁。
(68) 前掲書、一一七頁。
(69) O. Spengler, *Der Untergang des Abendlandes: Umrisse einer Morphologie der Weltgeschichte*, München, 1922.（邦訳）村松正俊訳『西洋の没落——世界史の形態学の素描』五月書房、一九九二年、（一）四〇頁。
(70) 前掲書、三一頁。
(71) 前掲書、五三頁。
(72) 前掲書、一八頁。

(73) 前掲書、一九頁。
(74) 前掲書、二〇頁。
(75) 前掲書、二五頁。
(76) 前掲書、三三頁。
(77) M. Heidegger, *Sein und Zeit*, Tübingen, 1927.（邦訳）細谷貞雄訳『存在と時間』筑摩書房、一九九四年、（下）三二二頁。
(78) 前掲書、三二六頁。
(79) 前掲書、三二六－七頁。
(80) 前掲書、三四五－六頁。
(81) ドイツ自由主義の代表であるマイネッケも、戦後書かれた『近代史における国家理性の理念』において、国家の生起する力と、そこに生きる人間のヒロイズムへの覚醒を説いている。「国民のあらゆる貴重なものを包括し擁護する国家のために生死すること、国家の精神化のために働くこと、自分一個の存在を国家と織り合わせ、それによって国家を内面的に向上せしめること、ドイツの興隆以来ドイツ精神を導いてきたこの高い要求は、ドイツ国家が外国の手と自分の手で潰されて地にひれふしている今日においてこそますます妥当するのである」（五八三頁）。その意味で、マイネッケも英仏の自由主義者とは違う、どこまでもドイツの精神文化を受け継いでいると言える。
(82) K. Jaspers, *Die geistige Situation der Zeit*, Berlin, 1931.（邦訳）飯島宗享訳『現代の精神的状況――ヤスパース選集28』理想社、一九七一年、一一－二頁。
(83) 前掲書、一四頁。
(84) 前掲書、一二頁。
(85) 前掲書、一〇頁。

(86)ハンナ・アレントは、ハイデガーともヤスパースとも関係が深い。アレントはマールブルク大学ではハイデガーに師事し、両者は一時期、不倫関係に陥っている。その後、ハイデルベルク大学に移ったアレントはヤスパースに師事し、ヤスパースへの尊敬の念は終生続いた。片や、ヤスパースと対立したハイデガーに関しては、ナチ政権への加担もあって反発の念を強めていった。

(87)J. P. Sartre, *Réflexions sur la question juive*, Paris, 1954.(邦訳)安堂信也訳『ユダヤ人』岩波書店、一九五六年、三五頁。

(88)ニュルンベルク法から二カ月後のユダヤ人を規定する条例において、①父方と母方の四人の祖父母のうち三人以上がユダヤ教徒であった場合は法的なユダヤ人となる②四人の祖父母のうち一人がユダヤ教徒であった場合はユダヤ系とみなされる――などとされた。その基準はあくまでユダヤ教徒であるかどうかで、血統が問題とならなかったのは、混血の進んだ現代において「人種」の規定がいかに難しいものであるかを物語っている。

(89)ユダヤ人絶滅政策が明確に指示されたものとしては、一九四二年一月二〇日のヴァンゼー会議がある。国家保安本部長官のラインハルト・ハイドリヒを中心とする一五人のナチ幹部が集まり、ユダヤ人絶滅政策の組織的な計画が示されたが、議事録は完全な形では残っておらず、ユダヤ人の殺害方法などについては記されていない。この時点ではすでに独ソ戦においてユダヤ人の大量虐殺が始まっていたため、絶滅政策が企図されたのはそれ以前だろうというのが大半の見方だが、歴史学会においても多くの論争を呼んでいる。

(90)H・アーレント『全体主義の起原』、(1)反ユダヤ主義 五一頁。

(91)前掲書、一六頁。

(92)前掲書、七〇－一頁。

(93)J・P・サルトル『ユダヤ人』、一二二頁。

(94)H・アーレント『全体主義の起原』、(2)帝国主義 八一頁。

(95)S. Trombley, *The Right to Reproduce*, London, 1988.（邦訳）藤田真利子訳『優生思想の歴史――生殖への権利』明石書店、二〇〇〇年、二五頁。

(96)人権思想の発展した第二次世界大戦後は断種政策は表面上行われていないと考えがちだが、トロンブレイはこれを否定している。「産児制限」「家族計画」の美名のもとに発展途上国に輸出され、インドや中国を筆頭に一般女性を対象に大々的に行われた。「発展途上国の社会不安（「革命」）を恐れる巨大産業や政府、優秀な人種ストックという優生学的夢をいまだ指示している政治家・法曹・医業連合の利益に重なっている」（三七四頁）。イギリスで知恵遅れの少女に断種を許可する判決が下される（一九八七年）など、英米でも断種を正当化する運動が続いているとする。日本においても戦後混乱期の食糧不足などを背景に一九四八年に優生保護法が制定され、厚生労働省によると強制的に不妊手術をされた人は一万六千人を超えるとされる。同法は九六年に廃止されたが、知的障害を理由に強制手術された女性が二〇一八年になって国に損害賠償を求める訴訟を起こしたことで改めて注目されている。

(97)S・トロンブレイ『優生思想の歴史』、九五頁。

(98)A. Porter, *European Imperialism, 1860-1914 : Studies in European History*, Hampshire, 1994.（邦訳）福井憲彦訳『帝国主義』岩波書店、二〇一〇年、三四頁。

(99)J・S・ミル『自由論』、二五頁。

(100)アルベール・メンミはフランスの植民地であったチュニジアに、貧しいユダヤ人馬具職人の父とベルベル人の母の間に生まれ、パリ大学に学び、その後も教鞭をとった。植民地における現地人、アラブ社会におけるユダヤ人、ヨーロッパ社会におけるアフリカ人という被抑圧者としての三重の個人的体験をもとに、人種差別問題を社会心理学的な観点から分析した。

(101)A. Memmi, *Le racisme*, Paris, 1982.（邦訳）菊地昌実・白井成雄訳『人種差別』法政大学出版局、一九九六年、九八頁。

(102)前掲書、二〇頁。
(103)前掲書、一〇九頁。
(104)前掲書、一二六－八頁。
(105)前掲書、六二－三頁。
(106)前掲書、二八頁。
(107)前掲書、一三〇－一頁。
(108)前掲書、一三三頁。
(109)J・P・サルトル『ユダヤ人』、三二頁。
(110)前掲書、四九頁。

【第3章】

《第一節》

(1)芝健介『武装親衛隊とジェノサイド――暴力装置のメタモルフォーゼ』有志舎、二〇〇八年、一〇四―六頁。
(2)栗原優『ナチズムとユダヤ人絶滅政策――ホロコーストの起源と実態』ミネルヴァ書房、一九九九年、八七頁。
(3)前掲書、八五頁。
(4)D. J. K. Peukert, *Volksgenossen und Gemeinschaftsfremde: Anpassung, Ausmerze und Aufbegehren unter dem Nationalsozialismus*, Köln, 1982.（邦訳）木村靖二・山本秀行訳『ナチス・ドイツ――ある近代の社会史』三元社、一九九一年、一三三頁。
(5)前掲書、七五頁。
(6)M. Weber, *Wirtschaft und Gesellschaft: Grundriss der verstehenden Soziologie, Kapitel* Ⅸ. *Soziologie der Herrschaft*, Freiburg, 1920.（邦訳）世良晃志郎訳『M・ウェーバー　経済と社会　支配の社会学』創文社、

一九六〇、六二年、（Ⅱ）四九七頁。
(7)前掲書、（Ⅰ）七〇頁。
(8)C. I. Barnard, *The Functions of the Executive*, Boston, 1938.（邦訳）田杉競監訳『経営者の役割――その職能と組織』ダイヤモンド社、一九五六年、七二頁。
(9)前掲書、九二－三頁。
(10)前掲書、一九一頁。
(11)前掲書、一七九－八〇頁。
(12)前掲書、一〇六頁。
(13)このため、バーナードは管理者の道徳的責任を重視する。「責任の稀薄な人、能力の限られた人はいずれも、いろいろな種類の多くの同時的な義務から生ずる重荷に堪えることができない」として、「管理職位には、(a)複雑な道徳性が含まれ、(b)高い責任能力と、(c)場合によっては高い活動力が必要であり、(d)道徳的な要因として釣合いのとれた一般的・特殊的な技能能力が必要である」（同書二九一－二頁）という点に現代組織の可能性をみる。しかし、この著以後の高度資本主義社会においては能力はあっても、道徳準則には疎い管理職が実際には多くなっているというのが本論の主眼である。その代表的事例が、後段で採り上げるナチ親衛隊（ＳＳ）である。
(14)M. Horkheimer, *Eclipse of Reason*, New York, 1947.（邦訳）山口祐弘訳『理性の腐蝕』せりか書房、一九九〇年、一一－二頁。
(15)N. Luhmann, *Funktionen und Folgen formaler Organisation*, Berlin, 1964.（邦訳）沢谷豊・関口光春・長谷川幸一訳『公式組織の機能とその派生的問題』新泉社、一九九八年、（上）一三八頁。
(16)前掲書、（上）一三九頁。
(17)前掲書、（下）四三頁。

(18)前掲書、（上）一三二頁。
(19)前掲書、（下）三六頁。
(20)K・ヤスパース『現代の精神的状況――ヤスパース選集28』、七一―二頁。
(21)R. Hilberg, *The Destruction of the European Jews*, New Haven, 1961.（邦訳）望田幸男・原田一美・井上茂子訳『ヨーロッパ・ユダヤ人の絶滅』柏書房、一九九七年、（上）二二一頁。
(22)前掲書、（下）二四二頁。
(23)前掲書、（上）三一〇―一頁。
(24)前掲書、（下）一四八頁。
(25)栗原優『ナチズムとユダヤ人絶滅政策』、八四頁。

《第二節》

(26)山口定『ファシズム』岩波書店、二〇〇七年、九五―六頁。
(27)山口定『ナチ・エリート――第三帝国の権力構造』中央公論社、一九八五年、二一九頁。
(28)前掲書、二一八頁。
(29)前掲書、二一九頁。
(30)Smelser, Ronald and Rainer Zitelmann ed., *The Nazi Elite*, Hampshire, 1993, 98.
(31)H, Höhne, *Der Orden unter dem Totenkopf*, München, 1967.（邦訳）森亮一訳『髑髏の結社――SSの歴史』講談社、二〇〇一年、（上）八六―八頁。
(32)前掲書、二八四頁。
(33)前掲書、二八〇頁。
(34)前掲書、二八〇頁。
(35)G. S. Graber, *History of the SS*, London, 1978.（邦訳）滝川義人訳『ナチス親衛隊』東洋書林、二〇〇〇年、

二五〇頁。
(36)前掲書、二五〇頁。
(37)前掲書、二五五頁。
(38)H・アレントの『エルサレムのアイヒマン』はエルサレムでのアイヒマンの裁判記録をまとめたもので、アイヒマンは極悪人ではなく、ごく普通の小心者の役人に過ぎないと論じた。何百万ものユダヤ人をガス室に送り込んだ張本人が平凡な人間だったという論調に納得のいかない人々は多く、またホロコーストに手を貸したユダヤ人を批判したことから、アレントはユダヤ人世界から「ユダヤ人の裏切り者」との批判も浴びた。しかし、その後のS・ミルグラムによる「アイヒマン実験」は、アレントの論調を検証した形となった。
(39)J・K・ガルブレイスは『新しい産業国家』において第二次世界大戦までは景気循環の波によって成長と後退が繰り返されていたのに対して、それ以後の資本主義経済はケインズ流の計画経済を導入したことで景気循環の桎梏から逃れたとして、両者を明確に分けている。確かに同書が書かれた時点(一九六七年)のアメリカでは不況の兆候はなかったが、その後のマネー経済の膨張からくる世界不況の断続的な襲来をみると、戦前とその構造は変わっても資本主義の本質は変わっていないと言える。また、ガルブレイスは戦後経済の特徴を、①財貨の販売面の伸長 ②労働組合の衰退 ③高等教育の拡大——を挙げているが、本書で論じているように二〇世紀前半においてすでにホワイトカラー層が伸長していることからすると戦後特有の現象とは言えない。
(40)C. W. Mills, *White Collar: The American Middle Class*, New York, 1951.(邦訳)杉政孝訳『ホワイト・カラー——中流階級の生活探究』東京創元新社、一九六八年、二〇一－二頁。
(41)前掲書、二一二頁。
(42)前掲書、二一四頁。
(43)前掲書、二二〇頁。

(44) W. Kornhauser, *The Politics of Mass Society*, New York, 1959.（邦訳）辻村明訳『大衆社会の政治』東京創元社、一九九〇年、六九頁。
(45) W. H. Whyte, *The Organization Man*, New York, 1956.（邦訳）岡部慶三・藤永保訳『組織のなかの人間——オーガニゼーション・マン』東京創元新社、一九六九年、（上）八八頁。
(46) D. Riesman, *The Lonely Crowd: A Study of the Changing American Character*, New Haven, 1961.（邦訳）加藤秀俊訳『孤独な群衆』みすず書房、一九九二年、九九頁。
(47) 前掲書、一一七頁。
(48) 前掲書、一一六頁。
(49) 前掲書、一四五頁。
(50) C・W・ミルス『ホワイト・カラー』、二四七頁。
(51) 前掲書、二四六頁。
(52) American Psychiatric Association, *Quick Reference to the Diagnostic Criteria from DSM-Ⅳ-TR*, Washington, 2000.（邦訳）高橋三郎・大野裕・染矢俊幸訳『DSM—Ⅳ—TR 精神疾患の分類と診断の手引』医学書院、二〇〇二年、二三四項。米国精神医学会はパーソナリティー障害を、A群（奇異型）、B群（劇場型）、C群（不安型）に分け、合計一〇のパーソナリティー障害に分類している。妄想性パーソナリティー障害はA群に属する。パーソナリティー障害はあくまでプシコーゼ（精神病）であり、人間関係で折り合いをつけられないなど、仕事を含め日常生活において支障をきたすレベルである。一般の人間は、遺伝素質的な基盤に基づき、幼少期から青年期にかけての生育環境で育まれたパーソナリティー（人格）は個人的なキャラクター（性格）にとどまっており、普通に生活をこなすとともに、その特徴を活かして社会に貢献している。ただ、精神病より軽度のノイローゼ（神経症）のレベルは広範に見られ、また普通に生活している人間が突然、プシコーゼの症状を見せることもあり、パーソナリティーとパーソナリティー障害の間は幅広い。

(53)K. Jaspers, *Allgemeine Psychopathologie*, Berlin, 1913.（邦訳）内村祐之・西丸四方・島崎敏樹・岡田敬蔵訳『精神病理学総論』岩波書店、一九五三年、（中）一六五頁。

(54)前掲書、一六六－七頁。

(55)米国精神医学会のパーソナリティー障害の分類では、自己愛パーソナリティー障害はB群（劇場型）に、強迫性パーソナリティー障害はC群（不安型）に属する。

(56)H. D. Lasswell, *Power and Personality*, New York, 1948.（邦訳）永井陽之助訳『権力と人間』東京創元社、一九九〇年、四九頁。

(57)前掲書、一〇五頁。

(58)前掲書、一〇六頁。

(59)前掲書、一〇八頁。

(60)W・コーンハウザー『大衆社会の政治』、五八頁。

(61)前掲書、七〇頁。

【第4章】

(1)F. Fukuyama, *The End of History and the Last Man*, New York, 1992.（邦訳）渡部昇一訳『歴史の終わり』三笠書房、一九九二年。

(2)C. Wilson and Wilson D., *An End to Murder. Human Being Have Always Been Cruel. Savage and Murderous. Is All That About to Change?*, London, 2015.（邦訳）松田和也訳『殺人の人類史』青土社、二〇一六年、（下）二八四－五頁。

(3)W. Laquer, *Fascism*, Oxford, 1995.（邦訳）柴田敬二訳『ファシズム――昨日・今日・明日』刀水書房、一九九七年、一〇〇頁。

(4)前掲書、一五六頁。

(5)N. Luhmann, *Funktionen und Folgen formaler Organisation*, Berlin, 1964.（邦訳）沢谷豊・関口光春・長谷川幸一訳『公式組織の機能とその派生的問題』新泉社、一九九六年、（下）三三四－八頁。

(6)W. Kornhauser, *The Politics of Mass Society*, New York, 1959.（邦訳）辻村明訳『大衆社会の政治』東京創元社、一九九〇年、「3 大衆社会の構造」。

(7)G. Simmel, *Grundfragen der Soziologie: Individuum und Gesellschaft*, Berlin, 1917.（邦訳）清水幾太郎訳『社会学の根本問題――個人と社会』岩波書店、二〇一〇年、「第四章 十八世紀及び十九世紀の人生観における個人と社会」。

(8)J. Habermas, *Theorie des kommunikativen Handelns*, Frankfurt am Main, 1981.（邦訳）丸山高司・丸山徳次・厚東洋輔・森田数実・馬場孚瑳江・脇圭平訳『コミュニケイション的行為の理論』（下）未來社、一九九六年、「第六章 第二中間考察――システムと生活世界」。

年表　ドイツを中心とした世界の動き（一九一四～四五年）

年月	出来事
一九一四年六月	オーストリア＝ハンガリー二重帝国のフランツ・フェルディナント皇太子夫妻がボスニアの首都サラエボでセルビア青年に暗殺される
七月	オーストリア＝ハンガリーがセルビアに宣戦布告（第一次世界大戦勃発）
八月	ドイツがロシア、フランスに宣戦布告、ベルギーに侵攻。イギリスがドイツに宣戦布告、海上封鎖に乗り出す。東部戦線でタンネンベルクの会戦
九月	西部戦線でマルヌの会戦（フランス）
一〇月	オスマン帝国が同盟国側に立って参戦
一九一五年五月	ドイツ潜水艦がイギリス船ルシタニア号を撃沈、アメリカ人を含め死者一一九八人 イタリアがオーストリア＝ハンガリーに宣戦布告
一九一六年二月	ヴェルダン要塞攻防戦（フランス）。戦線は膠着状態に
五月	英仏間でアラブ諸国の勢力圏分割を定めたサイクス＝ピコ協定
七月	ソンムの戦い（フランス）。英仏の総反撃開始
一二月	イギリスでロイド・ジョージの挙国一致内閣成立
一九一七年二月	ドイツが無制限潜水艦作戦を開始
三月	ロシア三月（露暦二月）革命。ロマノフ王朝滅亡。ソビエト（労兵評議会）組織
四月	アメリカがドイツに宣戦布告

	一一月	イギリスがユダヤ人のパレスチナ復帰運動を支持するバルフォア宣言 ロシア一一月（露暦一〇月）革命、ソビエト政権樹立 フランスに対独強硬論者のクレマンソー内閣成立
一九一八年	一月	ウィルソン米大統領が平和に関する一四カ条を発表
	三月	ソ連がドイツと単独講和（ブレスト＝リトフスク条約）。ドイツ軍が西部戦線で総攻撃開始
	七月	連合軍が反撃開始
	一〇月	オスマン帝国が降伏
	一一月	オーストリア＝ハンガリーが降伏、皇帝退位。ドイツではキール軍港で水兵の反乱。社会民主党のエーベルトが臨時政府を組織。シャイデマンが共和制樹立を宣言。皇帝ヴィルヘルム二世がオランダに亡命（ドイツ革命）。連合国との休戦条約に調印（第一次世界大戦終結）
	一二月	ドイツ共産党創設
一九一九年	一月	スパルタクス団蜂起、ローザ・ルクセンブルクとカール・リープクネヒトが虐殺される（共産党弾圧） ドイツ労働者党（後のナチ党）結成 パリ講和会議始まる
	二月	ワイマールで国民議会が開会。初代大統領にエーベルト、首相にシャイデマン
	六月	ヴェルサイユ講和条約に調印
	八月	ワイマール憲法を公布
	九月	サン＝ジェルマン条約によりオーストリアからハンガリー、チェコスロバキアが独立
一九二〇年	一月	国際連盟が正式発足
	二月	ドイツ労働者党、ＮＳＤＡＰと改称（ナチ党発足）。二五カ条の綱領を発表
	三月	カップ一揆（右翼によるベルリン暴動）

八月	オスマン帝国、セーヴル条約で領土の多くを失う
一九二一年四月	連合国側がドイツの賠償金総額を一三二〇億金マルクと決定
八月	エルツベルガー（中央党）が暗殺される
一一月	ワシントン会議始まる。海軍軍備制限条約など調印（一九二二年二月）
一九二二年四月	独ソ間でラパッロ条約調印。ソビエト政権を承認
六月	ラーテナウ外相が極右テロに暗殺される
一〇月	ムッソリーニが「ローマ進軍」。イタリアにファシスト党内閣成立
一一月	トルコ革命（スルタン制廃止）。翌年、共和制に。ケマル・パシャ（アタチュルク）が初代大統領に
一九二三年一月	フランス、ベルギーがルール地方占領
一一月	ヒトラーのミュンヘン一揆（翌年、禁固五年の有罪宣告） ハイパーインフレ収束へレンテンマルク発行
一九二四年一月	レーニン死去。スターリンが後継に
二月	イギリスがソ連承認（フランス、イタリアなど続く）
八月	ドイツの暫定賠償支払い計画（ドーズ案）に調印
一九二五年四月	ヒンデンブルクが大統領当選
一二月	ロカルノ条約調印によりラインラントの非武装や相互不可侵を共同保証（フランス軍のルール撤兵受け、シュトレーゼマン協調外交）
一九二六年七月	イタリアがアルバニアを保護国化（対外膨張政策）
九月	ドイツが国際連盟加盟
一九二八年八月	戦争放棄を規定したパリ不戦条約（ブリアン＝ケロッグ協定）に主要一五カ国が調印（ドイツや日本含む）

一九二九年二月	イタリアがローマ教皇庁とラテラン条約締結、バチカンの独立承認
六月	ドイツの賠償金を三五八億金マルクに減額するヤング案（反ヤング案キャンペーンを経て、三〇年一月調印）
一〇月	ニューヨーク株式が大暴落（暗黒の木曜日、世界恐慌始まる）
一九三〇年三月	ミュラー内閣総辞職、ブリューニング首相を任命（初の大統領内閣）
四月	ロンドン海軍軍縮条約調印（米・英・日三国の補助艦制限）
九月	ドイツ国会選挙でナチ党が第二党に躍進
一九三一年四月	スペイン革命（王政崩壊し共和国宣言）
七月	第一次大戦の倍賞支払いを一時延期するフーバー・モラトリアム公布
八月	イギリスが恐慌への対処に挙国一致内閣（首班はマクドナルド）。翌月、金本位制を廃止
九月	日本が奉天制圧、満州事変起こる
一九三二年五月	ブリューニング内閣総辞職。パーペン内閣発足
七月	ドイツ国会選挙でナチ党が第一党に
一一月	パーペン内閣総辞職。翌月シュライヒャー内閣発足
一九三三年一月	シュライヒャー退陣。ヒトラーを首相に任命
二月	国会議事堂放火事件。共産党を弾圧
三月	ルーズベルトがアメリカ大統領に就任、ニューディール政策開始 全権委任法（授権法）を成立。続いて、労働組合解散やナチ党以外の政党禁止へ
一〇月	ドイツが国際連盟脱退（日本は同年三月に脱退）
一九三四年一月	ドイツ、ポーランドと不可侵条約締結

六月	レームら突撃隊（SA）幹部を粛清
八月	ヒンデンブルク大統領死去。ヒトラーが大統領と首相を兼ねる総統に（第三帝国）
九月	ソ連が国際連盟加入
一九三五年一月	住民投票によりザール地方がドイツ復帰
三月	ドイツが再軍備宣言（徴兵制復活）
九月	ニュルンベルク法成立
一〇月	イタリアがエチオピア侵攻（翌年五月に併合）
一九三六年三月	ドイツがラインラント進駐（ロカルノ条約破棄）
七月	スペイン内戦勃発。人民戦線内閣に対しフランコ将軍がクーデター
一二月	スターリン憲法制定（ソ連で粛清始まる）
一九三七年七月	盧溝橋事件、日中戦争始まる
一一月	日独伊三国防共協定調印
一二月	イタリアが国際連盟脱退
一九三八年二月	フリッチュ危機。ヒトラーが国防軍を完全掌握
三月	ドイツがオーストリア併合
九月	ミュンヘン会談。ズデーテン地方（チェコスロバキア）を併合
一一月	「水晶の夜」事件（反ユダヤ主義暴動）
一九三九年三月	ドイツがプラハ進撃、チェコスロバキア解体
四月	スペイン内戦終結。フランコのファランヘ党による一党独裁体制樹立（翌五月、国際連盟脱退）

五月	日ソ間でノモンハン事件
八月	独ソ不可侵条約締結
九月	ドイツがポーランド侵攻（第二次世界大戦勃発）。英仏がドイツに宣戦布告。ソ連もポーランド侵攻
一一月	ソ連がフィンランド侵攻（国際連盟除名）
一九四〇年四月	ドイツがデンマーク、ノルウェー侵攻
五月	オランダ、ベルギーがドイツに降伏。イギリス軍に対しダンケルク追撃戦 イギリスにチャーチル内閣成立
六月	イタリアが対英仏参戦。パリ陥落、フランスが降伏。ド・ゴール、ロンドンに自由フランス政府樹立
七月	フランスのヴィシーに親ドイツ政権成立 ソ連がバルト三国を併合 ドイツ空軍によるロンドン大空襲始まる
九月	日独伊三国同盟締結。日本は北部フランス領インドシナに進駐
一九四一年三月	アメリカが武器貸与法制定（対英援助強化）
四月	ドイツがユーゴスラビア、ギリシャを占領 日ソ中立条約調印
六月	ドイツがソ連侵攻（独ソ戦開始）
八月	ルーズベルトとチャーチルが戦後世界の構想として大西洋憲章を発表
一二月	日本が真珠湾攻撃。英米に宣戦布告、アメリカが参戦（太平洋戦争勃発）
一九四二年一月	ヴァンゼー会議。ナチ・ドイツがユダヤ人の「最終解決」を指示
五月	イギリス空軍によるドイツ空襲始まる
六月	日本がミッドウェー海戦で大敗、戦局不利に転換

七月	アウシュビッツなどでユダヤ人の大量ガス殺始まる
八月	スターリングラード攻防戦始まる（翌年二月、ドイツ軍が降伏）
一九四三年五月	連合軍の北アフリカ上陸によりドイツ・イタリア軍が降伏
七月	連合軍がシチリア島上陸。ムッソリーニ罷免
九月	イタリアが降伏
一一月	ルーズベルト、チャーチル、蔣介石によるカイロ会談。対日戦争方針を明確化 ルーズベルト、チャーチル、スターリンによるテヘラン会談。対独戦争の方針を確認
一九四四年六月	連合軍がノルマンディー上陸
七月	ブレトン＝ウッズ会議。四四カ国参加のもとに国際通貨基金や世界銀行の設立決定 軍部によるヒトラー暗殺未遂事件
八月	パリ解放（翌九月、ド・ゴールによる臨時政府成立） ダンバートン＝オークス会議で国際連合憲章草案作成
一九四五年二月	ルーズベルト、チャーチル、スターリンによるヤルタ会談。戦後ドイツ処理とソ連の対日参戦を取り決め
四月	アメリカ軍が沖縄に上陸 ルーズベルト米大統領死去。後任にトルーマン サンフランシスコ会議始まる。連合国五〇カ国により国際連合憲章採択 ムッソリーニ処刑。ソ連軍がベルリン突入。ヒトラー自殺
五月	ドイツが無条件降伏（第二次大戦終結）
六月	四カ国によるドイツ分割占領
七月	トルーマン、チャーチル（途中からアトリー）、スターリンによるポツダム会談始まる。日本に無条件降伏求める

八月	アメリカが広島・長崎に原爆投下。ソ連が対日参戦 日本がポツダム宣言受諾（太平洋戦争終結）
一〇月	国際連合発足
一一月	ニュルンベルク軍事裁判始まる

参考文献

【欧文】

Adorno, Theodor W., *The Authoritarian Personality*, New York, 1950.（邦訳）田中義久・矢沢修次郎・小林修一訳『権威主義的パーソナリティ』青木書店、一九八〇年

——, *Negative Dialektik*, Frankfurt am Main, 1966.（邦訳）木田元・徳永恂・渡辺祐邦・三島憲一・須田朗・宮武昭訳『否定弁証法』作品社、一九九六年

American Psychiatric Association, *Quick Reference to the Diagnostic Criteria from DSM-Ⅳ-TR*, Washington, 2000.（邦訳）高橋三郎・大野裕・染矢俊幸訳『ＤＳＭ－Ⅳ－ＴＲ 精神疾患の分類と診断の手引』医学書院、二〇〇二年

Arendt, Hannah, *The Origins of Totalitarianism*, New York, 1951.（邦訳）大久保和郎・大島通義・大島かおり訳『全体主義の起原』（1）（2）（3）みすず書房、一九九八―二〇〇〇年

——, *Eichmann in Jerusalem: A Report on the Banality of Evil*, New York, 1963.（邦訳）大久保和郎訳『新版 エルサレムのアイヒマン――悪の陳腐さについての報告』みすず書房、二〇一七年

Barnard, Chester I., *The Functions of the Executive*, Boston, 1938.（邦訳）田杉競監訳『経営者の役割――その職能と組織』ダイヤモンド社、一九五六年

Bataille, Georges, "La structure psychologique du fascisme," *La critique sociale*, 1933-4.（邦訳）「ファシズムの心理構造」、片山正樹訳『ドキュマン』二見書房：二三一―七八頁、一九七四年

——, *L'érotisme*, Paris, 1957.（邦訳）酒井健訳『エロティシズム』筑摩書房、二〇一三年

Bauman, Zygmund, *Modernity and the Holocaust*, New York, 1989.（邦訳）森田典正訳『近代とホロコースト』大月書店、二〇〇六年
Berlin, Isaiah, *Four Essays on Liberty*, London, 1969.（邦訳）小川晃一・小池銈・福田歓一・生松敬三訳『自由論』（1）（2）みすず書房、一九七一年
Bloch, Ernst, *Erbschaft dieser Zeit*, Zürich, 1935,（邦訳）池田浩士訳『この時代の遺産』筑摩書房、一九九四年
Browning, Christpher R., *Ordinary Men: Reserve Police Battalion 101 and the Final Solution in Poland*, New York, 1992.（邦訳）谷喬夫訳『普通の人びと――ホロコーストと第１０１警察予備大隊』筑摩書房、一九九七年
Burckhardt, Jacob, *Weltgeschichtliche Betrachtungen*, Stuttgart, 1905.（邦訳）新井靖一訳『世界史的考察』筑摩書房、二〇〇九年
Carr, Edward H., *Twenty Years' Crisis 1919-1939: An Introduction to the Study of International Relations*, London, 1939.（邦訳）井上茂訳『危機の二十年 １９１９―１９３９』岩波書店、一九九六年
――――, *Nationalism and After*, London, 1945.（邦訳）大窪愿二訳『ナショナリズムの発展』みすず書房、一九五二年
Dann, Otto, *Nation und Nationalismus in Deutschland 1770-1990*, München, 1993.（邦訳）末川清・姫岡とし子・高橋秀寿訳『ドイツ国民とナショナリズム １７７０―１９９０』名古屋大学出版会、一九九九年
Eagleton, Terry, *Ideology: An Introduction*, London, 1991.（邦訳）大橋洋一訳『イデオロギーとは何か』平凡社、二〇〇九年
Foucault, Michel, *Surveiller et punir: naissance de la prison*, Paris, 1975.（邦訳）田村俶訳『監獄の誕生――監視と処罰』新潮社、一九七七年
Fromm, Erich, *Escape from Freedom*, New York , 1941.（邦訳）日高六郎訳『自由からの逃走』東京創元社、

一九八六年
——*Arbeiter und Angestellte am Vorabend des dritten Reiches: Eine sozialpsychologische Untersuchung*, München, 1980.（邦訳）佐野哲郎・佐野五郎訳『ワイマールからヒトラーへ——第二次大戦前のドイツの労働者とホワイトカラー』紀伊國屋書店、一九九一年
Fukuyama, Francis, *The End of History and the Last Man*, New York, 1992.（邦訳）渡部昇一訳『歴史の終わり』（上）（中）（下）三笠書房、一九九二年、
Gay, Peter, *Weimar Culture: The Outsider as Insider*, New York, 1968.（邦訳）亀嶋庸一訳『ワイマール文化』みすず書房、一九九九年
Gellner, Ernest, *Nations and Nationalism*, Oxford, 1983.（邦訳）加藤節監訳『民族とナショナリズム』岩波書店、二〇一〇年
Goldhagen, Daniel J., *Hitler's Willing Executioners: Ordinary Germans and the Holocaust*, New York, 1996.（邦訳）望田幸男監訳『普通のドイツ人とホロコースト——ヒトラーの自発的死刑執行人たち』ミネルヴァ書房、二〇〇七年
Graber, Gerry S., *History of the SS*, London, 1978.（邦訳）滝川義人訳『ナチス親衛隊』東洋書林、二〇〇〇年
Grossman, Dave, *On Killing: The Psychological Cost of Learning to Kill in War and Society*, New York, 1995.（邦訳）安原和見訳『戦争における「人殺し」の心理学』筑摩書房、二〇〇八年
Habermas, Jürgen, *Theorie des kommunikativen Handelns*, Frankfurt am Main, 1981.（邦訳）『コミュニケイション的行為の理論』（上）（中）（下）未來社、一九九五－六年
Habermas, Jürgen und Ernst Nolte usw., "*Historikerstreit*": *Die Dokumentation der Kontroverse um die Einzigartigkeit der nationalsozialistischen Judenvernichtung*, München, 1987.（邦訳）徳永恂・清水多吉・三島憲一・小野島康雄・辰巳伸知・細見和之訳『過ぎ去ろうとしない過去——ナチズムとドイツ歴史家論争』

人文書院、一九九六年
Hegel, Georg W. F., *Vorlesungen über die Philosophie der Geschichte*, Leipzig, 1837.（邦訳）長谷川宏訳『歴史哲学講義』（上）（下）岩波書店、一九九九年
Heidegger, Martin, *Sein und Zeit* , Tübingen, 1927.（邦訳）細谷貞雄訳『存在と時間』（上）（下）筑摩書房、一九九四年
Hilberg, Raul, *The Destruction of the European Jews*, New Haven, 1961.（邦訳）望田幸男・原田一美・井上茂子訳『ヨーロッパ・ユダヤ人の絶滅』（上）（下）柏書房、一九九七年
Hitler, Adolf, *Mein Kampf*, München, 1925,（邦訳）平野一郎・将積茂訳『わが闘争』（上）（下）角川書店、二〇〇五年
Hobsbawm, Eric J., *Nations and Nationalism since 1780: Programme, Myth, Reality*, Cambridge, 1990.（邦訳）浜林正夫・庄司信・嶋田耕也訳『ナショナリズムの歴史と現在』大月書店、二〇〇一年
Höhne, Heinz, *Der Orden unter dem Totenkopf*, München, 1967.（邦訳）森亮一訳『髑髏の結社――ＳＳの歴史』（上）（下）講談社、二〇〇一年
Horkheimer, Max, *Eclipse of Reason*, New York, 1947.（邦訳）山口祐弘訳『理性の腐蝕』せりか書房、一九九〇年
Horkheimer, Max und Theodor W. Adorno, *Dialektik der Aufklärung: Philosophische Fragmente*, Amsterdam, 1947.（邦訳）徳永恂訳『啓蒙の弁証法』岩波書店、一九九八年
Jäckel, Eberhard, *Hitlers Weltanschauung: Entwurf einer Herrschaft*, Tübingen, 1969.
Jaspers, Karl, *Allgemeine Psychopathologie*, Berlin, 1913.（邦訳）内村祐之・西丸四方・島崎敏樹・岡田敬蔵訳『精神病理学総論』（上）（中）（下）岩波書店、一九五三年
――――, *Die geistige Situation der Zeit*, Berlin, 1931.（邦訳）飯島宗享訳『現代の精神的状況――ヤスパース選

集28』理想社、一九七一年
Kelsen, Hans, *Das Problem des Parlamentarismus*, Wien, 1925.（邦訳）「議会制の問題」、森田寛二訳『ハンス・ケルゼン著作集I 民主主義論』慈学社出版：三七－六四頁、二〇〇九年。
Kolb, Eberhard, *Die weimarer Republik*, München, 1986.（邦訳）柴田敬二訳『ワイマル共和国史——研究の現状』刀水書房、一九九六年
Kornhauser, William, *The Politics of Mass Society*, New York, 1959.（邦訳）辻村明訳『大衆社会の政治』東京創元社、一九九〇年
Kracauer, Siegfried, *Die Angestellten*, Frankfurt am Main, 1930.（邦訳）神崎巌訳『サラリーマン——ワイマル共和国の黄昏』法政大学出版局、一九八七年
——, *Das Ornament der Masse*, Frankfurt am Main, 1963.（邦訳）船戸満之・野村美紀子訳『大衆の装飾』法政大学出版局、一九九六年
Laquer, Walter, *Fascism*, Oxford, 1995.（邦訳）柴田敬二訳『ファシズム——昨日・今日・明日』刀水書房、一九九七年
Lasswell, Harold D., *Power and Personality*, New York, 1948.（邦訳）永井陽之助訳『権力と人間』東京創元社、一九九〇年
Luhmann, Niklas, *Funktionen und Folgen formaler Organisation*, Berlin, 1964.（邦訳）沢谷豊・関口光春・長谷川幸一訳『公式組織の機能とその派生的問題』（上）（下）新泉社、一九九六、九八年
Mann, Michael, *Fascists*, New York, 2004.
Marcuse, Herbert, *One-Dimensional Man: Studies in the Ideology of Advanced Industrial Society*, Boston, 1964.（邦訳）生松敬三・三沢謙一訳『一次元的人間——先進産業社会におけるイデオロギーの研究』河出書房新社、一九八九年

Mayer, Milton, *They Thought They Were Free: The Germans 1933-45*, Chicago, 1955.（邦訳）田中浩・金井和子訳『彼らは自由だと思っていた――元ナチ党員十人の思想と行動』未來社、二〇〇六年
Meinecke, Friedrich, *Die Entstehung des Historismus*, München, 1936.（邦訳）菊盛英夫・麻生建訳『歴史主義の成立』（上）（下）筑摩書房、一九六八年
――――, *Die Idee der Staatsräson in der neueren Geschichte*, München, 1957.（邦訳）菊盛英夫・生松敬三訳『近代史における国家理性の理念』みすず書房、一九六〇年
Memmi, Albert, *Le racisme*, Paris, 1982.（邦訳）菊地昌実・白井成雄訳『人種差別』法政大学出版局、一九九六年
Merkl, Peter H., *Political Violence under the Swastika: 581 Early Nazis*, New Jersey, 1975.
Milgram, Stanley, *Obedience to Authority: An Experimental View*, New York, 1974.（邦訳）岸田秀訳『服従の心理――アイヒマン実験』河出書房新社、一九九五年
Mill, John S., *On Liberty*, London, 1859.（邦訳）塩尻公明・木村健康訳『自由論』岩波書店、二〇〇九年
Mills, C.Wright, *White Collar: The American Middle Classes*, New York, 1951.（邦訳）杉政孝訳『ホワイト・カラー――中流階級の生活探究』東京創元新社、一九六八年
Mommsen, Hans, 〝Die Realisierung des Utopischen: Die Entlösung der Jugendfrage im Dritten Reich,〟 Wolfgang Wippermann ed., *Kontroversen um Hitler*, Frankfurt am Main, 248-98, 1986.
Neumann, Sigmund, *Permanent Revolution: The Total State in a World at War*, New York, 1942.（邦訳）岩永健吉郎・岡義達・高木誠訳『大衆国家と独裁――恒久の革命』みすず書房、一九九八年
Nietzsche, Friedrich W., *Der Wille zur Macht*, Stuttgart, 1930.（邦訳）原佑訳『権力への意志』（上）（下）筑摩書房、一九九九年
Peukert, Detlev J. K., *Volksgenossen und Gemeinschaftsfremde: Anpassung, Ausmerze und Aufbegehren unter*

dem Nationalsozialismus, Köln, 1982.（邦訳）木村靖二・山本秀行訳『ナチス・ドイツ――ある近代の社会史』三元社、一九九一年

――*Die weimarer Republik: Krisenjahre der klassischen Moderne*, Frankfurt am Main, 1987.（邦訳）小野清美・田村栄子・原田一美訳『ワイマル共和国――古典的近代の危機』名古屋大学出版会、一九九七年

Porter, Andrew, *European Imperialism, 1860-1914 : Studies in European History*, Hampshire, 1994.（邦訳）福井憲彦訳『帝国主義』岩波書店、二〇一〇年

Ranke, Leopold von, *Über die Epochen der neueren Geschichte: Historisch-Kritische Ausgabe*, München, 1854.（邦訳）鈴木成高・相原信作訳『世界史概観――近世史の諸時代』岩波書店、一九九三年

Rathenau, Walther, *Die neue Gesellschaft*, Berlin, 1919.（邦訳）陶山務訳『世界大思想全集96 新しき社会』松柏館書店、一九三四年

Riesman, David, *The Lonely Crowd: A Study of the Changing American Character*, New Haven, 1961.（邦訳）加藤秀俊訳『孤独な群衆』みすず書房、一九九二年

Rousseau, Jean J., *Le contrat social*, Paris, 1762.（邦訳）桑原武夫・前川貞次郎訳『社会契約論』岩波書店、二〇一〇年

Sartre, Jean P., *Réflexions sur la question juive*, Paris, 1954.（邦訳）安堂信也訳『ユダヤ人』岩波書店、一九五六年

Schmitt, Carl, *Die geistesgeschichtliche Lage des heutigen Parlamentarismus*, Berlin, 1923.（邦訳）稲葉素之訳『現代議会主義の精神史的地位』みすず書房、二〇〇〇年

Schoenbaum, David, *Hitler's Social Revolution: Class and Status in Nazi Germany 1933-1939*, New York, 1966.（邦訳）大島通義・大島かおり訳『ヒットラーの社会革命――一九三三〜三九年のナチ・ドイツにおける階級とステイタス』而立書房、一九八八年

Simmel, Georg, *Grundfragen der Soziologie: Individuum und Gesellschaft*, Berlin, 1917.（邦訳）清水幾太郎訳『社会学の根本問題――個人と社会』岩波書店、二〇一〇年
Smith, Adam, *The Theory of Moral Sentiments*, London, 1759.（邦訳）水田洋訳『道徳感情論』（上）（下）岩波書店、二〇一三年
Spengler, Oswald, *Der Untergang des Abendlandes: Umrisse einer Morphologie der Weltgeschichte*, München, 1922.（邦訳）村松正俊訳『西洋の没落――世界史の形態学の素描』（一）（二）五月書房、一九九二年
Struve, Walter, *Elites against Democracy: Leadership Ideals in Bourgeois Political Thought in Germany, 1890-1933*, New Jersey, 1973.
Treitschke, Heinrich von, *Politik* (1)(2), 1897-8.
Trombley, Stephen, *The Right to Reproduce*, London, 1988.（邦訳）藤田真利子訳『優生思想の歴史――生殖への権利』明石書店、二〇〇〇年
Weber, Max, *Wirtschaft und Gesellschaft: Grundriss der verstehenden Soziologie, KapitelⅨ. Soziologie der Herrschaft*, Freiburg, 1920.（邦訳）世良晃志郎訳『M・ウェーバー 経済と社会 支配の社会学』（Ⅰ）（Ⅱ）創文社、一九六〇、六二年
Weeler-Bennett, John W., *The Nemesis of Power. The German Army in Politics 1918-1945*, London, 1953.（邦訳）山口定訳『権力のネメシス――国防軍とヒトラー』みすず書房、一九八四年
Wehler, Hans U., *Das Deutsche Kaiserreich 1871-1918*, Göttingen, 1973.（邦訳）大野英二・肥前榮一訳『ドイツ帝国 １８７１－１９１８年』未來社、一九八三年
Welzer, Harald, *Täter: Wie aus ganz normalen Menschen Massenmörder werden*, Frankfurt am Main, 2008.
Whyte, William H., *The Organization Man*, New York, 1956.（邦訳）岡部慶三・藤永保訳『組織のなかの人間――オーガニゼーション・マン』（上）（下）東京創元新社、一九六九年

Wilson, Colin and Damon Wilson, *An End to Murder: Human Being Have Always Been Cruel, Savage and Murderous. Is All That About to Change?*, London, 2015.（邦訳）松田和也訳『殺人の人類史』（上）（下）、青土社、二〇一六年

Wippermann, Wolfgang, *Wessen Schuld? Vom Historikerstreit zur Goldhagen-Kontroverse*, Berlin, 1997.（邦訳）増谷英樹他訳『ドイツ戦争責任論争――ドイツ「再」統一とナチズムの「過去」』未來社、一九九九年

【和文】

加藤栄一『ワイマル体制の経済構造』東京大学出版会、一九七三年

栗原優『ナチズムとユダヤ人絶滅政策――ホロコーストの起源と実態』ミネルヴァ書房、一九九九年

芝健介『武装親衛隊とジェノサイド――暴力装置のメタモルフォーゼ』有志舎、二〇〇八年

徳永恂『社会哲学の復権』講談社、一九九六年

永岑三千輝『独ソ戦とホロコースト』日本経済評論社、二〇〇一年

望田幸男編『近代ドイツ＝「資格社会」の制度と機能』名古屋大学出版会、一九九五年

山口定『ナチ・エリート――第三帝国の権力構造』中央公論社、一九八五年

――『ファシズム』岩波書店、二〇〇七年

おわりに

近年、ナチ・ドイツを扱った映画が多く制作され、日本でも公開されている。『アイヒマンを追え！』(二〇一五年ドイツ)、『ヒトラーに屈しなかった国王』(一六年ノルウェー)、『ユダヤ人を救った動物園』(一七年ポーランド)など、いずれも好評を博している。それまでもナチ関連の秀作には事欠かない。戦後七〇年を経た古い題材でありながら、映画監督はもとよりそれを享受する観客の関心を呼び起こして止まないようだ。私もその一人である。

本書を仕上げた後に、日本で公開されたオーストリア映画『ゲッベルスと私』(二〇一六年)を観た。「私」ことブルンヒルデ・ポムゼルは第二次世界大戦の終戦まで国民啓蒙・宣伝大臣ヨーゼフ・ゲッベルスの秘書を務めていて、映画監督の度重なる説得を受けて一〇三歳になって重い口を開いたという(一七年一月に一〇六歳で死去)。映画はインタビューを受ける彼女の独白で進み、間にゲッベルスが行った演説をはじめ、当時の資料映像がふんだんに挟み込まれている。アップにされた老婆の顔や手に深く刻み込まれた皺が印象的だ。

ポムゼルは義務に忠実な女性であった。第一次世界大戦後の幼少期は躾の厳しい家庭で育てられ、ナチ政権下において優秀な速記タイピストとして放送局や宣伝省で認められていく自分に満足感を覚えていたという。仕事のために、お金をはたいてナチ党にも入党した。「白バラ抵抗運動」で処刑されたショル兄妹の裁判記録を手渡され、「金庫に入れて、絶対に中身を見るな」と言われ、好奇心を抱きながらも上司から信頼されていることに誇りを感じ、命令に忠実に従ったエピソードを紹介している。

映画はこのポムゼルの語りの矛盾も隠さない。ホロコーストに至るユダヤ人問題について、彼女は「私たちは何も知らなかった」「私には責任はない。罪があるとするならドイツ国民全体だ」と語る。ナチ政権の中枢にいるゲッベルスのすぐ下で働きながら、ホロコーストの実態を何も知らなかった、ということがあり得たのか? 確かに、ゲッベルスとその秘書たちの接点は少なく、ホロコーストなどに関する機密事項は秘書にも漏らされなかったのだろう。ポムゼルの言葉に偽りはないだろう。しかし、友人のユダヤ人女性や、同性愛者のアナウンサーが連れ去られても深く考えようとしなかった自分がいた。

当時のベルリンではユダヤ人を多数乗せた列車が東方へ移送される姿が市民に目撃されていた。戦地からの帰還兵を通じてユダヤ人虐殺の様子も耳にしていたろうから、ドイツ国民がホロコーストの実態を全く知らなかったことはあり得ない、と指摘する歴史学者は多い。詳細までは知らなかったとしても、日常に埋没して現実から目をそらす姿は「想像力の欠如」と言うほかはない。ポムゼルは「自分のことしか考えていなかった」と今では自責の念も抱いていると話すが、自らの人生に誇りも失っていない。

彼女は今の人間がホロコーストには毅然と立ち向かうという言動をしばしば耳にしているが、「あの時代にいれば、誰もが自分たちと同じように振る舞っただろう」と断言する。「私たち自身が強制収容所にいた」。渦中にいると気づかないということか。「たった一人の人間に魔法にかけられた」という言葉が空しく響く。

これより先に日本で公開されたドイツ映画『帰ってきたヒトラー』(二〇一五年)はベストセラー小説を映画化した作品で、現代にタイムスリップしたヒトラーがモノマネ芸人と間違えられてテレビで人気を博すというコメディー仕立てだが、現代ではタブー視されているヒトラー礼賛につながりかねないとして物議を醸した。時代錯誤な風貌や言動が笑いを誘う一方で、人種差別や外国人排斥など危ない言葉も飛び交う。

死んだはずのヒトラーが総統地下壕跡に蘇って、七〇年後の世界に驚く情景から始まる。そして、フリーのテレビマンがヒトラーをモノマネ芸人と勘違いし、クビになったテレビ局に引っ張り出そうと画策する。その過程で動画を撮るためにドイツ国内を行脚して人びとの声を聴くうち、ヒトラーは政治に無関心となった現代人の姿を嘆く。

「思った通り、数十年後も民主主義は根づいていなかった」。テレビのトーク番組に出演するに至って、その言動が喝采を浴び、インターネットを通じて時代の寵児となってしまう。ドイツのための選択肢（AfD）といった極右政党が出てきたり、環境問題に関心の高いヒトラーが環境政党の「緑の党」に共感したりと現実感にあふれる。人びとはどこまでも彼をモノマネ芸人と思っているが、ヒトラー自身は真剣に世の中を変えようとしている。

映画の最後に出てくるヒトラーの言葉が印象的だ。「一九三三年の当時、大衆が煽動されたわけではない。彼らは計画を明示した者を指導者に選んだ。私を選んだのだ」。そして、「なぜ人々が私に従うのか、考えたことはあるか？　彼らの本質は私と同じだ。価値観も同じ」「私から逃れられん。私は人々の一部なのだ」と。

この二つの映画は、現代人が組織に縛られた日常生活のもとで自己を守るために現実から目をそらす人間像と、国家という美名のもとに思想が先走っていく人間像を浮き彫りにしており、本書の主張と重なる部分が多い。

一七年夏に久々にベルリンを再訪し、街の変貌ぶりに驚いた。観光名所の多い旧東ベルリンは東西ドイツ統一直後は殺風景な街並みだったのが、今や世界の他の大都市と同様に活気に満ちあふれている。しかし、第二次大戦の敗戦によって国が分断され、それがまた再統一されたという歴史が重層的に絡み合って、他の街とはまた違う雰囲気を醸し出している。ナチの暴虐が起こったばかりにこの国の形がすべて変わってしまったのだな、と感じさせられる。そして、再統一後の国づくりをどう進めるか、そのなかで個人の新しいアイデンティティーをどう確立するか、困難な道を歩き続けてきたドイツ人に思いをはせたものだった。

戦後ドイツはナチの歴史を風化させまいと、強制収容所など当時を偲ばせる遺物をきちんと保存し、高校生たちが社会科見学でその足跡を訪ねる教育も行われている。戦後七〇年を経た今も、ヨーロッパの人びとにはホロコーストの歴史が深く刻み込まれている。逆に、現代の社会状況に不安を抱いてナチへの関心は再び高まっているように感じる。

日本は同じ敗戦国としてドイツとは違って戦争責任を果たしていない、と巷間よく聞かれる。周辺諸国に煽られてことさら贖罪意識ばかり高める必要はないが、日本が昭和初期に権威主義的な軍国主義を発達させ、国民を窮地へ追い込むような戦争になぜ踏み切ったのか、さらに検証を深めていかなければならない。国家も人間も暗い過去を思い出すのは嫌なもので、ドイツでも「いつまでも過去にこだわるな」という論調はあった。しかし、そうした検証作業は過去の犯罪をほじくり返すためではなく、これからの民主社会をどう構築するか歴史から教訓を引き出すことに意味がある。

民主主義は独裁制に陥りやすいと、古代ギリシャ時代のプラトンから言われてきた。さほどに民主主義は危うい理念だ。たとえ民主国家を樹立したとしても、それを維持していくのはそれ以上に大変なことだ。そもそもひと口に民主主義と言っても、その解釈は千差万別だ。アメリカ流の民主主義があり、どこの独裁者も民主主義だと言い張る。北朝鮮の正式名称は「朝鮮民主主義人民共和国」である。民主主義という言葉が独り歩きして、その実態がみえない。その本質を見究めるためには、個々人が国家や組織のしがらみから離れて自由な発想を育むことであると本書を通じて訴えたかった。ドイツのワイマール／ナチ期の歴史は、それを考えるうえでの最適の教科書であると考える。

加速度的に進歩する人工知能（ＡＩ）が人類に代わって社会の行く末を決定づける未来が予測されている。そうなると人間の生理や感情なども進歩を阻害するものとして捉えられかねない時代が到来するかもしれない。進歩の理念のもとに合理的でない人間が次々と排除されていく近未来の姿が想像できる。人間の価値がどんどん減じてくる。そのとき、人間はどのような概念のもとに行動するのだろうか。

私は若い時分に、ホロコーストの実態を知って「人間にそんな残虐なことができるのか」との疑問を抱き続けてきた。その深層構造を知りたくて、現実社会を思想的な側面から考察しようと、新聞記者勤めをしながら再び大学の門を叩いた。本書は、早稲田大学の大学院において研究成果をまとめた博士論文を、一般の読者にも分かりやすいよう大幅に加筆・修正したものである。論文ではホロコーストに至る当時のドイツ人の思想的分析を中心としたが、本書では歴史的記述を増やして当時のドイツを取り巻く時代背景が分かるよう工夫した。博士論文の指導をいただいた早稲田大学の田村正勝名誉教授には、多大な学恩を賜った。また本書の刊行に当たって、現代書館の吉田秀登編集部長に何かと尽力いただいた。心より感謝の念を申し上げたい。

二〇一八年九月

根本正一

— マ行 —

— ヤ行 —

— ラ行 —

— タ行 —

— ナ行 —

— ハ行 —

人名索引

— ア行 —

— カ行 —

— サ行 —

根本正一（ねもと・しょういち）
一九五五年、東京都生まれ。七九年、早稲田大学商学部卒業と同時に、日本経済新聞社入社。長く編集記者として、経済を中心に取材・執筆活動を続ける。早稲田大学大学院社会科学研究科博士後期課程満期退学（社会哲学専攻）。博士（学術）。早稲田大学メディア文化研究所招聘研究員。著書に『「ニュース」は生き残るか』（共著＝一藝社）など。

民主主義《みんしゅしゅぎ》とホロコースト
——ワイマール／ナチ時代のホワイトカラー

二〇一八年十月二十日　第一版第一刷発行

著　者　根本正一
発行者　菊地泰博
発行所　株式会社現代書館
東京都千代田区飯田橋三―二―五
郵便番号　102-0072
電　話　03（3221）1321
F A X　03（3262）5906
振　替　00120-3-83725
組　版　プロ・アート
印刷所　平河工業社（本文）
東光印刷所（カバー）
製本所　積信堂
装　幀　大森裕二

校正協力・迎田睦子／地図製作　曽根田栄夫

ISBN978-4-7684-5833-4
定価はカバーに表示してあります。乱丁・落丁本はおとりかえいたします。
http://www.gendaishokan.co.jp/